Schriften zur Gruppen- und Organisationsdynamik

Band 12

E. E. Krainz, Klagenfurt, Österreich   *Reihenherausgeber*
R. Grossmann, Wien, Österreich   *Reihenherausgeber*
P. Heintel, Klagenfurt, Österreich   *Reihenherausgeber*
K. Lackner, Institut für Psychologie, Universität Kassel, Kassel, Deutschland   *Reihenherausgeber*
R. Simsa, Institut für Soziologie und Empirische Sozialforschung, WU Wien, Wien, Österreich   *Reihenherausgeber*
R. Wimmer, Fakultät für Wirtschaftswissenschaft, Universität Witten/Herdecke, Witten, Deutschland   *Reihenherausgeber*

Weitere Bände in der Reihe ▶ http://www.springer.com/series/12380

Christian Neugebauer
Sebastian Pawel
Helena Biritz
(Hrsg.)

Netzwerke und soziale Innovationen

Lösungsansätze für gesellschaftliche Herausforderungen?

Mit 22 Abbildungen

Mit einem Vorwort des Reihenherausgebers Ewald E. Krainz

Herausgeber
Christian Neugebauer
Institut für Organisationsentwicklung,
Gruppendynamik und
Interventionsforschung
Alpen-Adria-Universität Klagenfurt
Wien, Österreich

Helena Biritz
Alpen-Adria-Universität Klagenfurt
Wien, Österreich

Sebastian Pawel
Alpen-Adria-Universität Klagenfurt
Wien, Österreich

Schriften zur Gruppen- und Organisationsdynamik
ISBN 978-3-658-21550-7   ISBN 978-3-658-21551-4 (eBook)
https://doi.org/10.1007/978-3-658-21551-4

Die Deutsche Nationalbibliothek verzeichnet diese Publikation in der Deutschen Nationalbibliografie;
detaillierte bibliografische Daten sind im Internet über http://dnb.d-nb.de abrufbar.

© Springer Fachmedien Wiesbaden GmbH, ein Teil von Springer Nature 2019
Das Werk einschließlich aller seiner Teile ist urheberrechtlich geschützt. Jede Verwertung, die nicht
ausdrücklich vom Urheberrechtsgesetz zugelassen ist, bedarf der vorherigen Zustimmung des Verlags.
Das gilt insbesondere für Vervielfältigungen, Bearbeitungen, Übersetzungen, Mikroverfilmungen und die
Einspeicherung und Verarbeitung in elektronischen Systemen.
Die Wiedergabe von Gebrauchsnamen, Handelsnamen, Warenbezeichnungen usw. in diesem Werk
berechtigt auch ohne besondere Kennzeichnung nicht zu der Annahme, dass solche Namen im Sinne der
Warenzeichen- und Markenschutz-Gesetzgebung als frei zu betrachten wären und daher von jedermann
benutzt werden dürften.
Der Verlag, die Autoren und die Herausgeber gehen davon aus, dass die Angaben und Informationen in
diesem Werk zum Zeitpunkt der Veröffentlichung vollständig und korrekt sind. Weder der Verlag noch
die Autoren oder die Herausgeber übernehmen, ausdrücklich oder implizit, Gewähr für den Inhalt des
Werkes, etwaige Fehler oder Äußerungen. Der Verlag bleibt im Hinblick auf geografische Zuordnungen
und Gebietsbezeichnungen in veröffentlichten Karten und Institutionsadressen neutral.

Umschlaggestaltung: deblik Berlin

Springer ist ein Imprint der eingetragenen Gesellschaft Springer Fachmedien Wiesbaden GmbH und ist
ein Teil von Springer Nature
Die Anschrift der Gesellschaft ist: Abraham-Lincoln-Str. 46, 65189 Wiesbaden, Germany

Vorwort des Reihenherausgebers

Netzwerke – eine neue Form von Organisation?

Der Netzwerkbegriff wird von verschiedenen Wissenschaftsdisziplinen verwendet. Nicht alle sind im Feld von Gruppendynamik und Organisationsentwicklung relevant. Prominent ist etwa der Gebrauch des Netzwerkbegriffs in der Technik, vor allem in der IT. Die begriffliche Unschärfe bzw. Mehrdeutigkeit führt immer wieder zu nicht unwitzigen Missverständnissen und Verwirrungen. Dazu ein Beispiel: Ich wurde einmal von einer Gruppe hochspezialisierter Softwareentwickler zu einer Tagung eingeladen, Thema der Zusammenkunft war „Werte". In meiner Zunft wurde damals gerade diskutiert, was in den Organisationen mit Ethik anzustellen war. Viel war in den Unternehmen von Werten die Rede, von „corporate social responsibility" (CSR), und man bemühte sich allenthalben (vorgeblich) um Tugenden wie Umweltverträglichkeit, Nachhaltigkeit, Menschenfreundlichkeit nach außen wie nach innen u. a. m. Die Anfrage, die mich erreichte, lautete, ob ich als Organisationsentwickler mit sozialwissenschaftlich-philosophischem Hintergrund nicht ein Referat zum Thema „Werte" halten könnte. Ich sagte zu und erzählte etwas davon, dass man das, was gemeinhin unter Werten verstanden wird, nicht widerspruchslos hierarchisch dekretieren könne, eher sei es so, dass Werte emergente Phänomene darstellen, die aus Interaktionen hervorgehen, insofern also gemeinsam produziert würden. Impulse von oben würden ein Konfliktfeld zwischen Gewünschtem und Tatsächlichem eröffnen, das Bemühen und „correctness" sei häufig genug eine Einfallspforte der Scheinheiligkeit und am ehesten etwas fürs Schaufenster. Das Auditorium war zuerst verblüfft, dann aber interessiert, wie man über „Werte" reden konnte, denn im Verständnis der Anwesenden waren Werte nichts, was mit Ethik zu tun hatte, sondern – und dem galt eigentlich ihre IT-Tagung – die mathematisierbaren, aktuell wichtigsten Parameter, auf die es in der Softwareentwicklung am ehesten ankam.

Anekdotisch widerspiegeln sich hier Verständigungsprobleme, die im Netzwerkbegriff angelegt sind. Umso mehr gilt es, diesen Begriff für Fragen der Gruppendynamik und Organisationsentwicklung zu schärfen. Auf zweifache Weise labilisiert er nämlich bestehende Vorstellungswelten. Die eine betrifft einen innersoziologischen Diskurs, namentlich die systemtheoretische Auffassung von Gesellschaft, die als ein ungeordnetes Ensemble nebeneinander her wirkender funktional differenzierter Subsysteme beschrieben wird. Zwar werden in diesen Vorstellungen permanent Menschen als handelnde Subjekte eskamotiert, dennoch aber wird stillschweigend davon ausgegangen, dass soziale Systeme zwar nicht aus Menschen bestehen, sondern aus Kommunikationen. Diese aber finden nur zwischen Menschen statt, auch wenn sie zur „Umwelt" der Systeme gerechnet werden. Das „Grenzregime" dieser Theorie ist normativ, nicht empirisch.

Die Verabschiedung von Anthropologie hat der Soziologie nicht immer gut getan. Allein die Erinnerung an die Natur des Fetischismus macht deutlich, wie Menschen mit Objekten verfahren. Fetischisierung ist die Aufladung eines Objekts mit Bedeutung. In traditionellen Gesellschaften erfolgt dies kultisch-rituell, in modernen Gesellschaften geschieht dies stillschweigend. An die Stelle der Fetische tritt die Technologie in Form von Objekten ebenso wie mikrosozial in der Art der Mensch-Maschine-Interaktion, wie man früher gesagt hätte, und makrosozial in der Art, wie Maschinen das Soziale gesamthaft prägen. Technologische Artefakte werden, wie dies Latour in seiner Akteur-Netzwerk-Theorie formuliert, zu „Aktanten", die an Handlungszusammenhängen mitwirken, im Sozialen (in seinem konventionellen Verständnis) mitmischen und an der Form der gesellschaftlichen Integration maßgeblich beteiligt sind.

Die zweite Labilisierung, die durch den Netzwerkbegriff bewirkt wird, ist weniger theoretisch anspruchsvoll (und auch weniger erfolgreich). Seit die soziale „Figur" der Organisation systematischer von Wissenschaften untersucht und von PraktikerInnen reflektiert wird, stößt man sich (bei den PraktikerInnen mehr als bei den TheoretikerInnen) an der Hierarchie. Dass diese ein Grundgerüst jeglicher Organisation ist, gewissermaßen ihr Skelett, stellt ein konstantes Ärgernis dar. Man kann dies unter Freiheits- und Entfremdungsgesichtspunkten diskutieren (Motivationsverlust, Dienst nach Vorschrift, Mangel an Sinnverständnis), aber auch ganz pragmatisch unter dem Aspekt der Leistungsfähigkeit. „Unintelligente" Organisationen, in denen nicht viel nachgedacht werden muss, um zu erledigen, was zu erledigen ist, vertragen Hierarchie noch eher als Organisationen, die wesentlich vom fachlichen Input ihrer SpezialistInnen abhängen. Da Hierarchie nicht nur Machtausübung von oben ist, sondern auch Verantwortungsdelegation von unten nach oben an die Entscheidungsboards, werden damit Effekte erzeugt, die sich im Ergebnis als innovationsfeindlich erweisen. Das ist z. B. ein massives Problem in den Ländern, die ihrer politischen Verfasstheit nach diktatorisch ausgerichtet sind und die Menschen dort die entsprechende Sozialisation erfahren haben. Sobald diese Länder im globalen Casino des Konkurrenzkapitalismus mitspielen wollen, können sie nicht mehr nur abkupfern (legendär dafür China), sondern müssen früher oder später auch Eigenentwicklungen auf den Weg bringen. Von wem aus aber soll dies geschehen, wenn die hierarchisch sozialisierten EntwicklungsingenieurInnen nur auf Vorgaben von oben warten? Hier kommt durchaus wieder das Freiheitsthema auf, denn um außerhalb hierarchischer Vorschriftengefüge oder willkürlicher Cheflaunen agieren zu können, muss man sich dies sanktionsfrei trauen dürfen. Und dann braucht es wohl auch ein gerüttelt Maß an Einübung dafür.

Was in diktatorischen Gesellschaften (und Volkswirtschaften) überdeutlich ist, kann auch in den Organisationen des Westens beobachtet werden, wenn auch in (scheinbar) geringerer Dramatik. Immerhin ist die Kritik an der Hierarchie als organisationales Ordnungsprinzip ein Kind des Westens, geistesgeschichtlich verknüpft mit der Aufklärung. Es musste in der europäischen Geschichte erst „entdeckt" werden, dass nicht notwendig diejenigen Recht haben, die an der Macht sitzen, aber von der Sache nichts verstehen, sondern die Fachleute. Dennoch wird vielfach nicht unbedingt gemacht, was in der Sache richtig, sondern was mikro- und makropolitisch opportun ist. Zwischen Strategie und Korruption gibt es dabei, je nach kultureller Umgebung und Rechtssystem, einen gleitenden Übergang. Auch in den Organisationen westlicher Demokratien sieht man seit geraumer Zeit Anlass dafür, nach Alternativen zur hierarchischen Ordnung Ausschau zu halten. Die Konzepte, die dafür ins Spiel gebracht werden, haben ihre Konjunktur und ihr Ablaufdatum. Die „Angebote der Saison" sind: Soziokratie, Holokratie („holacracy"), Agilität u. a. m. Ohne diese Vorstellungen im Einzelnen zu diskutieren, fällt doch auf, dass sie sich des Hierarchieproblems mehr rhetorisch als faktisch entledigen. Ohne die Wahrnehmung von Prozessautorität wird es nicht gehen, und die Einbindung in das bestehende organisationale Gefüge bringt mannigfaltig Schnittstellenprobleme mit sich.

Bis zu einem gewissen Grad trifft dies auf die Idee von Netzwerken ebenfalls zu. Auch der Netzwerkbegriff wird gegen alle möglichen unerwünschten Effekte der Hierarchie bemüht. Mit Netzwerk verbindet man dabei eine Form der sozialen Vergemeinschaftung, in der man freier, ja sogar freiwillig, „auf Augenhöhe", kreativer, lustvoller, auch vertrauensvoller und letztlich erfolgreicher zusammenarbeiten kann. Die Wirklichkeit in pink? Jedenfalls wäre es, wenn es gelänge, die hierarchische Ordnung in ein derartiges Netzwerk umzubauen, um die so reformierten Organisationen besser bestellt. Nun soll nicht in Zweifel gezogen werden, dass in vielen Entwicklungsetappen heutiger Organisationen Prozesse stattgefunden haben, die in Teilen dem entsprechen, wie Netzwerke in ihrer Funktionsweise beschrieben werden. In selteneren Fällen schafften das die Organisationen in Eigenregie, meist beruhten und beruhen solche Schritte der Organisationsentwicklung jedoch auf einer gelungenen Zusammenarbeit von Management und Beratung. Etwas weniger in der Aufmerksamkeit steht das Hinterher bzw. die Differenz zwischen „Normalbetrieb" und der Phase, in der der Beratungs- bzw. Veränderungsprozess stattfindet. Schon das Lewin'sche Diktum von „unfreeze – change – freeze" verweist auf diese Differenz. Die hierarchische Ordnung hat nebst allen möglichen nachteiligen Effekten das Positive, dass sie eine gewisse Handlungssicherheit bietet. Der Prozess der Veränderung selbst ist mit einem hohen Maß an Verunsicherung verbunden, weshalb gegen Veränderungsprozesse in aller Regel viel Widerstand aufgeboten wird. Die Integration der Ergebnisse des Changeprozesses in den neuen und veränderten Normalbetrieb stellt dann die Nagelprobe dar, was die ganze Übung erbracht hat oder ob man wieder in alte Gewohnheiten zurückfällt.

Wenn man Netzwerke nüchterner betrachtet und sie von den positiven Zuschreibungen befreit, dann sind sie nicht mehr und nicht weniger als Beziehungsgeflechte bzw. in funktionaler Hinsicht Interaktionssysteme. Innerorganisatorische Netzwerke lassen sich in formelle und informelle unterscheiden. Das robusteste und belastbarste innerorganisatorische Netzwerk ist die Hierarchie selbst. Alle nicht-hierarchischen Beziehungsgeflechte beruhen nicht auf Zwang, allenfalls indirekt auf psychologischem (z. B. in der Form, ob man es sich leisten kann, nicht dabei zu sein), sondern auf Freiwilligkeit. Da keine „Pflichtmitgliedschaft" gegeben ist, besteht immer ein Problem mit der Verbindlichkeit.

Anders liegen die Dinge außerhalb der bestehenden Organisationen. Die organisatorische Dichte der entwickelten demokratischen Industriegesellschaften ist so groß wie noch nie. Alle Organisationen haben einen definierten Zuständigkeitsbereich, um den sie sich zu kümmern haben. Dennoch aber – oder deshalb – verbleiben in den Leerräumen zwischen den Organisationen mannigfaltige Leistungs- und Versorgungslücken. Man kann das offizielle politische System diesbezüglich (ob es sich bemüht oder nicht) einschätzen, wie man möchte, die Lücken werden jedenfalls nicht kleiner. Die gegenwärtige Ära ist davon gekennzeichnet, dass sich der Staat auf unmittelbare Hoheitsbereiche und die Bewachung der wichtigsten Rahmenbedingungen zurückzieht. Finanzierungsengpässe setzen auch diesen Hoheitsbereichen zu, haben aber schon lange dazu geführt, dass ehemals staatliche Zuständigkeitsbereiche, wo nur möglich, privatisiert werden, eine Entwicklung, die noch nicht an ihrem Ende angelangt ist. Die Reaktion darauf ist, dass sich andere, die nicht diesem politischen System angehören, zunehmend zu Initiativen veranlasst sehen. Für diese anderen hat sich inzwischen das Wort Zivilgesellschaft eingebürgert, eine nicht ganz unproblematische Begriffsbildung, weil damit diejenigen, die sich innerhalb des politischen Systems engagieren, nicht inkludiert sind. Die Initiativen, die sich häufig explizit Netzwerke nennen, haben unterschiedlichen Charakter. Zum einen Teil können sie kompensatorisch wirken, d. h. sie ergänzen, was im vorhandenen Versorgungssystem fehlt. Was daran „gut" ist, hat auch eine Schattenseite, weil sich das staatliche Versorgungssystem mehr oder weniger entspannt zurücklehnen kann, wenn engagierte Privatpersonen einspringen. Nicht wenige Einrichtungen können ihren Betrieb störungsfrei überhaupt nur mehr mithilfe von Freiwilligenarbeit, Zivildienst und Praktika aufrechterhalten. Zum anderen Teil verstehen sie sich kontradiktorisch, wenn gegen den politisch-administrativen Komplex agitiert wird. Das Spektrum reicht hier von regionalen BürgerInneninitiativen, die einem nachvollziehbaren Eigeninteresse nachgehen, bis zu Problemstellungen von allgemeinem Belang, von links bis rechts, von „Staatsverbesserern" bis zu „Staatsverweigerern". In vielen Fällen kommt es auch zu „grenzübergreifenden" Kooperationen zwischen dem politisch-administrativen System und der Zivilgesellschaft, sowohl bei sozialen Fragestellungen, Problemen der Pflege und Gesundheitsversorgung, aber auch im politischen Feld wird zumindest der Kontakt gepflegt.

Die Wurzel von Innovationen beruht darauf, dass sich einige Personen darüber verständigen, was man beabsichtigen könnte, und dann beginnen, sich entsprechend zu aktivieren. Bei den sich dadurch bildenden Interaktionssystemen lassen sich zwei Typen unterscheiden. Beim ersten Typ handelt es sich um Interaktionen von Personen, beim zweiten um Personen, die VertreterInnen von Organisationen sind. Beispiel: In einer Region wird beschlossen, dass sich sämtliche in ihr wirkenden Einrichtungen, die sich mit Gesundheitsversorgung beschäftigen, besser koordinieren, um Synergien zu entdecken, doppelte Arbeit vermeiden usw. Bei diesem Typ Netzwerk handelt es sich um Interaktionssysteme höherer Ordnung. In der Gruppen- und Organisationsdynamik kennt man solche Netzwerke als „Gruppe der GruppenvertreterInnen". Der Unterschied zu den Gruppen erster Ordnung besteht darin, dass betroffene Personen Mitglieder zweier Systeme sind, mit einem nicht geringen Potenzial für interessante Probleme und Konflikte.

Innovationen beginnen als Netzwerk, beruhen auf freiwilliger Mitwirkung, das Engagement resultiert in einer Selbstbindung und wird nicht durch organisatorischen Zwang herbeigeführt. Das ginge nicht nur deshalb nicht, weil Engagement nicht angeordnet werden kann, sondern weil es noch gar keine Organisation gibt. Netzwerke befinden sich in einem Stadium des Proto-Organisationalen. Sie sind Gebilde, in denen sich genügend Energie zusammenballt, dass aus einer Idee ein Projekt wird. Um dieses zu realisieren, muss man sich organisieren. Streng genommen ist man dann kein Netzwerk mehr, sondern eine Organisation. Menschliche Emotionen sind zähflüssig. Auch wenn man längst eine Organisation geworden ist, verbindet die Personen die Emotionalität aus der GründerInnenzeit, als man noch ein Netzwerk war, mit all den positiven Eigenheiten, die in konventionellen Organisationen vermisst werden. Wie man aber aus der Beobachtung von Organisationsentwicklungsprozessen weiß (bei Start-up-Unternehmen z. B.), gibt es hier ein Größenproblem. Denn die Aufrechterhaltung von nicht-entfremdeter Kooperation ist ein Gruppenphänomen und lebt von der

Möglichkeit der Kommunikation „face-to-face". Ist eine Initiative so erfolgreich, dass die Anzahl der Personen die face-to-face-Gruppengröße übersteigt, verändert sich die Lage. Es wird immer zwingender, sich zu organisieren. Mit der Einführung von Organisation, d.h. horizontaler und vertikaler Arbeitsteilung, bestimmt durch indirekte Kommunikation, verändern sich nach und nach die Kollektivemotionen.

Die Notwendigkeit für gruppen- und organisationsdynamische Reflexion stellt sich also auch bei Netzwerken. Daran knüpfen sich auch die entsprechenden Qualifizierungsbedarfe für die AkteurInnen. Der „gute Wille", der am Anfang einer Initiative steht, macht allein ein Projekt noch nicht erfolgreich.

Ein (internationaler) Quervergleich verdeutlicht, worauf gruppendynamisch orientierte Lernangebote ausgerichtet werden. Vorauszuschicken ist, dass die Gruppendynamik ein kritisches Potenzial enthält. Die Reflexion dessen, was in einer gegebenen Situation das Miteinander bestimmt, das Lernen über Feedback, der Anspruch, alles von Bedeutung zu thematisieren – all das hat einen autoritätsrelativierenden, systemtranszendenten Charakter. Das ist auch der Grund, warum in Ländern, in denen die Hierarchie fest im Sattel sitzt, gruppendynamische Lernformen nicht gut Fuß fassen, die autoritäre Kultur wirkt sich als Redehemmung aus. Dort, wo Gruppendynamik als Lernkonzept vorkommt, lassen sich folgende Paradigmen unterscheiden:

1. Gewissermaßen als „Erblast" aus der New Age Ära und mit einer mehr oder weniger explizit therapeutischen Zielsetzung werden „Selbsterfahrungsgruppen" durchgeführt, deren Zielsetzung in der Entfaltung des Potenzials der einzelnen teilnehmenden Individuen besteht. Sie nennen sich gruppendynamisch, sind es aber nur in eingeschränktem Sinn, weil sie sich hauptsächlich auf Individuen konzentrieren („empowerment", „personal growth") und die Gruppe als Mittel dafür verwenden.
2. Ebenfalls eine individualistische Zielsetzung verfolgen pädagogisch ausgerichtete Trainings, in denen es um den Erwerb und die Verbesserung persönlicher Fertigkeiten geht. Veranstaltungen dieser Art erfolgen meist unter der Überschrift „soziale Kompetenzen".
3. Einen anderen Akzent setzen Lernprogramme, in denen es um „Teamentwicklung" geht. Gut funktionierende, kooperationsfähige Teams sind in vielen Organisationen die kritischen Erfolgsfaktoren schlechthin. Organisationen, die das erkannt haben, müssen nicht mehr davon überzeugt werden, dass gruppen- und organisationsdynamische Kompetenz wichtig ist. Die entsprechenden Lernangebote dienen daher dazu, die Teams und damit die Organisation, der die Teams angehören, leistungsfähiger zu machen.
4. Was im Inneren von Organisationen Nutzen zu stiften versucht, findet sich in Form von „community development" auch in Siedlungsgebieten, in denen an der Verbesserung der Lebensumstände gearbeitet wird. Die Eindämmung von Gewalt ist dabei ebenso auf der Agenda wie die Eindämmung interethnischer Konflikte. Schon Lewin beschäftigte sich in den USA der 30er-Jahre mit Rassenkonflikten.
5. Inspiriert durch die Philosophie der Aufklärung kann in der Gruppendynamik erfahrbar gemacht werden, wie man durch die Reflexion der Verhältnisse in der

Lage ist, diese Verhältnisse zunehmend zu gestalten. Reflexion wird nicht (konventionell „philosophisch") als individuelles Nachdenken verstanden, sondern als Kommunikation der Gruppenmitglieder miteinander. Eingeübt wird dabei das zunehmend souveräne Handhaben der Differenz von Objekt- und Metaebene, von Kommunikation und Metakommunikation und wie man Systeme über sich selbst zum Nachdenken bringen kann. In einem emphatischen Sinn hat die damit gewonnene Selbstbestimmung eine politische Dimension. Auf diese Linie konzentriert sich die *Klagenfurter Schule der Gruppen- und Organisationsdynamik* in ihren Lernkonzepten. Auch die vorliegende Schriftenreihe *Schriften zur Gruppen- und Organisationsdynamik* ist aus diesem Geist entstanden.

Das Erlernen, wie Gruppen funktionieren, wie man selbst in Gruppen funktioniert, welche Verhaltensneigungen in einer Gruppe vorliegen und wie man mit ihnen zu Rande kommt, all das hat einen „Gebrauchswert" auch für Gruppierungen, die sich als Netzwerke verstehen und zunehmend operativ werden wollen.

Ewald E. Krainz

Inhaltsverzeichnis

1 Einleitung 1
Christian Neugebauer und Sebastian Pawel

I Theorie

2 Soziale Innovation im Fokus nachhaltiger
Entwicklung – Die Bedeutung von Kooperationen
und Netzwerken für den Erfolg sozialer Innovationen 13
Jürgen Howaldt

3 Netzwerke und soziale Innovationen in der Praxis 31
Helena Biritz, Christian Neugebauer und Sebastian Pawel

II Fallbeispiele

4 Projekt „Gesund fürs Leben" – Ehrenamtliche
Gesundheitsbuddys im Einsatz bei Hochbetagten 51
Martin Oberbauer

5 Green Care – Wo Menschen aufblühen.
Soziale Innovation für die Land- und
Forstwirtschaft 69
Nicole Prop und Clemens Scharre

6 HPC Mobil – Hospizkultur und Palliative Care
in der Betreuung und Pflege zu Hause 87
Mischa Bahringer, Sigrid Beyer, Ursula Dickbauer,
Maria Eibel, Hermine Freitag, Ralph Grossmann,
Christine Hintermayer, Dorothea Iduemre, Selma Sprajcer,
Tomasz Tobolski und Barbara Wiesbauer-Kriser

7 Zukunft für alle – Armut ansprechen und überwinden 107
Monika Vukelic-Auer

8 Freiwilliges Engagement zur Stärkung
des sozialen Zusammenhalts 123
Susanna Rothmayer und Nicole Sonnleitner

III Reflexion

9 Finanzierung sozialer Innovationen – Theorie und Praxis am Beispiel von Ennovent... 139
Wolfgang Spiess-Knafl und Harald Langer

10 Freiwilligenarbeit – Zwischen Engagement und Ausbeutung.. 153
Ruth Simsa und Paul Rameder

11 Social Open Innovation: Potenziale und Limits für Open Innovation zur Förderung sozialer Innovation... 179
Doris Wilhelmer und Petra Wagner

IV Resümee

12 Resümee und Ausblick... 205
Helena Biritz, Christian Neugebauer und Sebastian Pawel

Serviceteil
Anhang A Links zu den in diesem Buch vorgestellten Projekten 212

MitarbeiterInnenverzeichnis

Mischa Bahringer, Mag.ª (FH), MAS (Socialmanagement)
Gemeinnützige Betriebs-GmbH
Volkshilfe Wien
Wien, Österreich
Email: bahringer@volkshilfe-wien.at

Sigrid Beyer, Mag.ª Dr.in
Hospiz Österreich
Wien, Österreich
Email: sigrid.beyer@hospiz.at

Helena Biritz
Fakultät für interdisziplinäre Forschung und Fortbildung
Alpen Adria Universität Klagenfurt
Wien, Österreich
Email: helena.biritz@aau.at

Ursula Dickbauer, Mag.ª
Sozial Global Wien, Wien, Österreich
Email: ursula.dickbauer@sozial-global.at

Maria Eibel, BSc, MA
Hospiz Österreich
Wien, Österreich
Email: maria.eibel@hospiz.at

Hermine Freitag
Arbeitersamariterbund, Wien, Österreich
Email: hermine.freitag@samariterwien.at

Ralph Grossmann, Dr.jur.
Wien, Österreich
Email: ralph.grossmann@masterorganisationsentwicklung.com

Christine Hintermayer, Mag.ª (FH)
CS Caritas Socialis GmbH
Wien, Österreich
Email: christine.hintermayer@cs.or.at

Jürgen Howaldt, Univ.-Prof., Dr.
Sozialforschungsstelle
Technische Universität Dortmund
Dortmund, Deutschland
Email: howaldt@sfs-dortmund.de

Dorothea Iduemre, BSc
Arbeitersamariterbund, Wien, Österreich
Email: dorothea.idumere@samariterbund.net

Harald Langer, Mag. MA
Washington, DC, USA
Email: hlanger1@alumni.jh.edu

Christian Neugebauer
Fakultät für interdisziplinäre Forschung und Fortbildung
Alpen Adria Universität Klagenfurt
Wien, Österreich
Email: cn@neugebauer.io

Martin Oberbauer, Mag., MAS
Wiener Hilfswerk
Wien, Österreich
Email: martin.oberbauer@wiener.hilfswerk.at

Sebastian Pawel, MSc
Fakultät für interdisziplinäre Forschung und Fortbildung
Alpen Adria Universität Klagenfurt
Wien, Österreich
Email: sebastian.pawel@gmx.at

Nicole Prop, Mag.ª (FH)
Green Care Österreich
Wien, Österreich
Email: nicole.prop@greencare-oe.at

Paul Rameder, Dr.
Wirtschaftsuniversität Wien, Wien, Österreich
Email: paul.rameder@wu.ac.at

Susanna Rothmayer, Mag.[in] **Dr.**[in] **MSc**
Linz, Österreich
susanna.rothmayer@vsg.or.at

Clemens Scharre, Mag. (FH)
Green Care Österreich
Wien, Österreich
Email: clemens.scharre@greencare-oe.at

Ruth Simsa, a. o. Univ-Prof.
Wirtschaftsuniversität Wien, Wien, Österreich
Email: ruth.simsa@wu.ac.at

Nicole Sonnleitner, Mag.[a]
Unabhängiges LandesFreiwilligenzentrum
Linz, Österreich
Email: ulf@vsg.or.at

Wolfgang Spiess-Knafl
Wien, Österreich
Email: wolfgang.spiess-knafl@next-generation-impact.com

Selma Sprajcer, Mag.[a]
WU Wien
NPO & SE Kompetenzzentrum
Wien, Österreich
Email: selma.sprajcer@wu.ac.at

Tomasz Tobolski, Mag., MSc (Palliative Care)
Gemeinnützige Betriebs-GmbH
Volkshilfe Wien
Wien, Österreich
Email: tobolski@volkshilfe-wien.at

Monika Vukelic-Auer, MBA
Stadtgemeinde Kapfenberg
Kapfenberg, Österreich
Email: monika.vukelic-auer@kapfenberg.gv.at

Petra Wagner, Mag.[a] **M.A.**
Center for Innovation Systems & Policy
AIT Austrian Institute of Technology GmbH
Wien, Österreich
Email: petra.wagner@ait.ac.at

Barbara Wiesbauer-Kriser
Caritas Pflege Wien, Wien, Österreich
Email: barbara.wiesbauer-kriser@caritas-wien.at

Doris Wilhelmer, Mag.[in] **Dr.**[in]
Center for Innovation Systems & Policy
AIT Austrian Institute of Technology GmbH
Wien, Österreich
Email: doris.wilhelmer@ait.ac.at

Einleitung

Christian Neugebauer und Sebastian Pawel

1.1 Der Inhalt im Überblick – 6

Literatur – 8

© Springer Fachmedien Wiesbaden GmbH, ein Teil von Springer Nature 2019
C. Neugebauer, S. Pawel, H. Biritz (Hrsg.), *Netzwerke und soziale Innovationen,* Schriften zur Gruppen- und Organisationsdynamik 12, https://doi.org/10.1007/978-3-658-21551-4_1

Die zunehmende Komplexität und der damit einhergehende Wandel der Gesellschaft stellt die Menschheit sowohl auf globaler als auch auf lokaler Ebene vor immer größere Herausforderungen. Für die Bewältigung wesentlicher gesellschaftlicher Herausforderungen sind neue Lösungen und neue Formen der Zusammenarbeit auf unterschiedlichen Ebenen notwendig. Organisationen der Zivilgesellschaft, aber auch öffentliche und private AkteurInnen entwickeln neue Ideen, Herangehensweisen und Praktiken zu gesellschaftlich relevanten Fragen. Soziale Innovationen werden dadurch zunehmend zu zentralen Lösungsansätzen in der Bewältigung gesellschaftlicher Problemstellungen.

Der Austausch von Ideen und Werten, die Veränderung von Rollen, vor allem aber auch die Entwicklung neuer Organisationszusammenhänge und -formen und die Integration von Privatkapital und staatlicher und philanthropischer Unterstützung charakterisieren das innovative Potenzial von sozialen Innovationen – insbesondere im Umgang mit gesellschaftlichen Krisen und Herausforderungen wie Armut, Gesundheit und – jüngst immer aktueller – die Thematik der Migration und Integration.

Lange Zeit bezog sich der Begriff Innovation vorrangig auf technische oder ökonomische Innovationen. Technische Innovationen, wie beispielsweise das Auto, führen oft zu Veränderungen der sozialen Praktiken und gehen daher gezwungenermaßen mit sozialen Innovationen einher. Oftmals bringen technische Innovationen aber auch neue Probleme mit sich, die mit technischen Mitteln nicht mehr zu lösen sind. Ein Beispiel wäre der anthropogene Ausstoß von Treibhausgasen durch die Verbrennung von fossilen Brennstoffen, wodurch sich das Klima der Erde verändert.

Durch die Transition von der Industrie- zur Wissens- und Dienstleistungsgesellschaft treten soziale Innovationen immer mehr in den Vordergrund (Howaldt und Schwarz 2010, S. 13 ff.).

Der Begriff der sozialen Innovation findet seinen Ursprung in der Innovationstheorie von Joseph Schumpeter (Schumpeter 1911). Schumpeter selbst hat zwar den Begriff der sozialen Innovation nicht benutzt, aber auch er hat von Innovationen nicht-technischer Art gesprochen und damit institutionelle, rechtliche oder Marktinnovationen gemeint (Schumpeter 1961, S. 91). Allerdings verbindet man heute wie damals mit dem Begriff Innovation im Allgemeinen technologische und ökonomische Innovationen, beziehungsweise im Speziellen neue Produkte, Technologien, Prozesse, Systeme oder Geräte (Rammert 2010, S. 21).

Dieser klassische Innovationsbegriff wird aber den vielfältigen gesellschaftlichen Innovationen nicht gerecht. Die beinahe ausschließliche Betrachtung von technischen Innovationen, wenn es um Innovation geht, lassen Rammert vermuten, dass sich die Auswirkung von technischen Neuerungen und ökonomischem Erfolg besser abgrenzen und quantifizieren lassen als beispielsweise künstlerischer Erfolg oder soziale Verbreitung (Rammert 2010, S. 21). Daher haben die Sozial- und Kulturwissenschaften damit begonnen, sich mit einem umfassenderen Innovationsbegriff auseinanderzusetzen, der sich mit gesellschaftlichen Innovationen beschäftigt.

Diese Idee wurde bereits in der ersten Hälfte des 20. Jahrhunderts von Ogburn (1923) aufgegriffen, der sich in der Theorie des sozialen Wandels mit, einerseits der materiellen, andererseits der nicht-materiellen Kultur befasste. Zur nicht-materiellen Kultur gehört die Auseinandersetzung mit Technologie und Lebensweise. Die unterschiedliche Geschwindigkeit, in der sich die Technologie im Vergleich zu sozialen Strukturen verändert, führt laut Ogburn zu „Cultural Lags" (Braun-Thürmann und John 2010, S. 55). Dieser „Cultural Lag" könne durch soziale Erfindungen reduziert werden (Zapf 1989, S. 174). Die Beschäftigung mit diesen gesellschaftlichen, „nicht-technischen" Innovationen war allerdings längere Zeit von keiner großen Bedeutung und nahm erst in den 70er und 80er Jahren des 20. Jahrhunderts wieder Fahrt auf (Godin 2012, S. 39).

Im deutschsprachigen Raum begann die Auseinandersetzung mit dem Begriff soziale Innovation erst wieder mit Wolfgang Zapf, der 1989 den Text „Über soziale Innovationen" verfasste, auf dessen Basis sich der Begriff der sozialen Innovation immer stärker in der deutschen Forschungslandschaft ausbreitete.

Seither wurde der Begriff *Soziale Innovation* benutzt, um verschiedene Kategorien zu beschreiben (The Young Foundation 2012, S. 6):
- Gesellschaftliche Transformationen
- Modelle von Organisationsmanagement
- Social Entrepreneurship
- Entwicklung von neuen Produkten, Dienstleistungen und Programmen
- Modelle von Governance, Empowerment und Kapazitätsaufbau

Diese höchst unterschiedlichen Kategorien für die der Begriff *Soziale Innovation* benutzt wurde, macht deutlich wie breit der Begriff der sozialen Innovation angewandt wird. So kommentieren Howaldt und Schwarz, dass „eine Vielzahl höchst unterschiedlicher Sachverhalte, Gegenstandsbereiche, Problemdimensionen, und Problemlösungserwartungen unter dem Stichwort „Soziale Innovation" subsummiert werden, ohne sie in ihrer gesellschaftlichen und wirtschaftlichen Bedeutung, ihren Ermöglichungs- und Entstehungsbedingungen, ihrer Genese und Verbreitung hinreichend zu erfassen und von anderen Formen des sozialen Wandels wie der Innovation trennscharf zu unterscheiden" (Howaldt und Schwarz 2010, S. 87). Es existiert zurzeit keine einheitliche Definition von sozialer Innovation, die in der Wissenschaft genutzt wird. Moulaert et al. (2013, S. 14) argumentieren allerdings, dass soziale Innovationen nie rein wissenschaftlich zu betrachten sind, sondern es immer auch um Ambition zur menschlichen Entwicklung geht, wie sie von verschiedenen sozialen AkteurInnen und Individuen repräsentiert wird. Pol und Ville (2009, S. 882) brachten es mit folgender Aussage auf den Punkt:

> Social Innovation is a term that almost everyone likes, but nobody is quite sure of what it means.

Allerdings wurden im Zuge des TEPSIE (2014, S. 14)[1](TEPSIE), ▶ http://www.tepsie.eu/ Projekts Merkmale definiert, damit ein Vorhaben als sozial innovativ bezeichnet werden kann:
- Neuheit: Eine soziale Innovation muss nichts komplett Neues sein, aber es muss in irgendeiner Weise neu angewandt werden, sei es in einem anderen Bereich, Sektor, Region, Markt oder von anderen BenutzerInnen
- Von Ideen zur Umsetzung: Bei sozialen Innovationen geht es um die Umsetzung einer Idee
- Engagement und Mobilisierung der Betroffenen: Die Betroffenen sind in die Entwicklung oder Steuerung involviert
- Erfüllt ein gesellschaftliches Bedürfnis
- Transformiert gesellschaftliche Beziehungen: Soziale Innovationen versuchen die sozialen Beziehungen zu transformieren, indem der Zugang zu Ressourcen und Macht für die Zielgruppen verbessert wird.

---

1 siehe Theoretical, Empirical and Policy Foundations for Social Innovation in Europe.

Zu diesen Kernelementen wurden noch weitere Elemente von sozialen Innovationen definiert. Dies sind Elemente, die als häufig vorkommend identifiziert wurden, jedoch nicht zwingend sind. So haben die ForscherInnen des TEPSIE Projekts festgestellt, dass soziale Innovation sich Bottom-up ausbreitet und oft durch informelle Prozesse entsteht. Darüber hinaus haben soziale Innovationen häufig eine hohe Unsicherheit und man kann oft erst im Nachhinein sagen, ob die soziale Innovation „gut" oder „effizient" oder „besser" ist. Erfolgreiche soziale Innovationen sind vorrangig in Routinen, Normen oder Strukturen eingebettet, sobald sie sich etabliert haben. Soziale Innovationen werden weiters mit guter Intention eingeführt, trotzdem führen sie oft zu ungewollten Konsequenzen.

Eine gängige Definition von sozialer Innovation wurde von Howaldt und Schwarz (2010, S. 89) formuliert:

> » Eine soziale Innovation ist eine von bestimmten Akteuren bzw. Akteurskonstellationen ausgehende intentionale, zielgerichtete Neukombination bzw. Neukonfiguration von sozialer Praktiken in bestimmten Handlungsfeldern, bzw. sozialen Kontexten, mit dem Ziel, Probleme oder Bedürfnisse besser zu lösen bzw. zu befriedigen, als auf der Grundlage etablierter Praktiken möglich ist.

Howaldt und Schwarz (2010, S. 13 ff.) sprechen von einem neuen Innovationsparadigma. So werden die bisher vorherrschenden, linearen Innovationsmodelle von systemischen, interaktiven Innovationsmodellen abgelöst. Stark miteinander verbundene AkteurInnen, Institutionen und Organisationen, die interaktiv neue Handlungspraktiken erarbeiten und verbreiten. Auch die Rolle der Wissenschaft als Mittelpunkt des bisherigen Innovationsmodells soll durch ein Modell ersetzt werden, indem die Innovationen in der Gesellschaft selbst erarbeitet und verbreitet werden. Howaldt ist sich darin mit Moulaert et al. (2013) einig, dass soziale Innovation nicht als wissenschaftliches Thema isoliert zu betrachten ist. Es geht um eine stärkere Einbeziehung der NutzerInnen und BürgerInnen. Diese „Neukonfiguration" von innovativen Prozessen bedarf auch neuer Formen der Zusammenarbeit und Organisations- und Koordinationsmodellen.

Aufgrund dieser Veränderungen gewinnen netzwerkartige Organisationsformen zunehmend an Bedeutung. Als Antwort auf die fortschreitende Dezentralisierung und Verselbstständigung von Organisationen zielen netzwerkförmige Organisationsformen darauf ab ökonomische Verantwortung auch dezentral zu verankern, zur selbstständigen Entwicklung zu motivieren, breite Zusammenarbeit und Partizipation sehr unterschiedlicher AkteurInnen zu fördern und unternehmerische Initiative zu mobilisieren.

Dadurch kommen Netzwerke in gänzlich unterschiedlichen und vielfältigsten Formen und Ausprägungen vor (Stegbauer und Häßling 2010), wodurch es auch nicht *das* Netzwerk, *die* Kooperation oder *den* Verbund gibt. Ähnlich dem Begriff der sozialen Innovation, konnte sich auch kein einheitlicher Begriff zum Netzwerk herausbilden (vgl. Stegbauer 2008; Stegbauer und Häßling 2010; Fuhse und Mützel 2010; Holzer 2010). Positiv verstanden, ist die fehlende Eindeutigkeit des Netzwerkbegriffs eine Chance, da der Begriff theoretisch geöffnet bleibt und den vielfältigen praktischen Anwendungsfällen von netzwerkförmigen Beziehungen (Stegbauer 2008, S. 12) angepasst werden kann.

Netzwerke können nach ganz unterschiedlichen Elementen und Verbindungen zwischen Personen, Organisationen oder formalisierenden Elementen differenziert werden – beispielsweise nach deren Ausrichtung (horizontal, vertikal oder komplementär), nach dem Formalisierungsgrad (lockere Vereinbarung oder fester vertraglicher Rahmen), nach der geplanten Dauer (projektweise, fester zeitlicher Rahmen oder zeitlich offen), nach der Anzahl der KooperationspartnerInnen oder nach der Systemherkunft der PartnerInnen etc. (siehe u. a. Sydow 1992; Schmidt 2007).

Insbesondere diese Flexibilität macht die Organisationsform *Netzwerk* so interessant für die ebenfalls auf Flexibilität, Innovation und Veränderung ausgerichteten sozial innovativen Vorhaben, Initiativen und Unternehmungen, die sich unter dem Begriff *Soziale Innovation* subsummieren lassen.

Gerade im Bereich der sozialen Innovationen (u. a. Choi und Majumdar 2014) zur öffentlichen Leistungserbringung – die im zunehmenden Ausmaß von Organisationen der Zivilgesellschaft in Zusammenarbeit mit dem Staat erbracht werden – aber auch bei profitorientierten „Social Entrepreneurs" (bspw. Ashoka, Schwab Foundation, Skoll Foundation, Impact Hub), kann eine starke Beschäftigung und Entwicklung von flachen, reaktionsschnellen, auf Partizipation, Mit- und Selbstbestimmung ausgerichteten netzwerkförmigen Koordinationsformen beobachtet werden (Hoogendoorn et al. 2010, 2011). Das gilt gleichermaßen für ganz unterschiedliche Felder wie beispielsweise dem Gesundheits- und Sozialbereich, die aktuelle Migrations- und Integrationsthematik, Forschungskooperationen, regionale Technologie- und Wirtschaftscluster oder aber auch Wissens- und Lobbyingnetzwerke. Zur Realisierung und Begegnung diesen An- und Herausforderungen in ganz unterschiedlichen Bereichen braucht es flexibel einsetzbare und anpassbare Koordinationsformen (u. a. Mayntz 2009; Grande und May 2009), wie es die Organisationsform *Netzwerk* sein kann.

Das ist auch der inhaltliche Fokus des vorliegenden Sammelbandes *Netzwerke und Soziale Innovationen*. Er behandelt den Stellenwert und die Bedeutung der Organisationsform Netzwerke für die Entwicklung sozialer Innovationen. Ziel des Buches ist es sowohl PraktikerInnen als auch WissenschaftlerInnen wertvolle Hinweise für die Organisation und Entwicklung sozialer Innovationen anzubieten.

Der Sammelband hat sich aus einem zweijährigen Forschungsprozess entwickelt, der unter dem Titel *Netzwerke und Soziale Innovationen* (Biritz et al. 2016) der zentralen Forschungsfrage nachgegangen ist, welchen Beitrag Netzwerke bei der Entstehung und Entwicklung von sozialen Innovationen leisten können und wie dies im besten Fall zu Veränderungen bzw. Transformationen in der Gesellschaft führt. Im Zuge des Prozesses wurden verschiedene Netzwerke und Projekte aus unterschiedlichen Bereichen untersucht (wie Asyl-, Migrations- und dem Gesundheitsbereich) und mit relevanten Personen und VertreterInnen von sozial innovativen Initiativen, Netzwerken und Projekten sowohl aus dem NPO-Bereich, der Wissenschaft als auch aus dem Bereich Social Entrepreneurship sehr ausführliche qualitative Interviews geführt.

Parallel zum Forschungsprozess wurde eine praxisorientierte Veranstaltungsreihe organisiert, auf der unterschiedliche sozial innovative Initiativen und Projekte einem breiteren Publikum vorgestellt wurden. Die Veranstaltungen boten sowohl den Rahmen als auch fachliche Anregungen, um die Entwicklung von sozialen Innovationen und deren Auswirkungen in der Community aber auch zwischen PraktikerInnen und WissenschaftlerInnen zu diskutieren. Einige der vorgestellten Projekte finden sich in diesem Sammelband wieder.

1.1 Der Inhalt im Überblick

In einem Mix aus theoretischen und reflexiven Beiträgen als auch der Darstellung der gerade erwähnten spannenden Initiativen und Projekten – von den InitiatorInnen selbst anschaulich geschildert –, wurde versucht, die Thematik praxisorientiert aufzuarbeiten. Die praxisnahe Darstellung interessanter Fallbeispiele bildet dabei den Kern des vorliegenden Sammelbandes. Im Fokus der Fallbeispiele steht einerseits die Erläuterung der konkreten Projekte und andererseits der Aspekt Netzwerk und dessen Bedeutung für die geschilderten Initiativen.

■■ **Der Theorieteil**

Im Theorieteil des Sammelbandes bietet eingangs *Jürgen Howaldt* in seinem Beitrag *Soziale Innovation im Fokus nachhaltiger Entwicklung* einen Überblick zu Konzepten und Trends im Bereich sozialer Innovationen und zeigt Wege zur Steigerung der Wirksamkeit sozialer Innovationen auf. Im Mittelpunkt des Beitrags stehen dabei die zunehmende Notwendigkeit von (sektorübergreifenden) Kooperationen und die Bedeutung von Netzwerken bei der Entwicklung und Verbreitung sozialer Innovationen.

Daran anschließend präsentieren *Helena Biritz, Christian Neugebauer* und *Sebastian Pawel* die interessantesten Ergebnisse ihrer Studie Netzwerke und Soziale Innovationen. Im Beitrag *Netzwerke und soziale Innovationen in der Praxis* werden die Potenziale und Herausforderungen von Netzwerken im Kontext von sozialen Innovationen beleuchtet, aber auch u. a. auf die Aspekte Motivation, Kommunikation oder Politik eingegangen.

■■ **Die Fallbeispiele**

Den Auftakt zu den Fallbeispielen macht *Martin Oberbauer* mit seinem Beitrag zum Projekt *Gesund fürs Leben. Ehrenamtliche Gesundheitsbuddys im Einsatz bei Hochbetagten*. Im Rahmen einer Interventionsstudie der Medizinischen Universität Wien und des Wiener Wissenschafts-, Forschungs- und Technologiefonds in Kooperation mit dem Wiener Hilfswerk und der Sportunion wurden Personen ab 50 Jahren rekrutiert, die als ehrenamtliche „Gesundheitsbuddies" die Gesundheit von älteren mangelernährten und gebrechlichen Menschen verbessern halfen. Der Beitrag schildert, wie es gelingen konnte gemeinsam ein standardisiertes Bewegungs- und Ernährungsprogramm durchzuführen.

Nicole Prop und *Clemens Scharre* berichten in ihrem Beitrag *Green Care – Wo Menschen aufblühen* über eine soziale Innovation, die land- und forstwirtschaftliche Betriebe zu Partnern der Sozial-, Gesundheits-, Bildungs- und Wirtschaftssysteme macht. Der Beitrag veranschaulicht, wie für bäuerliche Unternehmerinnen und Unternehmer als auch für Sozialträger und Institutionen durch dieses Projekt erfolgreich neue Möglichkeiten der Angebotsdiversifizierung geschaffen werden.

Ein sozial innovatives Projekt aus dem Gesundheitsbereich wird in dem unter breiter Beteiligung entstandenem Beitrag *HPC Mobil. Hospizkultur und Palliative Care (HPC) in der Betreuung und Pflege zu Hause* dargestellt. *Mischa Bahringer, Sigrid Beyer, Ursula Dickbauer, Maria Eibel, Hermine Freitag, Ralph Grossmann, Christine Hintermayer, Dorothea Iduemre, Selma Sprajcer, Tomasz Tobolski* und *Barbara Wiesbauer-Kriser* schildern ausführlich wie zwischen sechs Trägerorganisationen (Arbeiter Samariter Bund Wien, Caritas Socialis, Sozial Global AG, Volkshilfe Wien, Caritas der ED Wien und in NÖ das Rote Kreuz) gemeinsam mit weiteren ExpertInnen Leitziele, Leistungen und Indikatoren, ein Curriculum HPC Mobil, eine spezielle Fortbildung zu HPC und die notwendigen Elemente der Organisationsentwicklung zur Umsetzung der Idee einer mobilen Palliativbetreuung entwickelt und im Rahmen eines Pilotprojektes auch umgesetzt werden konnten.

Monika Vukelic-Auer stellt in ihrem Beitrag das Sozialprojekt *Zukunft für alle – Armut ansprechen und überwinden* vor. Im Projekt widmete sich die Stadtgemeinde Kapfenberg in einer intensiven Auseinandersetzung dem gesellschaftlichen Phänomen „Neue Armut" und erarbeitete mögliche Lösungsansätze zur Enttabuisierung des Themas und zur Verbesserung der Lebenssituation bekannter Risikogruppen. Der Beitrag thematisiert sowohl die damit einhergehenden Herausforderungen als auch die gefundenen und in der Praxis bereits erprobten Lösungszugänge.

Zum Abschluss der Fallbeispiele beschreiben *Susanna Rothmayer* und *Nicole Sonnleitner* in ihrem Beitrag *Freiwilliges Engagement zur Stärkung des sozialen Zusammenhalts* wie die Vision einer unabhängigen Drehscheibe für freiwilliges Engagement im Sozialbereich über mehrere Jahre und unterschiedliche Initiativen umgesetzt wurde und schlussendlich einen Beitrag zur Stärkung des sozialen Zusammenhalts in der Gesellschaft leisten konnte.

▪▪ Der Reflexionsteil

Im Reflexionsteil des Sammelbandes wurden zentrale Problemstellungen von sozialen Innovationen aufgegriffen und in Beiträgen thematisiert.

Wolfgang Spiess-Knafl und *Harald Langer* greifen in ihrem Beitrag *Finanzierung sozialer Innovationen* eine der größten Herausforderungen in der Entwicklung sozialer Innovationen auf. Der Beitrag skizziert die wechselseitigen Einflüsse von Finanzierung, Innovation und Netzwerken, bietet eine Einführung in die Möglichkeiten und Problemstellungen der Finanzierung und erläutert die verschiedenen Netzwerke und deren Rolle als Mittler zwischen Angebot und Nachfrage.

Im Beitrag *Freiwilligenarbeit – Zwischen Engagement und Ausbeutung* widmen sich *Ruth Simsa* und *Paul Rameder* ausführlich und kritisch der gesellschaftlichen Bedeutung von Freiwilligenarbeit. Der Beitrag zeigt, dass Freiwilligenarbeit nicht „frei" von unerwünschten Nebenwirkungen ist und sozial ungleiche Verhältnisse reproduziert. Anhand von zivilgesellschaftlichen Beiträgen zur Bewältigung der sogenannten Flüchtlingskrise wird argumentiert, dass Freiwilligenarbeit zum Teil originär staatliche Aufgaben übernimmt und schließlich verdeutlicht der Beitrag, dass unbezahlte Arbeit zunehmend auch partikulären Interessen von gewinnorientierten Unternehmen dient.

Abschließend stellen *Doris Wilhelmer* und *Petra Wagner* in ihrem Beitrag *Open Innovation: Ein Werkzeug zur Förderung von sozialen Innovationen* innovative Methoden und Herangehensweisen vor, mit denen die Entwicklung sozialer Innovationen nachhaltig befördert werden können. Im konkreten bietet der Beitrag eine Einführung in die Thematik Open Innovation und zeigt anschließend die Potenziale und Grenzen des Open Innovation Modells für soziale Innovationen auf.

▪▪ Das Resümee

Zum Abschluss des Buches versuchen die HerausgeberInnen die zentralen Learnings aus den Theorie- und Reflexionsteilen sowie den vielfältigen Fallbeispielen herauszuarbeiten und in einem abschließenden Resümee zusammenzufassen.

Interessierten LeserInnen soll ein vergleichender und lernorientierter Einblick in die Organisationsarbeit unterschiedlicher Bereiche eröffnet werden: Armutsbekämpfung, Land- und Regionalentwicklung, Gesundheit und Gesundheitsvorsorge, Integration und Palliative Care. Durch die Fokussierung und Herausarbeitung des Aspekts Netzwerk und die Verknüpfung von Theorie und Praxis soll ein praxisorientierter Zugang mit – hoffentlich nützlichen – Hinweisen und Anregungen aber auch Einblicken in die Herausforderungen, die mit dem Organisations- und Entwicklungsprozess sozial innovativer Projekte, Initiativen und Unternehmungen verbunden sind, geschaffen werden, um im eigenen Arbeitszusammenhang sozial innovative Vorhaben und Projekte zielorientierter umzusetzen.

Literatur

Biritz, H., Neugebauer, C., & Pawel, S. (2016). *Netzwerke und soziale Innovationen. Engagement – Partizipation – Professionalität*. Klagenfurt: Alpen-Adria-Universität Klagenfurt.

Braun-Thürmann, H., & John, R. (2010). Innovation: Realisierung und Indikator des sozialen Wandels. In J. Howaldt & H. Jacobsen (Hrsg.), *Soziale Innovation – Auf dem Weg zu einem postindustriellen Innovationsparadigma*. Wiesbaden: VS Verlag.

Choi, N., & Majumdar, S. (2014). Social entrepreneurship as an essentially contested concept: Opening a new avenue for systematic future research. *Journal of Business Venturing, 29*(3), 363–376.

Fuhse, J., & Mützel, S. (2010). *Relationale Soziologie. Zur kulturellen Wende der Netzwerkforschung*. Wiesbaden: VS Verlag.

Godin, B. (2012). Social Innovation: Utopias of Innovation from c. 1830 to Present. Project on the intellectual history of innovation, Working Paper No. 11. ▶ http://www.csiic.ca/PDF/SocialInnovation_2012.pdf. Zugegriffen: 21. Juni 2018.

Grande, E., & May, S. (Hrsg.). (2009). *Perspektiven der Governance-Forschung*. Baden-Baden: Nomos.

Holzer, B. (2010). *Netzwerke* (2. Aufl.). Bielefeld: Transcript.

Hoogendoorn-, B., Pennings, E., & Thurik, R. (2010). What do we know about social entrepreneurship: An analysis of empirical research REPORT SERIES, (January).

Hoogendoorn, B., Pennings, E., & Thurik, R. (2011). A conceptual overview of what we know about social entrepreneurship. EIM Research Report Ref.N. H201114. EIM Research Reports, (July).

Howaldt, J., & Schwarz, M. (2010). Soziale Innovation – Konzepte, Forschungsfelder und -perspektiven. In J. Howaldt & H. Jacobsen (Hrsg.), *Soziale Innovation – Auf dem Weg zu einem postindustriellen Innovationsparadigma*. Wiesbaden: VS Verlag.

Mayntz, R. (2009). *Über Governance. Institutionen und Prozesse politischer Regelung*. Frankfurt a. M.: Campus.

Moulaert, F., MacCallum, D., & Hillier, J. (2013). Social innovation: Intuition, precept, concept, theory and practice. In F. Moulaert, D. MacCallum, A. Mehmood, & A. Hamdouch (Hrsg.), *The International Handbook on social Innovation – Collective action, social learning and transdisciplinary Research*. Cheltenham: Edward Elgar.

Ogburn, W. (1923). *Social change. With respect to culture and original nature*. London: Allen & Unwind.

Pol, E., & Ville, S. (2009). Social innovation: Buzz word or enduring term? *The Journal of Socio-Economics, 38*, 878–885.

Rammert, W. (2010). Die Innovationen der Gesellschaft. In J. Howaldt & H. Jacobsen (Hrsg.), *Soziale Innovation – Auf dem Weg zu einem postindustriellen Innovationsparadigma*. Wiesbaden: VS Verlag.

Schmidt, A. (2007). *Co-Opera – Kooperationen mit Leben füllen. Ein multiperspektivischer Blick auf die Entwicklung von Unternehmenskooperationen innerhalb von Clustern und Netzwerken*. Heidelberg: Carl-Auer.

Schumpeter, J. (1911). *The theory of economic development*. Cambridge: Harvard University Press.

Schumpeter, J. (1961). *Konjunkturzyklen. Eine theoretische, historische und statistische Analyse des kapitalistischen Prozesses*. Göttingen: Vandehoeck & Ruprecht.

Stegbauer, C. (Hrsg.). (2008). *Netzwerkanalyse und Netzwerktheorie. Ein neues Paradigma in den Sozialwissenschaften*. Wiesbaden: VS Verlag.

Stegbauer, C., & Häußling, R. (Hrsg.). (2010). *Handbuch Netzwerkforschung*. Wiesbaden: VS Verlag.

Sydow, J. (1992). *Strategische Netzwerke. Evolution und Organisation*. Wiesbaden: Gabler.

TEPSIE. (2014). Social innovation theory and research: A guide for researchers. ▶ https://iupe.files.wordpress.com/2015/11/tepsie-research_report_final_web.pdf. Zugegriffen: 21. Juni 2018.

The Young Foundation. (2012). Social innovation overview: A deliverable of the project: "The theoretical, empricial and policy foundations for building social innovation in EUROPE" (TEPSIE), European Commission. 7th Framework Programme, Brussels. ▶ http://youngfoundation.org/wp-content/uploads/2012/12/TEPSIE.D1.1.Report.DefiningSocialInnovation.Part-1-defining-social-innovation.pdf. Zugegriffen: 21. Juni 2018.

Zapf, W. (1989). Über soziale Innovationen. *Soziale Welt, 40*(1/2), 170–183. ▶ http://www.jstor.org/stable/40878048. Zugegriffen: 21. Juni 2018.

Christian Neugebauer, Dr.

ist promovierter Organisationsentwickler und war langjähriger Mitarbeiter und stellvertretender Leiter des Instituts für Organisationsentwicklung, Gruppendynamik und Interventionsforschung der Fakultät für interdisziplinäre Forschung und Fortbildung der AAU Klagenfurt. Er arbeitete einige Zeit als Product Owner bei einem agilen Software-Unternehmen in Wien und interessierte sich als Organisationsentwickler und Unternehmensberater für neue Formen der Zusammenarbeit und Organisationsgestaltung. Seit 2018 leitet er die Stabstelle Organisationsentwicklung bei der Volkshilfe Österreich.

Sebastian Pawel, MSc

hat Humanökologie und technisches Umweltmanagement studiert. Er war von 2013 bis 2017 als freier Mitarbeiter in diversen Forschungs- und Veranstaltungsprojekten zu den Themen soziale Innovation und Corporate Sustainability am Institut für Organisationsentwicklung und Gruppendynamik an der IFF tätig. Seit 2017 Berater für Umwelt- und Qualitätsmanagement bei der denkstatt GmbH.

Theorie

Inhaltsverzeichnis

Kapitel 2   Soziale Innovation im Fokus nachhaltiger Entwicklung – Die Bedeutung von Kooperationen und Netzwerken für den Erfolg sozialer Innovationen – 13
Jürgen Howaldt

Kapitel 3   Netzwerke und soziale Innovationen in der Praxis – 31
Helena Biritz, Christian Neugebauer und Sebastian Pawel

Soziale Innovation im Fokus nachhaltiger Entwicklung – Die Bedeutung von Kooperationen und Netzwerken für den Erfolg sozialer Innovationen

Jürgen Howaldt

2.1 Innovation als Leitbegriff moderner Gesellschaften – 15

2.2 Ein neues Innovationsverständnis – 16

2.3 Die Potenziale sozialer Innovationen entfalten – 17

2.4 Die Bedeutung von Netzwerken bei der Gestaltung von Innovationsprozessen – Ein Blick auf die Innovations- und Netzwerkforschung – 21

2.5 Von der Notwendigkeit eines professionellen Netzwerkmanagements – 23

2.6 Fazit – 26

Literatur – 27

© Springer Fachmedien Wiesbaden GmbH, ein Teil von Springer Nature 2019
C. Neugebauer, S. Pawel, H. Biritz (Hrsg.), *Netzwerke und soziale Innovationen*, Schriften zur Gruppen- und Organisationsdynamik 12, https://doi.org/10.1007/978-3-658-21551-4_2

> Most social businesses are likely to originate with one person, or perhaps with a small group of people – friends, work colleagues, or people with a shared interest in a particular social problem. Within such a small group, you may not have all the expertise, experience, ideas and resources needed to make your social business idea into a reality. Don't let that stop you! Look around for others you can partner with (Muhammed Yunus).

Weltweit wird in den letzten Jahren über ein verändertes Innovationsverständnis diskutiert, das die Bedeutung von Innovationen zur Bewältigung großer gesellschaftlicher Herausforderungen in den Blick nimmt. Dabei setzt sich zunehmend die Überzeugung durch, dass soziale Innovationen von entscheidender Bedeutung zur Bewältigung dieser Herausforderungen sind.

Was aber meint der Begriff der sozialen Innovation? Wie unterscheiden sich soziale Innovationen von wirtschaftlichen und technologischen Innovationen? Warum rücken sie immer mehr in den Mittelpunkt der Aufmerksamkeit? Und welche Rolle spielen Kooperationen und Netzwerke in diesem Kontext?

Ausgehend von der zunehmenden Bedeutung von Innovation als Leitbegriff moderner Gesellschaften beschreibt der Artikel die Konturen eines neuen Innovationsverständnisses und geht auf die Faktoren ein, die zu dessen Entwicklung beitragen. Zahlreiche Ideen und Anstöße für dieses neue Innovationsverständnis kamen dabei aus der Zivilgesellschaft. Zunehmend engagieren sich aber auch Unternehmen, Politik und Wissenschaft in diesen Initiativen.

Vor dem Hintergrund der internationalen Diskussion und erster Ergebnisse des globalen Forschungsprojekt SI DRIVE[1] gibt der Aufsatz einen Überblick über Konzepte und Trends im Bereich sozialer Innovationen und zeigt zugleich Wege zur Erhöhung der Wirksamkeit sozialer Innovationen auf. Wenn soziale Innovationen einen spürbaren Beitrag zur Bewältigung der großen gesellschaftlichen Herausforderungen leisten sollten, dann sind die Entwicklung eines Ökosystems sozialer Innovation und die Kooperationen zwischen den unterschiedlichen gesellschaftlichen AkteurInnen aus Zivilgesellschaft, Wirtschaft, Wissenschaft und Politik unerlässlich. Insofern ist die Organisation von Kooperationen über die Grenzen gesellschaftlicher Teilsysteme und die Arbeit in Netzwerken ein zentraler Erfolgsfaktor bei der Entwicklung und Verbreitung sozialer Innovationen.

Vor diesem Hintergrund gibt der Beitrag zunächst einen Überblick über die Bedeutung von Innovationen in modernen Gesellschaften und beschreibt anschließend die wichtigsten Aspekte eines neuen Innovationsverständnisses, welches sich zur Gesellschaft hin öffnet. Angesichts der geringen Durchschlagskraft vieler Initiativen im Bereich sozialer Innovation wird im darauffolgenden Artikelteil die Bedeutung von sektorübergreifender Kooperation und Organisation von Netzwerken für ihren Erfolg dargestellt. Anschließend zeigt ein Blick auf sozialwissenschaftliche Innovations- und

---

1 SI-DRIVE steht für *Social Innovation: Driving Force of Social Change* und ist ein von der EU im 7. Forschungsrahmenprogramm gefördertes Projekt. Unter Leitung der Sozialforschungsstelle der TU Dortmund arbeiten 25 international führende ExpertInnen an den theoretischen Grundlagen und empirischen Trends sozialer Innovation im globalen Maßstab. Ziel des vierjährigen Projektes (2014–2017) ist ein vertieftes theoretisches und praktisches Verständnis der Verbreitung und Funktionsweise sozialer Innovation (► http://www.si-drive.eu/).

Netzwerkforschung die Bedeutung von Netzwerken bei der Gestaltung von Innovationsprozessen auf, verweist aber auch gleichzeitig auf die Anforderungen an ein professionelles Netzwerkmanagement, die abschließend dargestellt werden. Vor dem Hintergrund dieser Erkenntnisse und erster Untersuchungen im Bereich sozialer Innovation lässt sich die Untersuchung der konkreten Herausforderungen, welche die Arbeit in Netzwerken im Bereich sozialer Innovationen mit sich bringt, als wichtiges Zukunftsthema identifizieren. Die Erkenntnisse aus der Innovations- und Netzwerkforschung bieten Ansatzpunkte für die erfolgreiche Gestaltung dieser Netzwerke.

2.1 Innovation als Leitbegriff moderner Gesellschaften

Innovation ist in den letzten Jahrzehnten immer mehr zu einem Leitbegriff moderner Gesellschaften geworden. Ausgangspunkt für diese Entwicklung bildet Schumpeters 1912 vorgelegte „Theorie der wirtschaftlichen Entwicklung" (Schumpeter 1964), in der Innovationen als entscheidende Triebfeder wirtschaftlicher Dynamik und Auslöser eines Prozesses der schöpferischen Zerstörung analysiert werden.

Nach Schumpeter bedeutet Innovation die „Durchsetzung neuer Kombinationen" bzw. die „Aufstellung einer neuen Produktionsfunktion". Aus Inventionen werden Innovationen, wenn sie sich erfolgreich am Markt durchsetzen. Einleitung und Durchführung von Innovationen sind nach Schumpeter *die eigentliche Aufgabe und Funktion des Unternehmertums*.

Schumpeter fokussiert dabei jedoch nicht nur auf *technische* Innovationen, sondern unterscheidet Produkt-, Prozess- und organisatorische Innovationen, den Einsatz neuer Ressourcen sowie die Erschließung neuer Märkte und thematisiert vor allem den Prozess der Innovation. Zugleich unterstreicht er die Notwendigkeit flankierender sozialer Innovationen sowohl im Bereich der Wirtschaft als auch der Kultur, der Politik und des gesellschaftlichen Lebens, um die ökonomische Effektivität von technischen Innovationen zu gewährleisten.

Angesichts der großen Bedeutung von Innovation für die gesellschaftliche Entwicklung wurden diese in den vergangenen Jahrzehnten immer stärker zum Gegenstand staatlicher Innovationspolitik (vgl. Howaldt und Schwarz 2010, S. 33 ff.). Dabei lag der Fokus lange Zeit auf den *Potenzialen technologischer Innovationen* und die staatliche Innovationspolitik konzentrierte sich auf die Förderung von Spitzentechnologien.

Allerdings zeigen die vorliegenden Erfahrungen die Dysfunktionalitäten eines einseitig ökonomisch-technologisch ausgerichteten Innovationsverständnisses und einer darauf basierenden Innovationspolitik. Technische Innovationen allein reichen weder zur Bewältigung der großen gesellschaftlichen Herausforderungen (Klimawandel, demografische Wandel, soziale Ungleichheit, Digitalisierung), noch zur Lösung sozialer Probleme und ungedeckter Bedarfe auf lokaler und regionaler Ebene aus. Zudem bringen sie eine Reihe von ungewünschten Nebeneffekten und sozialen Problemen mit sich. Schon Schumpeter prägte deshalb den Begriff der *schöpferischen Zerstörung*, der jedem Innovationsprozess zugrunde liegt. Und so haben Meadows, Meadows und Zahn schon 1972 in ihrem Bericht an den Club of Rome darauf hingewiesen, „dass soziale Innovation nicht mehr länger hinter der technischen zurückbleiben darf." (Meadows et al. 1972, S. 173).

2.2 Ein neues Innovationsverständnis

So wächst vor dem Hintergrund veränderter Problemlagen und einer beschleunigten Veränderungsdynamik in Wirtschaft, Gesellschaft und Kultur das Bewusstsein eines nur eingeschränkten Problemlösungspotenzials wirtschaftlich-technologischer Innovationen sowie etablierter Steuerungs- und Problemlösungsroutinen (vgl. von Krogh 2014). Porter und Kramer verweisen auf die negativen Folgen dieser Entwicklung für Wirtschaft und Unternehmen: „Die Wirtschaft steckt in einem Teufelskreis." (Porter und Kramer 2011, S. 2). Zugleich werden die *Konturen eines neuen umfassenderen Innovationsverständnisses* erkennbar (vgl. FORA 2010; Howaldt und Schwarz 2010), in dessen Folge soziale Innovationen zunehmend an Bedeutung gewinnen. Es sind drei Elemente, die das neue Innovationverständnis kennzeichnen (◘ Abb. 2.1).

Dabei geht es *zum einen* um die Öffnung des Innovationsprozesses zur Gesellschaft und damit um die *umfassende Erschließung der gesellschaftlichen Innovationspotenziale* (vgl. FORA 2010, S. 15 ff.; Franz et al. 2012). Nicht nur Unternehmen, Hochschulen und Forschungseinrichtungen sind relevante AkteurInnen im Innovationsprozess. Auch BürgerInnen, KundInnen, NGOs oder soziale Bewegungen spielen eine zunehmend wichtigere Rolle und dienen nicht länger nur als LieferantInnen für *Bedürfnisinformationen* (wie im klassischen Innovationsmanagement), sondern tragen im Entwicklungsprozess neuer Produkte und Verfahren zur Problemlösung bei.

Konzepte wie z. B. „open innovation" (vgl. Chesbrough 2003), KundInnenintegration und Netzwerke spiegeln wichtige Aspekte dieser Entwicklung wider. Gleichzeitig wird Innovation – ausgehend von Entwicklungen im Bereich der Wirtschaft – ein allgemein gesellschaftliches Phänomen, welches immer stärker alle Lebensbereiche berührt und durchdringt.

Ein *zweites zentrales Element* des neuen Innovationsparadigmas ist die Orientierung an den großen gesellschaftlichen Herausforderungen. Diese Entwicklungen spiegeln sich seit Beginn der 90er Jahre auf der programmatischen Ebene der europäischen Forschungs- und Innovationspolitik wider. Inzwischen sind weite Teile der europäischen Förderprogramme, ebenso wie die deutsche Hightech-Strategie, entlang der großen gesellschaftlichen Herausforderungen strukturiert (vgl. European Commission 2015; BEPA 2010).

Mit der Herausbildung eines neuen Innovationsparadigmas verändert sich aber nicht nur der Blick auf die Innovationsprozesse und -ziele. Zunehmend erweitert sich auch der Gegenstand der Innovationen. Im Zentrum des alten industriegesellschaftlichen Innovationsverständnisses standen lange Zeit technische Neuerungen im Sinne

◘ Abb. 2.1 Neues Innovationsparadigma

von Produkt- und Verfahrensinnovationen, die „zum (fast) alleinigen Hoffnungsträger gesellschaftlicher Entwicklung stilisiert" (Gillwald 2000, o. S.) wurden. Doch zunehmend setzt sich die Überzeugung durch, dass *soziale Innovationen im Sinne kreativer und zielgerichteter Veränderungen sozialer Praktiken* von entscheidender Bedeutung zur Bewältigung der großen gesellschaftlichen Herausforderungen sind.

Neue soziale Praktiken beziehen sich auf die Art und Weise, wie wir (zusammen-) leben, arbeiten und konsumieren, wie wir uns organisieren und unsere politischen Prozesse gestalten (vgl. Howaldt und Schwarz 2010, S. 54). Auch lassen sich die Potenziale neuer Technologien nur dann entfalten, wenn diese in die Veränderungen sozialer Praktiken und Verbrauchsgewohnheiten eingebettet sind. Im Angesicht der aktuellen Finanz- und Wirtschaftskrise wird deutlicher, dass es soziale Innovationen sind, die darüber entscheiden, „in welcher Welt die nächste Generation der Bürger freier Gesellschaften leben wird" (Dahrendorf 2009).

Bereits heute gibt es im internationalen Maßstab zahlreiche Ansätze und erfolgreiche Initiativen, die die Stärken und Potenziale sozialer Innovationen im Bereich gesellschaftlicher Integration durch Bildung und Armutsbekämpfung, bei der Durchsetzung nachhaltiger Konsummuster oder bei der Bewältigung des demografischen Wandels aufzeigen (vgl. u. a. Yunus 2010; Kopf et al. 2015). Dabei gewinnen soziale Innovationen nicht nur in Bezug auf soziale Integration und Chancengleichheit, sondern auch im Hinblick auf die *Innovations- und Zukunftsfähigkeit von Gesellschaft und Wirtschaft* an Bedeutung. Während viele dieser Projekte und Initiativen zunächst aus der Zivilgesellschaft heraus entstanden sind und von zivilgesellschaftlichen AkteurInnen getragen wurden, erhält das Thema in den letzten Jahren zunehmend Aufmerksamkeit in Politik, Wirtschaft und Wissenschaft.

Vor diesem Hintergrund wird soziale Innovation immer stärker zum Gegenstand staatlicher Innovationspolitik (vgl. Bornstein et al. 2014). So richtete Barack Obama 2009 zu Beginn seiner ersten Amtszeit das „Office of Social Innovation and Civic Participation" im Weißen Haus ein. Mit der 2014 verabschiedeten *neuen Hightech-Strategie der Bundesregierung* wird erstmals auch das Thema *soziale Innovation* in der deutschen Innovationspolitik verankert. So heißt es in der Präambel: „Wir setzen auf einen erweiterten Innovationsbegriff, der nicht nur technologische, sondern auch soziale Innovationen umfasst, und beziehen die Gesellschaft als zentralen Akteur ein" (BMBF 2014, S. 4). Dabei verschiebt sich der Blick vom Marktpotenzial einzelner Technologiefelder hin zum gesellschaftlichen Bedarf an zukunftsfähigen Lösungen und deren Realisierung.

2.3 Die Potenziale sozialer Innovationen entfalten

Allerdings entfalten viele Projekte und Initiativen *nicht die gewünschte gesellschaftliche Durchschlagskraft*, sondern bleiben oft auf lokaler, experimenteller Ebene beschränkt. Ein wichtiger Grund hierfür ist, dass die Initiativen über viele Jahre zu sehr auf das Konzept des Social Entrepreneurship und zivilgesellschaftliche Aktivitäten fokussiert blieben (vgl. Howaldt et al. 2015). Zwar haben Social Entrepreneurs und AkteurInnen aus der Zivilgesellschaft viel zur Durchsetzung einer neuen Denkweise beigetragen, jedoch reichen die bisher entwickelten Konzepte oft nicht aus, um die Potenziale sozialer Innovationen zu entfalten.

Gerade weil soziale Innovationen häufig an den Schnittstellen zwischen den ausdifferenzierten gesellschaftlichen Sektoren entstehen, muss eine systematische Stärkung der *sektorübergreifenden Kooperation* von AkteurInnen aus Wissenschaft, Politik, Wirtschaft und Zivilgesellschaft wie auch der weitere Ausbau von dies unterstützenden intermediären

Institutionen, kreativen, aber auch politischen Initiativen und Transferleistungen gezielt gefördert werden (vgl. Erklärung soziale Innovation für Deutschland 2014).

Ohne die Organisation sektorübergreifender Kooperationen und Netzwerke werden die großen gesellschaftlichen Herausforderungen nicht zu bewältigen sein. Schon früh haben ausgewiesene Pioniere der Social Innovation Forschung, wie z. B. James Phills, Kriss Deiglmeier und Dale Miller, auf die große Bedeutung von sektorübergreifenden Netzwerken und Kooperationen bei der Entfaltung der Innovationspotenziale verwiesen. „Increasingly, innovation blossoms where the sectors converge. At these intersections, the exchanges of ideas and values, shifts in roles and relationships, […] generate new and better approaches to creating social value" (Phills Jr., Deiglmeier und Miller 2008, S. 43).

Bei der Entwicklung technologischer Innovationen ist die Bedeutung solcher Kooperationsformen und regionaler sowie nationaler Innovationssysteme zur Stärkung der Innovationsfähigkeit seit vielen Jahrzehnten hinreichend erforscht. Auch die Ergebnisse der sozialen Innovationsforschung verweisen darauf, dass die Entwicklung und Verbreitung sozialer Innovationen den Aufbau entsprechender Ökosysteme benötigen, die das Zusammenspiel von AkteurInnen aus den unterschiedlichen Teilsystemen ermöglichen (vgl. Howaldt et al. 2011).

Dies belegen auch die Ergebnisse des Projektes SI-DRIVE an. Drei Jahre nach Projektstart legt das Konsortium aus 25 ForschungspartnerInnen aus aller Welt die Ergebnisse einer ersten globalen Studie zur Verbreitung und Bedeutung sozialer Innovationen vor. Untersucht wurden mehr als 1000 Initiativen sozialer Innovation auf allen Kontinenten und in unterschiedlichen Politikfeldern (vgl. Howaldt et al. 2016, ◘ Abb. 2.2).

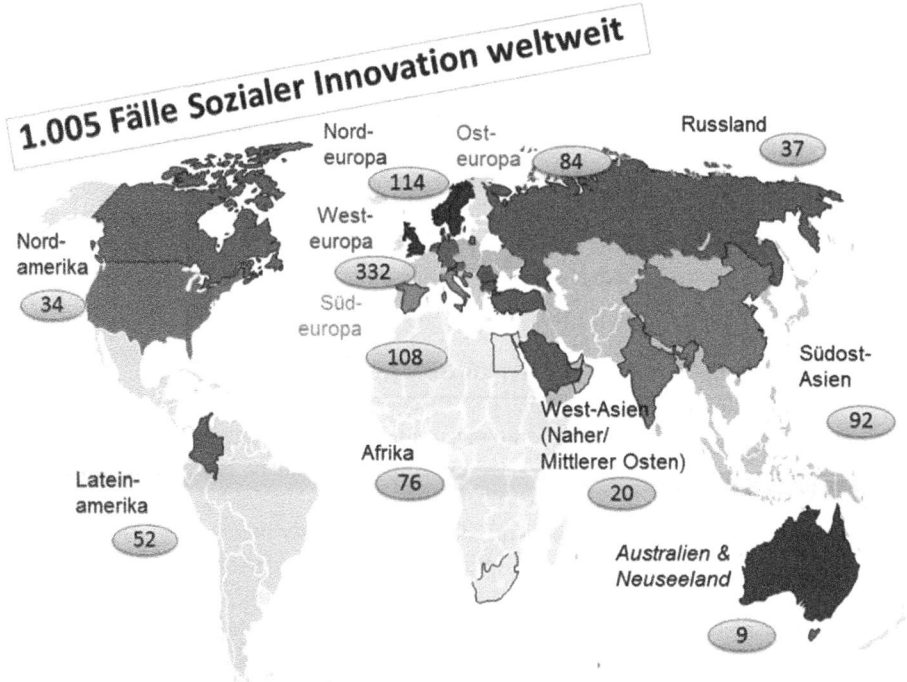

Partnerländer sind hervorgehoben, keine Antwort = 47

◘ Abb. 2.2 Die Welt sozialer Innovation – Untersuchte Initiativen in den Weltregionen

Die Ergebnisse dieser ersten weltweit vergleichenden Analyse geben spannende Einblicke in die vielfältige Welt sozialer Innovationen, die Vielzahl beteiligter AkteurInnen und deren Interaktion, sowie die *Komplexität der angestoßenen Innovationsprozesse*. Initiativen und Projekte sozialer Innovation in den Bereichen Bildung und Lebenslanges Lernen, Beschäftigung, Umwelt und Klimawandel, Energieversorgung, Transport und Mobilität, Gesundheit und Sozialfürsorge, sowie Armutsbekämpfung und nachhaltige Entwicklung werden dabei genauer betrachtet. Die globale Untersuchung zeigt auf, dass soziale Innovationen weltweit auf dem Vormarsch sind: Soziale Innovationen liefern Antworten auf gesellschaftliche Probleme und finden in komplexen Innovationsprozessen statt.

Dabei hängt die erfolgreiche Umsetzung *oftmals von einzelnen AkteurInnen* ab, in immer stärkerem Maße sind soziale Innovationen aber auch in Netzwerke und soziale Ökosysteme (überwiegend AkteurInnen aus Wirtschaft, Zivilgesellschaft und Politik) eingebunden (Abb. 2.3).

Das Mapping zeigt auf, dass an diesen Initiativen eine Vielzahl von AkteurInnen beteiligt ist. Dabei machen NPO/NGOs und öffentliche Einrichtungen den Großteil der in den Initiativen beteiligten PartnerInnen aus (46 % und 45 %). Dicht dahinter liegen Kooperationen mit privaten Unternehmen (37 %). AkteurInnen aus dem Forschungs- und Bildungsbereich (15 %), Stiftungen (14 %), Privatpersonen, Netzwerke und einzelne Gruppen (14 %) sowie Sozialunternehmen (12 %) sind ebenfalls häufig vertreten, während public-private-partnerships (6 %) eher die Ausnahme darstellen (Abb. 2.4).

Die Studie zeigt, dass soziale Innovationsprozesse und die verfügbaren Ressourcen, Möglichkeiten und Einschränkungen eng mit den AkteurInnen der verschiedenen Sektoren des Ökosystems der sozialen Innovation verwoben sind. SI-DRIVE verweist auf diese neuen Anforderungen an Politik und Regierung, um einen passenden Rahmen und Strukturen zu schaffen, die vorhandenen Ressourcen aus Wirtschaft und Zivilgesellschaft besser zu integrieren und Maßnahmen aufseiten der Wissenschaft und Universitäten zu unterstützen.

Ein wichtiges Element vieler Initiativen ist dabei die Einbindung der NutzerInnen. Diese NutzerInnenbeteiligung geschieht auf vielfältige Art und Weise. So agieren die NutzerInnen mit ihrer Expertise in Bezug auf die Zielgruppe in erster Linie als WissensvermittlerIn (40 %) und LösungsanbieterIn (26 %). Jedoch nehmen sie als MitgründerInnen der Initiative (15 %) und InnovatorInnen (13 %) nicht selten eine leitende Position ein (Abb. 2.5).

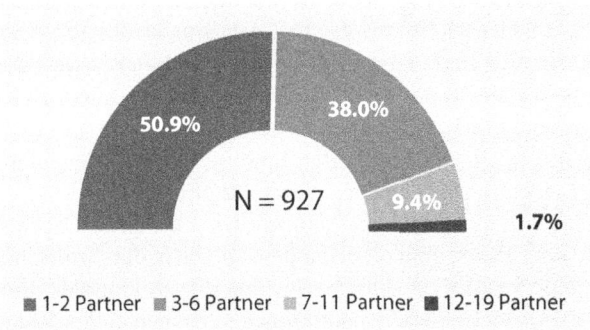

Abb. 2.3 Anzahl der beteiligten PartnerInnen

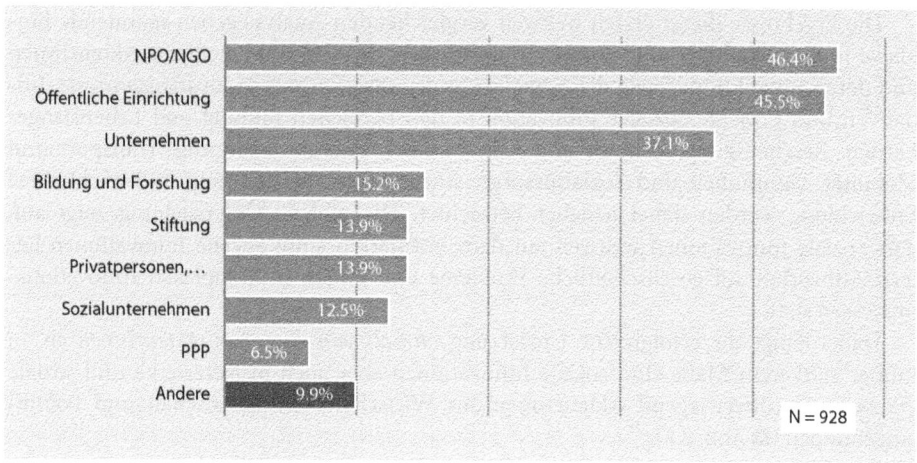

Abb. 2.4 PatnerInnen der Initiative

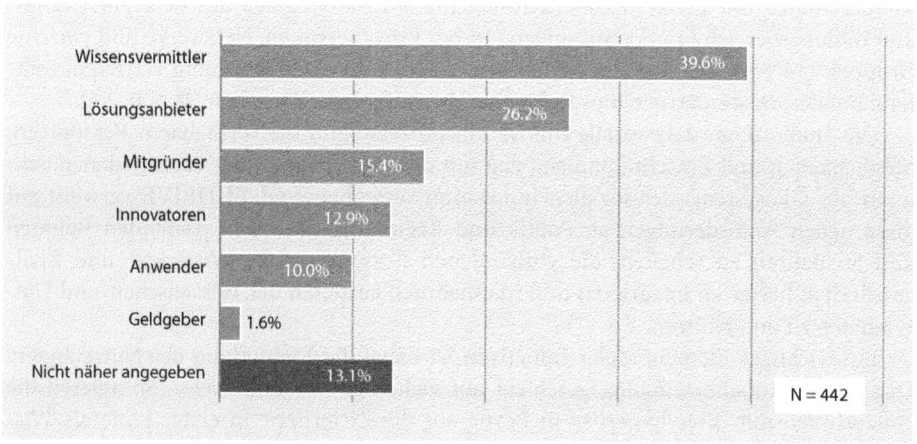

Abb. 2.5 Form der NutzerInnenbeteiligung

Gleichzeitig macht die Untersuchung auch deutlich, dass zur Verbreitung und Nutzung des Potenzials sozialer Innovationen wichtige Rahmenbedingungen geschaffen werden müssen. So fehlen vielfach unterstützende Infrastrukturen, wie sie im Bereich der Technologieförderung in den letzten Jahrzehnten entwickelt wurde, ebenso wie eine auf die Förderung sozialer Innovation ausgerichteten Innovationspolitik. Ein weiteres Manko: Universitäten und Forschungseinrichtungen sind nur in eine Minderheit der Initiativen eingebunden. In der verstärkten Einbindung des Themas in ihre Strategien liegt eine wichtige Herausforderung der Zukunft (Abb. 2.6).

So sind in den letzten Jahren und Jahrzehnten zahlreiche Organisationen, Initiativen, Stiftungen und Think Tanks entstanden, die sich der Erforschung und praktischen Unterstützung sozialer Innovationen widmen (vgl. Howaldt und Schwarz 2010; Bornstein et al. 2014). Vieler dieser Institutionen verstehen sich selbst als GrenzgängerInnen zwischen gesellschaftlichen Teilbereichen und bilden neue, miteinander eng verbundene Praktiken des Forschens, Beratens, Förderns und Finanzierens heraus.

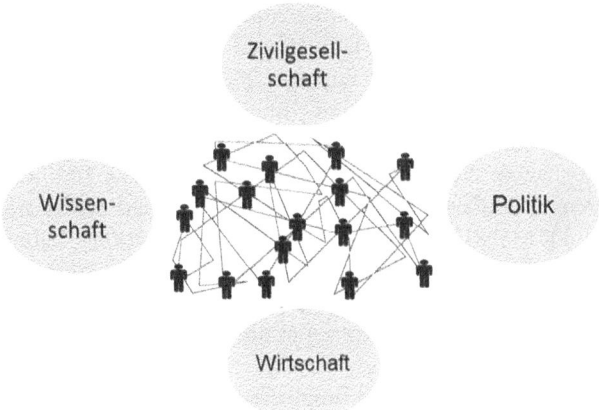

◘ **Abb. 2.6** Das Ökosystem sozialer Innovationen

Trotz dieser offensichtlichen Bedeutung von Kooperation und Netzwerken *spielt das Thema in der Sozialen Innovationsforschung bisher kaum eine Rolle.* Dies ist auch insofern überraschend, als dass in der traditionellen sozialwissenschaftlichen Innovationsforschung Netzwerke einen zentralen Stellenwert einnehmen. Worin aber liegt die entscheidende Bedeutung von Netzwerken für den Erfolg von Innovationen? Ein kurzer Blick auf zentrale Erkenntnisse der etablierten Innovations- und Netzwerkforschung hilft, die Bedeutung von Netzwerken für die Gestaltung von Innovationsprozessen besser zu verstehen.

2.4 Die Bedeutung von Netzwerken bei der Gestaltung von Innovationsprozessen – Ein Blick auf die Innovations- und Netzwerkforschung

Nahezu unumstritten ist, dass Netzwerke angesichts des steigenden Innovations- und Modernisierungsdrucks in allen gesellschaftlichen Teilbereichen zunehmend an Bedeutung gewinnen (vgl. Becker et al. 2011). Folgt man Manuel Castells, so bilden Netzwerke eine „neue soziale Morphologie unserer Gesellschaft" (2001, S. 527), die ihre Funktionsweise und Struktur zutiefst verändert. Netzwerke durchdringen in ihren vielfältigen Formen inzwischen alle gesellschaftlichen Teilbereiche und Wirtschaftsbranchen. Wir finden Sie heute in traditionellen Branchen wie der Automobilindustrie oder dem Handwerk ebenso wie im Bereich der wissensintensiven Dienstleistungen und der Medien. An Bedeutung gewinnen solche Kooperationsnetze auch in der Gesundheitswirtschaft sowie der Bildung und Weiterbildung (vgl. die Beiträge in Becker et al. 2011).

Netzwerke sind eine *effektive Organisationsform,* um den vom Wirtschaftssystem ausgehenden – verstärkt auch andere gesellschaftliche Teilsysteme erfassenden – steigenden *Innovations- und Modernisierungsdruck zu bewältigen.* Die besondere Leistungsfähigkeit von Netzwerken besteht in neuartigen Möglichkeiten zur Organisation von Innovationsprozessen über die Grenzen der Einzelorganisation hinaus. Aus diesem Grund wird ihnen auch in der Innovationsdebatte ein großer Stellenwert eingeräumt (vgl. Braun-Thürmann 2005; Powell und Grodal 2005). Bullinger spricht in diesem

Zusammenhang von einem „Paradigmenwechsel des Innovationssystems. (…) An die Stelle der traditionellen großen Unternehmen und staatlichen Forschungseinrichtungen treten flexible Innovationsnetzwerke" (Bullinger 2006, S. 14).

Ausgehend vom Netzwerkmodell der Innovation definiert Freeman (1987) das *nationale Innovationssystem* (NIS) als „ein Netzwerk von Institutionen im privaten und öffentlichen Sektor, deren Aktivitäten und Interaktionen neue Technologien ins Leben rufen, importieren, modifizieren und verbreiten" (Freeman zitiert nach Schienstock und Hämäläinen 2001, S. 81). NIS ist inzwischen der kategoriale Rahmen der Analyse von Innovationen und theoretische Grundlage für staatliche Innovationspolitik (vgl. Welsch 2005, S. 67). Angesichts vieler offener und strittiger Fragen hat es allerdings eher den Charakter eines heuristischen Konzepts als den einer gesicherten wissenschaftlichen Erkenntnis. NIS sind Systeme der Wissensbildung, der Wissensverarbeitung und der Kombination von – internem, implizitem, externem, explizitem – Wissen, sie sind „Gehäuse für den Umgang mit Wissen" (Welsch 2005, S. 69). Wissen ist hier der wichtigste Inputfaktor für Innovationen. In funktionaler Betrachtung von NIS stehen (Institutionen übergreifend) die innovationsrelevanten Funktionen im Umgang mit Wissen im Vordergrund (Wissensgenerierung, -aneignung, -verbreitung, -regulierung, -anwendung, -nutzung). In institutioneller Betrachtung stehen das soziale System der innovationsrelevanten AkteurInnen und Institutionen und ihre Interaktion im Zentrum.[2] Systemisch betrachtet ist das NIS Teil eines Wirtschafts- und Gesellschaftssystems und umfasst mehrere Teilsysteme; u. a.: Produktionssystem, System industrieller Beziehungen, Finanzsystem, Arbeitsmarkt, Rechtssystem, Bildungswesen. NIS werden nicht systematisch geplant, sind stark historisch-kulturell, im Wesentlichen durch das jeweilige Wirtschafts- und Gesellschaftssystem geprägt und somit pfadabhängig[3], damit nicht beliebig gestaltbar und nur ex-post rekonstruierbar.

Wachsende Bedeutung erlangen Netzwerke auch auf regionaler Ebene. Dabei spielt u. a. die zunehmende Popularität von Cluster-Strategien als Instrument kommunaler Wirtschaftsförderung eine wichtige Rolle. Die Bedeutung von regionalen Unternehmensnetzwerken und Clustern für die Entwicklung einzelner Unternehmen wie auch ganzer Regionen mit ihren Innovationssystemen ist seit den 1980er Jahren – oft fachübergreifend – Gegenstand zahlreicher konzeptioneller Arbeiten und analytischer Studien (vgl. u. a. Blättel-Mink und Ebner 2009; Cooke et al. 2004). Es besteht mittlerweile ein weitgehender Konsens darüber, dass sich Unternehmen innerhalb regionaler Netzwerke neue Wachstumsmöglichkeiten erschließen und diese die Wettbewerbsfähigkeit von Regionen erhöhen. *Denn Netzwerke gelten als besonders leistungsfähig bei der Gestaltung von Innovationsprozessen* (vgl. Braun-Thürmann 2005).

Allerdings ist der Fokus der Analyse derartiger Prozesse in der Regel technologisch verengt. Ausgehend vom Mythos des Silicon Valley (vgl. u. a. Lécuyer 2006) stehen Fragen, die sich auf die Entwicklung der technologischen Standortbedingungen richten, im Mittelpunkt des Interesses. So bleibt auch die Frage nach dem Zusammenhang von

---

2 Im engeren Sinne sind dies: FuE-Abteilungen von Unternehmen, Hochschulen, außeruniversitäre Forschungsinstitute, Technologietransferinstitutionen, Ministerien; im weiteren Sinne kommen hinzu: Erziehungs- und Schulwesen, Weiterbildungsinstitutionen, Banken, Wirtschaftsverbände.

3 Der von David (1985) eingeführte Begriff der Pfadabhängigkeit bezeichnet den Umstand, dass die Entwicklungsvergangenheit eines Landes, einer Organisation, eines Produktes, einer Technologie etc. künftige Entwicklungsmöglichkeiten beeinflusst (vgl. Blättel-Mink 2006, S. 98).

regionalen Innovationssystemen und sozialer Innovation in der internationalen Forschung bisher weitgehend ausgeblendet. Geht es darum, den Zusammenhang zwischen unternehmensübergreifenden Beziehungen und der technologischen Innovationsfähigkeit der Unternehmen zu untersuchen oder zu belegen, dass solche Netzwerke Impulsgeber für das Wirtschaftswachstum der Regionen darstellen, dann ist das Forschungsinteresse bisher eindeutig größer. Die internationale Forschung im Kontext sozialer Innovation verbleibt wiederum weitgehend auf der Ebene einzelner InnovatorInnen und ihrer Organisationen, ungeachtet der möglichen Einbettung dieser in (regionale) Netzwerke (vgl. Howaldt et al. 2011). Eine forschungsfeldübergreifende Perspektive beginnt sich dabei im Zusammenhang mit aktuellen Entwicklungen im Bereich der Managementforschung an der Schnittstelle von neuen technologischen Entwicklungen und veränderten Managementkonzepten herauszubilden. Hier entsteht im Kontext der *Entwicklung der neuen Informations- und Kommunikationstechniken* und insbesondere der mit ‚Web 2.0' umschriebenen „interaktiven Wertschöpfung" – „eine wegweisende soziale Innovation globalen Ausmaßes" (Hoffmann-Riem 2008, S. 602) – wobei soziale Netzwerke und Communities anerkanntermaßen zu den TreiberInnen der Entwicklung gehören.

2.5 Von der Notwendigkeit eines professionellen Netzwerkmanagements

Aus den Forschungen zu Unternehmensnetzwerken lässt sich belegen, dass mit der Entwicklung von Netzwerken qualitativ höherwertige Ergebnisse erzielen lassen als im Falle von Unternehmen, die einzeln agieren. Zahlreiche Untersuchungen von Netzwerken im Kontext betrieblicher Reorganisationsmaßnahmen zeigen, dass solche Netzwerke durchaus die damit verbundenen Erwartungen erfüllen (vgl. u. a. Flocken et al. 2001). An erster Stelle im Hinblick auf die Resultate von Unternehmenskooperationen stehen nach einer frühen Untersuchung des Bundesministeriums für Wirtschaft (BMWi) die Effekte „Kostensenkung" und eine „bessere Bearbeitung bestehender Märkte". Darüber hinaus werden „Know-how Austausch", „Erschließung neuer KundInnengruppen", „Anpassung an veränderte KundInnenwünsche", „Stärkung der Branchenposition" sowie die „Erschließung neuer Märkte im In- und Ausland" als Resultate von Kooperationen genannt (BMWi 2003).

Zu den *Vorteilen* solcher Netzwerke für die beteiligten Unternehmen gehören u. a. der Zugriff auf einen weiten Kompetenzpool, der Rückgriff auf externes ExpertInnenwissen und die unternehmensübergreifende Suche nach neuen Lösungswegen (vgl. Howaldt 2010). Kooperationsnetzwerke unterstützen auf diese Weise die Bewältigung von Komplexität der notwendigen Veränderungs- und Lernprozesse.

Nicht unterschätzt werden darf jedoch die Tatsache, dass sich mit zunehmender Vernetzung zugleich auch die Komplexität des Geschehens stark erhöht und sich *neue Problemlagen* herausbilden, wie sie für die Arbeit in Netzwerken typisch sind (vgl. Sydow und van Well 1996, S. 207). Die Arbeit in Netzwerken stellt schon in reinen Unternehmensnetzwerken erhebliche Anforderungen an die beteiligten AkteurInnen (vgl. Loose 2006, S. 30). Die Komplexität steigt in den Lernnetzwerken mit heterogenen AkteurInnen wie Unternehmen, regionalen AkteurInnen, Wissenschaft etc. weiter an.

So verweisen die Ergebnisse des Global Mappings nicht nur auf die wachsende Bedeutung von Netzwerken bei der Gestaltung sozialer Innovationsprozesse, sondern zugleich auch auf die wachsenden Anforderungen bei der effizienten Steuerung von Netzwerken mit heterogenen AkteurInnen (vgl. Howaldt et al. 2016, S. 97 ff.). So übernehmen unterschiedliche AkteurInnen vor dem Hintergrund Ihrer spezifischen Kompetenzen vielfältige Aufgaben bei der Entwicklung, Erprobung, Verbreitung und Institutionalisierung sozialer Innovationen. Besondere Bedeutung kommt dabei – wie oben beschrieben – der Einbeziehung der NutzerInnen in diese Prozesse zu.

Schon aus der Netzwerkforschung wissen wir über die *hohen Anforderungen an das Management solcher Netzwerke* (vgl. Sydow 1999; Howaldt 2010). So lassen auch die Ergebnisse des Mappings erkennen, dass sich in den Initiativen und Projekten sozialer Innovation komplexe netzwerkförmige Formen der Steuerung und Governance herausbilden, die auf ein strategisches Management der Initiativen und Projekte zielen (◘ Abb. 2.7).

Insofern setzt sich angesichts der vielfältigen und durchaus ambivalenten Erfahrungen mit der Komplexität sozialer Innovationen vermehrt die Erkenntnis durch, dass zur erfolgreichen Entwicklung und Steuerung solcher Netzwerke nicht nur Visionen notwendig sind, die Ziele setzen und zu motivieren vermögen, sondern konkrete Instrumente benötigt werden, die eine angemessene (Kontext-)Steuerung der Aktivitäten erlauben.

Zugleich verweisen die Erkenntnisse der Netzwerkforschung darauf, dass in der Regel organisationsinterne *Kompetenzen zum professionellen Aufbau und Management solcher Netzwerke fehlen*. Das Management solcher Netzwerke erfordert neue Kompetenzen, die heute nur in Ausnahmefällen in den beteiligten Unternehmen vorhanden sind. Dass dies nicht nur für unternehmensbezogene Netzwerke, sondern auch im Bereich der regionalen Netzwerkarbeit gilt, darauf verweisen zahlreiche Studien (vgl. Flocken et al. 2001; Rehfeld 2009). Es ist nach unseren Erfahrungen davon auszugehen, dass dies für Netzwerke im Bereich der sozialen Innovation gilt. So kommen Biritz, Neugebauer & Pawel

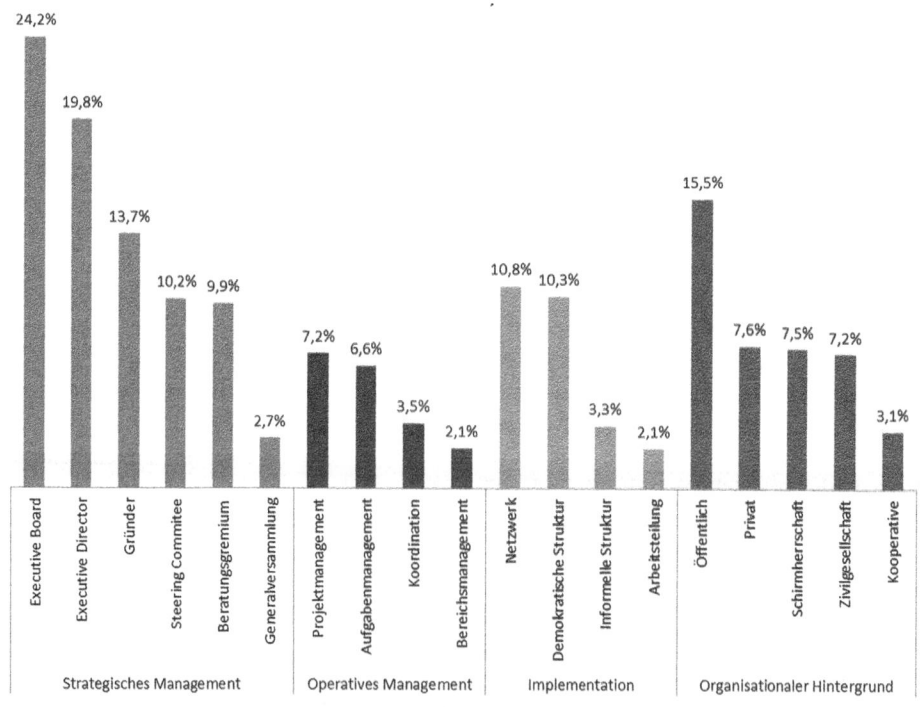

◘ Abb. 2.7 Ebenen der Governance

in ihrer Studie ‚Netzwerke und Soziale Innovation', die sich vor dem Hintergrund der Untersuchung von Projekten sozialer Innovation in Österreich mit der Bedeutung von Netzwerken für soziale Innovationen beschäftigen, nicht nur zu dem Ergebnis, dass Netzwerke und netzwerkförmige Strukturen für den Erfolg sozialer Innovationen von zentraler Bedeutung sind (vgl. Biritz et al. 2016, S. 43). Zugleich verweisen sie darauf, dass sich diese im Hinblick auf die strukturelle und organisationale Perspektive „nur marginal von Netzwerken in anderen Bereichen unterscheiden." (Biritz et al. 2016, S. 43).

Aus der Netzwerkforschung wissen wir, dass Netzwerke um ihre Leistungsfähigkeit ausschöpfen zu können ein *professionelles Netzwerkmanagement* benötigen, welches *sich von traditionellen Formen des Managements (bspw. eines Unternehmens etc.) deutlich unterscheidet*. Denn Netzwerke sind komplexe soziale Systeme, deren Management weitgehend ohne formales Direktionsrecht auskommen muss. Schaut man zurück auf die Geschichte und Herkunft des Managementbegriffes, so wird man feststellen, dass er ein Kind der industriellen Revolution ist. Die klassischen Funktionen des Managements sind die Kontrolle, Überwachung und Verwaltung der Arbeitsprozesse in einer Organisation (vgl. Staehle 1989, S. 4 ff.). Notwendig sind deshalb Managementkonzepte, die für die spezifischen Bedingungen von Netzwerken entwickelt und in solchen Strukturen erprobt wurden. Aus diesem Grund werden Aspekte wie Selbstverpflichtung, Vertrauen und Managing Diversity an Bedeutung gewinnen (vgl. Howaldt 2006). Für Sydow bedeutet Netzwerkmanagement immer zugleich das Management von Spannungsverhältnissen (vgl. Sydow 2006, S. 63, ◘ Abb. 2.8).

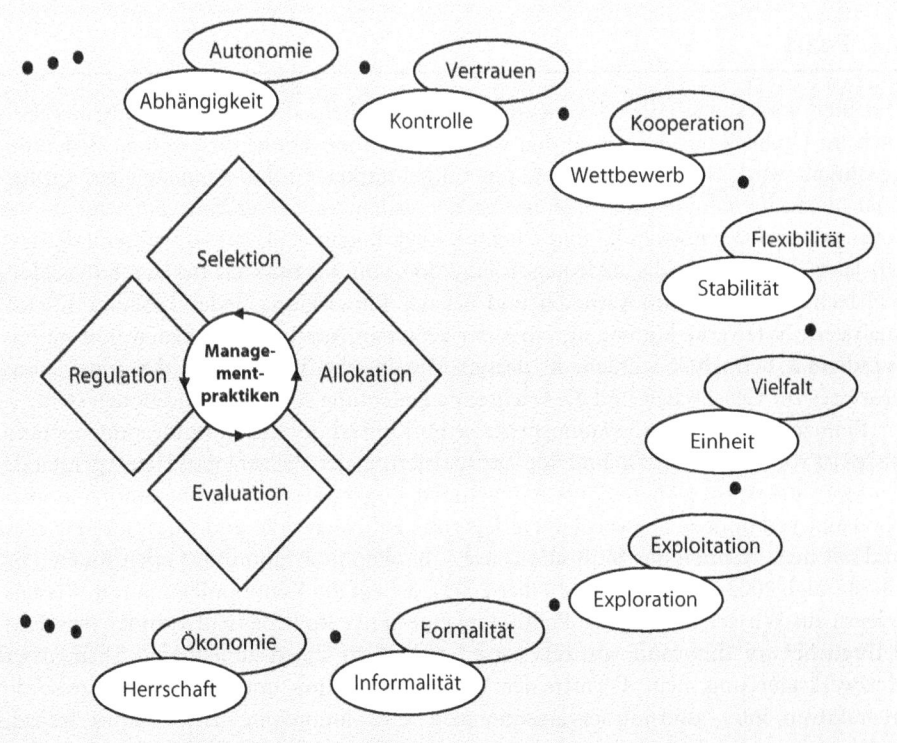

◘ **Abb. 2.8** Netzwerkmanagement als Management von Spannungsverhältnissen. (Sydow 2006, S. 63)

Die *wichtigsten Funktionen* des Netzwerkmanagements lassen sich dabei folgendermaßen zusammenfassen (vgl. Howaldt 2010):
- die richtigen AkteurInnen auszuwählen, zu gewinnen und in die Netzwerkaktivitäten einzubinden
- konkrete Ziele zu verfolgen, ohne die Autonomie der beteiligten AkteurInnen zu sehr zu beschneiden;
- die Einzelaktivitäten im Sinne des Gesamtverbundes auszubalancieren;
- Öffentlichkeitsarbeit innerhalb und außerhalb des Verbundes zu betreiben;
- Ressourcen zu erschließen und zu koordinieren;
- Ergebnisse zu sichern und zu bewerten sowie
- die netzwerkinternen Wissensprozesse zu steuern.

Die *Organisation der Wissensprozesse* innerhalb des Netzwerkes gehört dabei zu den bedeutendsten, gleichzeitig aber auch zu den ungeklärten Funktionen des Netzwerkmanagements. Dabei stellen sich Fragen wie: Was sind adäquate Formen des Wissensmanagements in Netzwerken? Welche sind geeignete Arbeits- und Lernformen, die kollektive Lernprozesse im Rahmen solcher Netzwerke initiieren und befördern können? Wie lassen sich die notwendigen Wissensprozesse in Netzwerken zum Nutzen der beteiligten AkteurInnen gestalten? Sollen diese Netzwerke erfolgreich sein, so muss die Arbeit so organisiert werden, dass die Potenziale ausgeschöpft werden, ohne die damit verbundene gewachsene Komplexität auf die beteiligten PartnerInnen durchschlagen zu lassen.

2.6 Fazit

Die hier vorgestellten Überlegungen machen deutlich, dass die *Netzwerkperspektive* auch im Hinblick auf die Gestaltung von sozialen Innovationsprozessen an Bedeutung gewinnen wird. Insofern scheint uns eine stärkere *Rückbesinnung der sozialen Innovationsforschung auf die Erkenntnisse der sozialwissenschaftlichen Innovations- und Netzwerkforschung* notwendig und fruchtbar (vgl. Butzin et al. 2014). Während der letzten Jahrzehnte wurde die bedeutende Funktion von Netzwerken bei der Entwicklung von technologischen Innovationen und bei der Entwicklung neuer Produkte intensiv analysiert. Netzwerke können als eines der zentralen Aspekte eines neuen Innovationsparadigmas betrachtet werden, in dessen Mittelpunkt die Öffnung des Innovationsprozesses zur Gesellschaft und die wachsende Bedeutung sozialer Innovationen steht.

Kennzeichnend für Innovationsprozesse im Kontext des neuen Innovationsverständnisses ist vor allem eine zunehmende Thematisierung der Vielzahl und Heterogenität der am Innovationsprozess beteiligten AkteurInnen, Organisationen und Institutionen sowie die damit verbundene Schwerpunktverlagerung auf Netzwerke und Innovationssysteme und auf neue Formen der Innovation, wie z. B. open innovation und open source (vgl. Chesbrough 2003; Reichwald und Piller 2005), die auf die Kommunikation mit Wissensträgern aus Wirtschaft, Bildung, Politik und eine aktive Rolle der NutzerInnen bzw. Endverbraucher im Innovationsprozess setzen. Inhaltlich treten zunehmend Themen wie Netzwerksteuerung, neue Formen der Wissensproduktion und -logistik, Prozesse des interaktiven, inter- und intraorganisationalen, koevolutionären Lernens sowie transdiziplinäre Kommunikations- und Kooperationsbeziehungen als Forschungsfelder in den Vordergrund.

Stand bis in die 1980er Jahre hinein die Vorstellung eines klar abgrenzbaren, linear ablaufenden Vorgangs, der mit Wissenschaft und Forschung beginnt und mit marktfähigen Produkten und Dienstleistungen endet, im Vordergrund (vgl. Hack 1988), wird durch Forschungsergebnisse seit den 90er Jahren zunehmend deutlich, dass man es bei Innovation mit einem *komplexen sozialen Prozess* zu tun hat, in dem netzwerkförmiges Zusammenwirken der vielen am Innovationsprozess Beteiligten die zentrale Rolle spielt. Netzwerke gelten anderen Koordinations- bzw. Steuerungsmechanismen für Innovationsprozesse als überlegen (vgl. Powell und Grodal 2005, S. 57) und scheinen zum *wichtigen Baustein eines neuen Innovationsparadigmas* zu werden (vgl. Bullinger 2006, S. 14; Howaldt und Schwarz 2010).

Auch in der internationalen *sozialen Innovationsforschung gewinnt das Thema an Bedeutung* (vgl. Howaldt et al. 2011; Biritz et al. 2016). Heinze und Naegele (2010) haben schon früh auf die wachsende Bedeutung sozialer Innovation im Bereich sozialer Dienstleistungen hingewiesen. In dem von ihnen verwendeten Innovationsbegriff werden „soziale, organisatorische und institutionelle Neuerungen explizit integriert und der Blick auf heterogene AkteurInnen, Interdisziplinarität und Reflexivität gerichtet" (Heinz und Naegele 2010, S. 298). Dabei gehen die Autoren davon aus, dass soziale Innovationen „nicht nur im Feld der Lösung sozialer Probleme, sondern aus gesamtgesellschaftlicher Perspektive weiter an Bedeutung gewinnen." (Heinz und Naegele 2010, S. 298). Ein entscheidender Erfolgsfaktor für das Gelingen sozialer Innovationen sei dabei das Entstehen von Innovationsnetzwerken, „in denen die verschiedenen Akteursgruppen – fokussiert auf eine Thematik (wie z. B. im Bereich der hier behandelten integrierten Versorgung) – in einem interaktiven Prozess neue Wege im sozialen Wandel einschlagen" (Heinz und Naegele 2010, S. 298).

Auch Moore und Westley heben hervor, dass komplexe Herausforderungen komplexe Lösungen benötigen (vgl. Moore und Westley 2011). Vor diesem Hintergrund weisen sie auf die wachsende Bedeutung von Netzwerken in sozialen Innovationsprozessen hin (Moore und Westley 2011). Netzwerke spielen dabei insbesondere eine Rolle, wenn es um die Erhöhung ihrer Wirkung und ihre Verbreitung geht. Und Phills und seine Kollegen betonen: „The world needs more social innovation – and so all who aspire to solve the world's most vexing problems – entrepreneurs, leaders, managers, activists, and change agents – regardless of whether they come from the world of business, government, or nonprofits, must shed old patterns of isolation, paternalism, and antagonism and strive to understand, embrace, and leverage cross-sector dynamics to find new ways of creating social value." (Phills Jr., Deiglmeier und Miller 2008, S. 43). In diesem Sinne stellen Netzwerke die geeignete Organisationsform da, um die unterschiedlichen Perspektiven der beteiligten AkteurInnen zu integrieren und die Entwicklung, Erprobung und Verbreitung sozialer Innovationen als kollektiven Gestaltungsprozess zu organisieren.

Literatur

Becker, T., Dammer, I., Howaldt, J., & Loose, A. (2011). *Netzwerkmanagement. Mit Kooperation zum Unternehmenserfolg*. Berlin: Springer.

Biritz, H., Neugebauer, C., & Pawel, S. (2016). *Netzwerke und soziale Innovationen. Engagement – Partizipation – Professionalität*. Wien: Alpen-Adria-Universität Klagenfurt.

Blättel-Mink, B. (2006). *Kompendium der Innovationsforschung*. Wiesbaden: VS Verlag für Sozialwissenschaften.

Blättel-Mink B., & Ebner A. (2009). *Innovationssysteme. Technologie, Institutionen und die Dynamik der Wettbewerbsfähigkeit*. Wiesbaden: VS Verlag.

Bornstein N., Pabst S., & Sigrist S. (2014). Zur Bedeutung von sozialer Innovation in Wissenschaft und Praxis. Weshalb soziale Innovationen in Gesellschaft und Wirtschaft wichtiger werden und wie der SNF dazu beitragen kann, das Thema in der Schweiz zu positionieren. Studie. ▶ www.snf.ch/SiteCollectionDocuments/Soziale_Innovation_Studie_SNF_W_I_R_E_2014.pdf. Zugegriffen: 21. Juni 2018.

Braun-Thürmann H. (2005). *Innovation*. Bielefeld: Transcript.

Bullinger, H.-J. (2006). Verdammt zur Innovation. *RKW-Magazin, 57*, 12–14.

Bundesministerium für Bildung und Forschung (BMBF). (2014). Die neue Hightech-Strategie. Innovation für Deutschland. Broschüre. ▶ https://www.bmbf.de/pub_hts/HTS_Broschure_Web.pdf. Zugegriffen: 21. Juni 2018.

Bundesministeriums für Wirtschaft und Technologie (BMWi). (2003). *Kooperationen planen und durchführen. Ein Leitfaden für kleine und mittlere Unternehmen*. Berlin: Druckschrift.

Bureau of European Policy Advisers (BEPA). (2010). Empowering people, driving change: Social innovation in the European Union. Report. ▶ www.ec.europa.eu/bepa/pdf/publications_pdf/. Zugegriffen: 21. Juni 2018.

Butzin A., Howaldt J., Weber M., & Scharper-Rinkel P. (2014). Innovation studies. In J. Howaldt, A. Butzin, D. Domanski, & Kaleteka C. (Hrsg.), *Theoretical approaches to social innovation – A critical literature review. A deliverable of the project: "Social innovation: Driving force of social change" (SI-DRIVE)*. Dortmund: Sozialforschungsstelle.

Castells M. (2001). *Der Aufstieg der Netzwerkgesellschaft. Teil 1 der Trilogie: Das Informationszeitalter*. Opladen: Springer.

Chesbrough, H. W. (2003). *Open innovation. The new imperative for creating and profiting from technology*. Boston: Harvard Business Review Press.

Cooke, P., Heidenreich, M., & Braczyk, H.-J. (2004). *Regional innovation systems – The role of governance in a globalized world*. London: Routledge.

Dahrendorf, R. (2009). Nach der Krise: Zurück zur protestantischen Ethik? Sechs Anmerkungen. *Merkur. Deutsche Zeitschrift für europäisches Denken, 63*(720), 373–381.

David, P. A. (1985). Clio and the Economics of QWERTY. *American Economic Review*, (Papers and Proceedings) *75*, 332–337.

Erklärung: Soziale Innovationen für Deutschland. (2014). ▶ http://www.sfs.tu-dortmund.de/cms/Medienpool/small_publications/Erklaerung_Soziale_Innovationen.pdf. Zugegriffen: 27. Apr. 2017.

European Commission. (2015). What is Horizon 2020? ▶ http://ec.europa.eu/programmes/horizon2020/en/what-horizon-2020. Zugegriffen: 13. Juli 2015.

Flocken, P., Hellmann-Flocken, S., Howaldt, J., Kopp, R., & Martens, H. (2001). *Erfolgreich im Verbund. Die Praxis des Netzwerksmanagements*. Eschborn: Kompetenzzentrum Netzwerkmanagement.

FORA. (2010). New nature of innovation. Report to the OECD. Report. ▶ www.tem.fi/files/24835/New_Nature_of_Innovation.pdf. Zugegriffen: 21. Juni 2018.

Franz H-W., Hochgerner J., & Howaldt J. (2012). *Challenge social innovation. Potentials for business, social entrepreneurship, welfare and civil society*. Berlin: Springer.

Freeman C. (1987). *Technology Policy and Economic Performance: Lessons from Japan*. London, New York: Pinter.

Gillwald K. (2000). Konzepte sozialer Innovation. WZB Paper: Querschnittsgruppe Arbeit und Ökologie. Wissenschaftszentrum Berlin für Sozialforschung. ▶ http://stages-online.info/pdfs/soziale-innovationen.pdf. Zugegriffen: 8. Juli 2015.

Hack L. (1988). *Zur Vollendung der Tatsachen. Die Rolle von Wissenschaft und Technologie in der dritten Phase der industriellen Revolution*. Frankfurt a. M.: Fischer.

Heinze R. G., & Naegele G. (2010). Integration und Vernetzung – Soziale Innovationen im Bereich sozialer Dienste. In J. Howaldt & H. Jacobsen (Hrsg.), *Soziale Innovation. Auf dem Weg zu einem postindustriellen Innovationsparadigma*. Wiesbaden: VS Verlag.

Hoffmann-Riem W. (2008). Soziale Innovationen. Eine Herausforderung auch für die Rechtswissenschaft. *Der Staat, 47*(4), 588–605.

Howaldt J. (2006). Netzwerkmanagement – Zentraler Baustein für eine erfolgreiche Kooperation. In Initiative für Beschäftigung OWL e. V., Universität Bielefeld, Survey GmbH + Co.KG & Bertelsmann Stiftung (Hrsg.), *Netzwerkwelt 2006 – Forschungsthemen, Schwerpunktbranchen, praktisches Know-how*. Bielefeld: Kleine.

Howaldt J. (2010). Innovation im Netz. Anforderungen an ein professionelles Netzwerkmanagement in Innovationsnetzwerken. In N. Berkemeyer, W. Bos, & H. Kuper (Hrsg.), *Schulreform durch Vernetzung. Interdisziplinäre Betrachtungen.* Münster: Waxmann.

Howaldt, J., & Schwarz, M. (2010). *Soziale Innovation im Fokus. Skizze eines gesellschaftstheoretisch inspirierten Forschungskonzepts.* Bielefeld: Transkript.

Howaldt J., Domanski D., & Schwarz M. (2011). Innovation networks as success factor for social innovation. In A. De Bruin & L. M. Stangl (Hrsg.), *Proceedings of the social innovation & entrepreneurship conference. Extending theory, integrating practice.* Auckland: New Zealand Social Innovation and Entrepreneurship Centre, Massey University.

Howaldt J., Kopp R., & Schwarz M. (2015). Social Innovations as Drivers of Social Change – Exploring Tarde's Contribution to Social Innovation Theory Building. *New Frontiers in Social Innovation Research* (pp. 29–51). Basingstoke: Palgrave Macmillan UK.

Howaldt J., Kaletka C., Schröder A., Rehfeld D., & Terstriep J. (2016). Mapping the world of social innovation. Key results of a comparative analysis of 1.005 social innovation initiatives at a glance. Dortmund: Projektbroschüre.

Kopf, H., Müller, S., Rüede, D., Lurtz, K., & Russo, P. (2015). *Soziale Innovationen in Deutschland. Von der Idee zur gesellschaftlichen Wirkung.* Wiesbaden: Springer.

Lécuyer, C. (2006). *Making silicon valley: Innovation and the growth of high tech, 1930–1970.* Cambridge: MIT Press.

Loose, A. (2006). Organisationen und Netzwerke: Beratende und Beratene. In J. Sydow & S. Manning (Hrsg.), *Netzwerke beraten – Über Netzwerkberatung und Beratungsnetzwerke.* Wiesbaden: Springer.

Meadows D. L., Meadows D. H., & Zahn E. (1972). *Die Grenzen des Wachstums. Bericht des Club of Rome zur Lage der Menschheit.* Stuttgart: Dva.

Moore, M.-L., & Westley, F. (2011). Surmountable chasms: Networks and social innovations for resilient systems. *Ecology and Society, 16*(1), 5.

Phills, J. A., Jr., Deiglmeier, K., & Miller, D. T. (2008). Rediscovering social innovation. *Stanford Social Innovation Review, 6*(3), 33–43.

Porter, M. E., & Kramer, M. R. (2011). Die Neuerfindung des Kapitalismus. *Harvard Business Manager, 2,* 2–17.

Powell, W. W., & Grodal, S. (2005). Networks of Innovators. In J. Fagerberg, D. C. Mowery, & R. R. Nelson (Hrsg.), *The Oxford Handbook of Innovation.* Oxford: Oxford University Press.

Rehfeld D. (2009). Was kann Clustermanagement leisten? Erwartungen, Zwischenergebnisse und offene Fragen. In J. Schmid, R. G. Heinze, & R. C. Beck (Hrsg.), *Strategische Wirtschaftsförderung und die Gestaltung von High-Tech Clustern. Beiträge zu den Chancen und Restriktionen von Clusterpolitik.* Baden-Baden: Nomos.

Reichwald, R., & Piller, F. (2005). *Interaktive Wertschöpfung – Open Innovation, Individualisierung und neue Formen der Arbeitsteilung.* Wiesbaden: Gabler.

Schienstock, G., & Hämäläinen, T. (2001). *Transformation of the Finnish Innovation System* (S. 7). Sitra Reports: A network approach.

Schumpeter, J. A. (1964). *Theorie der wirtschaftlichen Entwicklung.* Berlin: Duncker & Humblot.

Staehle, W. (1989). *Management. Eine verhaltenswissenschaftliche Perspektive* (5. Aufl.). München: Vahlen.

Sydow, J. (1999). Management von Netzwerkorganisationen – Zum Stand der Forschung. In J. Sydow (Hrsg.), *Management von Netzwerken.* Wiesbaden: Springer.

Sydow, J. (2006). Netzwerkberatung – Aufgaben, Ansätze, Instrumente. In J. Sydow & S. Manning (Hrsg.), *Netzwerke beraten – Über Netzwerkberatung und Beratungsnetzwerke.* Wiesbaden: Springer.

Sydow, J., & van Well, B. (1996). Wissensintensiv durch Netzwerkorganisation – Strukturationstheoretische Analyse eines wissensintensiven Netzwerkes. In G. Schreyögg & P. Conrad (Hrsg.), *Managementforschung 6 – Wissensmanagement.* Berlin: Gruyter.

Von Krogh G. (2014). Preface. In Zur Bedeutung von sozialer Innovation in Wissenschaft und Praxis. In N. Bornstein, S. Pabst, & S. Sigrist (Hrsg), *Zur Bedeutung sozialer Innovation in Wissenschaft und Praxis.* Zürich: W.I.R.E. ▶ http://www.snf.ch/SiteCollectionDocuments/Soziale_Innovation_Studie_SNF_W_I_R_E_2014.pdf. Zugegriffen: 26. Juni 2018.

Yunus, M. (2010). *Social Business. Von der Vision zur Tat.* München: Hanser.

Welsch, J. (2005). *Innovationspolitik. Eine problemorientierte Einführung.* Wiesbaden: Springer.

Jürgen Howaldt, Univ.-Prof., Dr.
ist Universitätsprofessor an der TU Dortmund und Direktor der dazugehörigen Sozialforschungsstelle Dortmund. Seine Forschungsschwerpunkte liegen in den Bereichen soziale Innovationen, Organisations- und Arbeitsgestaltung sowie Unternehmensnetzwerke und regionale Kooperationsverbünde. Jürgen Howaldt ist ein international renommierter Forscher und hat 2011 die internationale Konferenz „Challenge Social Innovation" in Wien mitorganisiert. Seit 2014 ist er wissenschaftlicher Koordinator des im 7. Europäischen Rahmenprogramm geförderten globalen Forschungsprojektes, Social Innovation – Driving Force of Social Change (SI-DRIVE). 2015 folgte er Angela Merkels Einladung, beim 2. Internationalen Deutschlandforum der Bundesregierung zum Thema „Was Menschen wichtig ist – Innovation und Gesellschaft", als Experte teilzunehmen.

Netzwerke und soziale Innovationen in der Praxis

Helena Biritz, Christian Neugebauer und Sebastian Pawel

3.1 Potenziale von Netzwerken im Kontext sozialer Innovationen – 33

3.2 Entstehung von sozialen Innovationen – 33

3.3 Relevanz von Netzwerken für soziale Innovationen – 34
3.3.1 Arten von Netzwerken – 35
3.3.2 Netzwerkstruktur – 36
3.3.3 Netzwerkarbeit – 37
3.3.4 Vorteile und Herausforderungen von Netzwerken – 38

3.4 Schlussfolgerungen und Learnings – 43

Literatur – 46

© Springer Fachmedien Wiesbaden GmbH, ein Teil von Springer Nature 2019
C. Neugebauer, S. Pawel, H. Biritz (Hrsg.), *Netzwerke und soziale Innovationen*, Schriften zur Gruppen- und Organisationsdynamik 12, https://doi.org/10.1007/978-3-658-21551-4_3

Die derzeitigen gesellschaftlichen Entwicklungen und Herausforderungen verlangen nach innovativen Lösungen und neuen Formen der Zusammenarbeit. Soziale Innovationen werden vorrangig von Organisationen der Zivilgesellschaft aber auch von öffentlichen und privaten AkteurInnen entwickelt. Sie bieten neue Lösungsansätzen für die Bewältigung gesellschaftlicher Problemstellungen. Zur Umsetzung braucht es netzwerkförmige Koordinationsformen mit flacher Hierarchie, die schnell agieren können und auf Partizipation ausgerichtet sind.

Im Angesicht der europäischen Flüchtlingskrise, bei der im Jahr 2015 über eine Million Menschen nach Europa geflüchtet sind, steht das Asylwesen in Europa vor noch nie da gewesenen Herausforderungen (UNHCR 2016). Diese humanitäre Krise rief die Zivilgesellschaft auf den Plan und hat zu einer Vielzahl an sozialen Innovationen geführt.

Die noch sehr jungen neuen Initiativen geben einen guten Einblick in die Entstehung, die Entwicklung und Incentives von sozialen Innovationen und welchen Stellenwert Netzwerke gerade in den Initiierungsphasen für soziale Innovationen haben.

Das Gesundheitswesen wiederum hat mit anderen, weniger abrupten und länger vorhersehbaren Veränderungen umzugehen: Soziodemografischer Wandel, Mangel an qualifiziertem Personal, Ausbau von Vernetzung und integrierter Versorgung. Soziale Innovationen tragen dazu bei, diese Herausforderungen zu bewältigen. Die Bereitschaft zur Pflege im Umfeld der Familie wird immer geringer, gleichzeitig müssen ausgebildete Pflegekräfte für immer mehr Menschen aufkommen. Diese Entwicklungen stellen ernst zu nehmende Herausforderungen an die Organisationen und Personen im Gesundheitssektor dar. Allerdings wird im Gesundheitswesen der Fokus eher auf medizinische und technologische Innovationen gelegt, während soziale Innovationen vernachlässigt werden. Köhler und Goldmann (2010) betonen, dass die Neugestaltung sozialer Prozesse enormes Innovationspotenzial hat und besonders Vernetzung, integrierte Sozialgesetzgebung, Nachhaltigkeitsdiskussionen und Transferkonzepte zentral sind.

Diesem Beitrag liegen die Ergebnisse aus dem praxisorientierten Forschungsprojekt „Netzwerke und soziale Innovationen" zugrunde, das die Entwicklung von sozialen Innovationen und das Innovationspotenzial von Netzwerken untersuchte. Der Zeitraum des Forschungsprojektes erstreckte sich von November 2015 bis Dezember 2016. Das Forschungsdesign zielte von Anfang an darauf ab, durch einen praxisorientierten Prozess theoretische Ergebnisse (qualitative Forschungsphase) und konkrete Erfahrungsinputs (durch AkteurInnen aus der Praxis) zusammenzubringen. Daher teilte sich das Projekt in einen qualitativen Forschungsteil und eine Veranstaltungsreihe.

Die im Forschungsteil erarbeiteten theoretischen Grundlagen (Biritz et al. 2016) wurden darüber hinaus laufend im Rahmen der Veranstaltungsreihe *Netzwerke und soziale Innovationen* beginnend im November 2016 bis Juni 2017 mit Stakeholdern und der entsprechenden Community diskutiert und reflektiert.

Zur Erschließung des Themas wurden im anwendungsorientierten Forschungsprozess verschiedene Netzwerke, Projekte und Initiativen aus unterschiedlichen Bereichen untersucht (Asyl- und Migrationsbereich, Gesundheitswesen, Wissenschaft und Sozialbereich). Insgesamt wurden 26 qualitative Interviews mit relevanten VertreterInnen sozialer Innovationen aus dem NPO-Bereich wie auch aus dem Social Entrepreneurship geführt. Zentrales Forschungsinteresse war die Frage nach dem Beitrag von Netzwerken bei der Entstehung und Entwicklung von sozialen Innovationen. Ziel war es einen besseren Einblick in die Struktur und Verfasstheit der genutzten Netzwerke im Kontext von sozialen Innovationen zu erhalten. Dabei wurden sowohl neu entstandene als auch bis zu vierzig Jahre bestehende Initiativen untersucht.

Beachtenswert ist bei den Ergebnissen, dass eine Vielzahl der beobachteten Projekte und Vorhaben eine gesellschaftliche Problemstellung bearbeiten, deren Lösung häufig Aufgabe des Staates wäre – beispielsweise in der Migrationsthematik.

3.1 Potenziale von Netzwerken im Kontext sozialer Innovationen

Der Beitrag von Netzwerken in der Entwicklung von sozialen Innovationen liegt vor allem in der Förderung einer Idee bis zur tatsächlichen Umsetzung und der Veränderung von sozialen Beziehungen. Diesem Verständnis nach dienen Netzwerke als ein methodisches und strukturelles Instrument, mit dem Ziel eine Idee zu entwickeln, den Umsetzungsprozess zu fördern und durch die Nutzung von Ressourcen anderer NetzwerkpartnerInnen die Idee in der Gesellschaft zu verwirklichen.

So können sich durch Kooperation und Entwicklung von Netzwerken auch Einzelpersonen bzw. kleinere Gruppen die Möglichkeit schaffen, ihre sozial innovativen Ideen umzusetzen. Durch die Vernetzung mit anderen Personen, Institutionen, Organisationen oder Netzwerken, können Ressourcen gewinnbringend erschlossen werden, ohne übermäßig die eigene Autonomie aufzugeben (Neugebauer und Pawel 2016).

Auf Organisationsebene ermöglicht der netzwerkorientierte Zusammenschluss verschiedener Organisationen wie NGOs, öffentlichen Einrichtungen oder Unternehmen Projekte und Initiativen durchzuführen, die eine einzelne Organisation nicht realisieren könnte.

Die Interviewauswertungen zeigten, dass sowohl durch den Austausch von Ressourcen die Weiterentwicklung und Implementierung von sozialen Innovationen vorangetrieben wird, als auch durch den Zusammenschluss von Organisationen oder Netzwerken Einfluss auf Politik, Gesetzgebung und gesellschaftliche Praktiken genommen werden kann. Insbesondere durch die Förderung der Interaktion von Stakeholder Gruppierungen sind Netzwerke für die nachhaltige Implementierung von sozialen Innovationen von essenzieller Bedeutung. Diese Bedeutung der Netzwerke gilt sowohl für top-down veranlasste soziale Innovationen, aber insbesondere auch für bottom-up orientierte soziale Innovationen aus Grassroot-Movements.

3.2 Entstehung von sozialen Innovationen

Die Motivation zur Initiierung bzw. Mitwirkung an einer sozialen Innovation entspringt primär dem Wunsch, zur Lösung einer gesellschaftlichen Herausforderung beizutragen.

> Das sage ich bewusst, sonst glaubt man da hat irgendein Bezirksparteivorstand beschlossen, das machen wir. Nein, das war das persönliche Engagement, wirklich von einzelnen. Da hat man nicht darauf gewartet, sondern die haben gesagt, da müssen wir was machen. Das waren ganz konkrete Personen, die gesagt haben, da wollen wir nicht mehr länger zuschauen, sondern selber was machen (IV 18, S. 5).

In allen untersuchten Projekten waren entweder eine Person oder eine kleine Gruppe, bestehend aus ein bis drei Personen, die zentralen PromotorInnen für die Umsetzung einer sozial innovativen Idee. Hohes Zeitinvestment, hohe Risikobereitschaft, viel organisatorische Arbeit und teilweise auch hohe Investitionen an Eigenkapital dieser Personen führten zum Erfolg der Initiative. Ohne dieses Engagement hätten die Projekte nicht erfolgreich durchgeführt werden können. Allerdings war in einigen wenigen Projekten, diese „PromotorInnengruppe" nicht identisch mit dem/der IdeenentwicklerIn. Diese PromotorInnen haben sich erst mit fortlaufender Dauer der Unternehmung herauskristallisiert.

> » ... erfolgreiche Projekte, das durfte ich aus 20 Jahren jetzt lernen, haben immer [...] so, dass es einen oder zwei Fahnenträger gibt, die quasi die Vision verkörpern, in sich tragen. Idealerweise sage ich deswegen zwei, weil der erste hat auch nur 100% Energie und wenn der die Energie wo anders hingeben muss, dass er [...| nicht gleich hinfallt und am Boden liegt [...] sondern, dass er halt ein bisschen abgefedert wird... (IV 15, S. 8)

Bei nahezu allen InterviewpartnerInnen konnte eine enorme Identifikation mit dem entwickelten Vorhaben festgestellt werden. Es war eine stark ausgeprägte individuelle Leistungsbereitschaft zu beobachten, die teilweise als idealistisch beschrieben werden kann. Für Entrepreneurs eine an sich wünschenswerte Eigenschaft, die im Kontext von sozialen Innovationen jedoch häufig zu einer Form des „privatwirtschaftlichen Prekariats" führt (siehe Simsa & Rameder in diesem Band).

> » Wo man aufpassen muss, ist das man in dieser Begeisterung auch immer gut schaut, sich nicht zu übernehmen. Oder auch die Frage, was geht und was geht nicht, was macht noch Freude (IV 9, S. 5).
> Ich habe viel in das Projekt investiert, das nicht abgegolten worden ist (IV 14, S. 8).

Engagierte Personen sind besonders in diesem Bereich länger bereit ihre Ressourcen (Zeit, Arbeitskraft, Finanzen etc.) überdurchschnittlich stark in die Vorhaben zu investieren, ohne sofort einen Ertrag aus den Initiativen zu erwarten.

3.3 Relevanz von Netzwerken für soziale Innovationen

Bei der Entwicklung einer sozialen Innovation schenken die InitiatorInnen der Struktur und der Gestaltung der Organisationsform zunächst wenig Beachtung. Die Mehrzahl der InterviewpartnerInnen gab an, sich zu Beginn insgesamt wenig mit der Organisationsfrage auseinandergesetzt zu haben. Erst aufgrund rechtlicher Gegebenheiten, wie das Abschließen eines Mietvertrags für ein Gebäude oder dem Ansuchen um Förderungen etc. wurden Überlegungen zur Organisationsform notwendig.

Basierend auf den Interviewergebnissen lassen sich im Wesentlichen drei Hauptmotivationen für die Etablierung von Projekten für soziale Innovationen auf der Basis netzwerkartiger Strukturen identifizieren. Sie waren entweder 1) ökonomischer Natur, 2) zielten darauf ab, soziales Umdenken zu ermöglichen, oder 3) hatten das Ziel, eine Plattform für Innovationsprozesse und/oder die Vernetzung und Nutzung von Synergien zu schaffen.

Wobei die ökonomische Dimension von zwei wesentlichen Aspekten geprägt ist: Einerseits dem Ziel ein Business zu entwickeln, das sowohl Gewinn generiert aber dennoch an zentralen gesellschaftlichen und persönlichen Werten orientiert ist; zweitens im Idealfall einen gemeinsamen Unternehmensraum zu schaffen, der durch den Zusammenschluss mehrerer Personen und/oder Organisationen zu einem partizipationsorientierten und ökonomischen Mehrwert für alle Beteiligten beiträgt. Im Zweifelsfall wird jedoch die Gewinnorientierung den Werten „untergeordnet".

> Wenn es um Kooperationsprojekte geht, ist es ganz wichtig, dass es etwas ist, was einen wirklich interessiert und nicht nur macht, damit man damit Geld verdient. Ich finde es braucht ProjektpartnerInnen, denen man es auch zutraut, dass die das auch schaffen, was sie sich vornehmen (IV 14, S. 9).

Die Motivation basiert vor allem darauf, dass ein Bedürfnis durch den Markt nicht erfüllt wurde, entweder, weil es keine vergleichbare angebotene Leistung am Markt gab, oder weil die am Markt angebotene Leistung nicht den qualitativ gewünschten Standards entsprach. Diese ökonomische Motivation konnte vor allem bei sogenannten Social Entrepreneurs festgestellt werden.

> Wir wollen zeigen, dass man soziale Probleme mit wirtschaftlichen Mitteln lösen könnte (IV 22, S. 6).

Aber auch die Betrachtung der inhaltlichen und zeitlichen Veränderung von Netzwerken ergab ein sehr differenziertes heterogenes Bild der Projekte und Vorhaben. So ist die zeitliche Bestandsdauer eines Netzwerkes von sehr unterschiedlichen Faktoren, wie z.B. finanziellen und personellen Ressourcen, Motivation und Rahmenbedingungen abhängig.

Die zentralen Ambivalenzen und Risiken eines Netzwerks liegen in der Einschränkung der Selbstständigkeit, einer erhöhten Abhängigkeit von PartnerInnen(organisationen), im Abfluss von Wissen als auch in zusätzlichen Aufgaben (Pflichten) und Kosten, die durch die Beteiligung an einem Netzwerk entstehen. Aber speziell auch im Management eines Netzwerkes machen sich Risiken bemerkbar. So sind Netzwerkentwicklungen von einem ungünstigem Kosten-/Nutzenverhältnis, insbesondere in der Aufbauphase, charakterisiert. Es besteht die Notwendigkeit von komplizierteren Abstimmungsprozessen (Becker et al. 2011).

3.3.1 Arten von Netzwerken

Die Auswertungsergebnisse der Interviews verdeutlichten, dass es kein kohärentes Bild zu den unterschiedlichen Typen von Netzwerken – Personennetzwerke, organisationale Netzwerke etc. – gibt, sondern unterschiedliche Formen der Netzwerkausprägungen zu beobachten sind. Dabei handelt es sich um heterogene Typen von Netzwerken, abhängig von Art, Ausrichtung und Entwicklungsstand der sozialen Innovation als auch der beteiligten Organisationen und Personen.

Am ehesten kann man zwischen personenbezogenen Netzwerken, die insbesondere bei Grassroot Projekten zu beobachten sind, und stark strukturell orientierten Netzwerken bei weitreichenderen Projekten mit größeren Trägerorganisationen unterscheiden. Es konnten jedoch keine Stereotypen aus den Ergebnissen der Interviewauswertungen abgeleitet werden. Auch wenn keine Interaktionstypen identifiziert werden konnten, ging aus den Interviewauswertungen relativ klar hervor, dass Netzwerke einen wesentlichen Beitrag zur Kommunikationsgestaltung und Verknüpfung der relevanten Stakeholder einnahmen.

Die Kommunikationsgestaltung ist eine wesentliche Motivation für die Etablierung von Netzwerken zur Förderung von sozial innovativen Projekten bzw. Unternehmungen.

> … dass wir festgestellt haben, es gibt sehr viele Menschen, die im sozialen, im zivilgesellschaftlichen Bereich, im Social Entrepreneurship unterwegs sind, aber die kennen sich nicht. Die glauben immer, die müssen die Welt neu erfinden (IV 20, S. 2).

Darin drückt sich die Bestrebung aus, möglichst innovative Menschen zusammenzubringen, ihnen eine Plattform zu geben, ihnen die Möglichkeit zu bieten ihre Ideen zu entwickeln, zu vertiefen und letztendlich auch (gemeinsam) umzusetzen.

3.3.2 Netzwerkstruktur

Im Kontext der notwendigen Kommunikationsgestaltung wurde in den Interviews immer wieder auf die damit einhergehende Auslotung von Systemgrenzen – zwischen Beteiligten und Netzwerk – für die Beförderung des Innovationsprozesses verwiesen. Durch die Neustrukturierung und ernst genommene Einlassung auf die netzwerkförmige Strukturierung versprechen sich die InterviewpartnerInnen jenes Potenzial, das es erlauben soll, Neues zu initiieren.

Es konnten sehr unterschiedliche netzwerkförmige Strukturen in den sozial innovativen Initiativen beobachtet werden, wie beispielsweise NGOs die intern mit unterschiedlichen Bereichen als auch extern mit anderen NGOs oder als Netzwerk zwischen eigenständigen „Zentren" organisiert und vernetzt waren. Es zeigten sich aber auch Genossenschaften mit offener, demokratischer bis hin zu soziokratisch organisierter Vereinsstruktur oder aber auch klassische Vorhaben mit einer Projektorganisation.

> Rein organisatorisch haben wir uns seit vorigem Jahr organisiert mit dem Holacracy Organisations- und Governancemodell. Wir haben in unserem Wohnprojekt auch Soziokratie sehr stark verwendet und das ist irgendwie nur eine andere Variante, die eben … die wir sehr spannend finden und halt uns entspricht im Sinne von, da gibt es nicht einen Chef, der alles entscheidet, sondern sehr gut Verteilung von Verantwortung und Gestaltungsfreiräume (IV 12, S. 3).

> Eine ganz tolle Methode. Unsere Einrichtung bauen wir soziokratisch auf (IV 15, S. 12).

Die Interviewergebnisse verdeutlichten, dass die Rollen, Aufgaben und Ziele in einem Netzwerk auch im Kontext sozial innovativer Initiativen klar definiert sein müssen. Unklare Rollenverteilungen und Aufgaben machen es beinahe unmöglich, die zur Verfügung stehenden Ressourcen des Netzwerks voll auszuschöpfen und Synergieeffekte zu nutzen.

> Ein gemeinsames Thema, ein gemeinsames Ziel das uns alle verbindet, das ist meistens die Rahmenbedingung unter denen man arbeiten kann (IV 19, S. 8).

> Wichtig ist aus meiner Sicht, dass die Organisation, die einlädt für dieses Netzwerk, einfach klar macht, was der Sinn und Zweck … also soweit wie möglich transparent ist, warum … und klar trennt und sagt ok, es ist ein Netzwerk wo es nur ums gemeinsame Denken geht (IV 15, S. 12).

> Meiner Meinung ist förderlich für Innovation eine flache Hierarchie und ein dezentraler Organisationsaufbau und eben die Gestaltungsfreiräume für Mitarbeitende bringen Motivation und fördern Engagement (IV 19, S. 13).

> Wenn man dann viele braucht, die da zusammenarbeiten, dann muss man ganz am Anfang sagen, was wollen wir da erreichen? Das muss man auch nicht ausformulieren bis aufs letzte, aber es muss diesen Common Sense geben. Das ist das was wir gesellschaftlich erreichen wollen (IV 8, S. 10).

Klar definierte Ziele erleichtern die Kooperation unter den Partnerorganisationen. Der Optimalfall ist so gestaltet, dass die Ziele und der Case-for-Action von allen beteiligten NetzwerkpartnerInnen gemeinsam definiert und abgesegnet werden.

3.3.3 Netzwerkarbeit

Durch wertschätzenden Umgang und Einbindung der Betroffenengruppen kann die Erfolgsaussicht des Projektes erhöht werden. Durch die Möglichkeit der Partizipation wird bei den Betroffenen eine Identifizierung mit dem Projekt und dessen Zielen erzeugt und zugleich die Identifikation mit der Idee und das Image des Projekts gestärkt, das sich so leichter implementieren und verbreiten lässt und von den Betroffenengruppen mitgetragen wird.

Die Flexibilität und Adaptionsfähigkeit des Netzwerks ist von großer Bedeutung, um auf Umweltveränderungen rasch und adäquat reagieren zu können.

> Ich beziehe das jetzt einmal auf unsere Organisation jetzt und die Stärke ist, dass wir schnell und flexibel, kreativ, effizient sind (IV 12, S. 8).

So sind gemeinsam getragene und vereinbarte Entscheidungen konkreter Ausdruck der gemeinsamen Anstrengungen, verdeutlichen den Erfolg der Arbeitsprozesse, können inhaltliche und strategische Identität ausbilden, fördern den Vertrauensaufbau und vertiefen die organisationalen Beziehungen. Gleichzeitig fordern Entscheidungen aber auch eine Art der Verbindlichkeit ein, die sowohl die Möglichkeiten politischen oder inhaltlichen Taktierens und den damit verbundenen Unsicherheiten beseitigt und sie bringen organisationale Eigeninteressen notwendigerweise auf den Punkt. Das heißt Entscheidungen verlangen klare Positionierungen zu den jeweiligen Entscheidungsgegenständen. Naturgemäß sind solche Prozesse in größeren und häufig auch (nicht immer) schwerfälligeren Organisationen deutlich langsamer als in reaktionsschnellen kleineren Initiativen mit kürzeren Entscheidungswegen und kleinerem Zuständigkeitskreis (vgl. Neugebauer 2012, S. 194 ff.).

Netzwerkarbeit bzw. das Management von Netzwerken ist charakterisiert durch die Freiwilligkeit der Zusammenarbeit, die Sicherstellung professioneller Arbeit (Aufgaben- und Verantwortungsteilung) durch Selbstverpflichtung und die Zusammenbindung unterschiedlicher Organisationskulturen und Interessenslagen (Diversity Management). Vertrauen und gegenseitiger Respekt haben im Netzwerkmanagement eine besondere Bedeutung (Becker et al. 2011).

> Das ist ganz wichtig, dass man auch Vertrauen hat. Das ist wichtig, dass das bei allen – bei aller Konkurrenz, die es gibt – Vertrauen da ist, dass es klar ist, man will das Gleiche und man tut halt so, wie es geht und vertragt es auch, wenn gewisse Sachen nicht gehen können. Das ist ganz wichtig. Eine weiche Struktur (IV 13, S. 10).

> Der Schlüssel für Vertrauen aus meiner Sicht ist in jeder Form einer Beziehung Kommunikation (IV 15, S. 10).

Um die jedenfalls vorhandenen Synergieeffekte in Netzwerken nutzen zu können, müssen aufgrund der Beschaffenheit von Netzwerken die Vor- und Nachteile sorgsam abgewogen werden. In einem Netzwerk gibt man die eigene oder die organisationseigene

Autonomie und Entscheidungsgewalt ein Stück weit auf, um Ressourcen nutzen zu können, die einem sonst nicht zur Verfügung stehen würden.

> » Das Netzwerk entfaltet ja erst dann einen Wert für die Organisation, wenn es tatsächlich daraus einen Mehrwert ergibt, dass die Leute dann ihr Know-how teilen, oder dass man Zugänge zu anderen bekommt. Das macht es aus, das wäre das Entscheidende, dass es nicht auf dem Auf- und Ausbau der Netzwerke beschränkt bleibt, sondern dass man dieses Klavier, das man sich da baut, das man auch auf dem spielt und nicht nur an dem erfreut, dass man das Klavier in der Wohnung stehen hat (IV 16, S. 6).

> » […] also, wenn du alles allein machst dann entscheidest du allein. Und machst alles so, wie du glaubst. Wenn man im Netzwerk arbeitet, dann musst du sozusagen mit dem Netzwerk auch spielen. Dann musst du dem Netzwerk die Möglichkeit geben, dass sie sich auch entfalten. Du kannst nichts anschaffen, du musst dann eher so Dinge gestalten, dass diese Personen, diese Menschen sich ausleben können. Also immer im Rahmen. Einerseits einen klaren Rahmen schaffen, aber in dem Rahmen können sie sich einbringen (IV 22, S. 8).

Netzwerkarbeit ist sehr zeitintensiv, vor allem was Steuerung und Organisation betrifft. Im Idealfall ist dafür ein/e NetzwerkmanagerIn verantwortlich.

> » Was mir schon auffällt, die Netzwerke, die am produktivsten sind, sind jene, wo es einen starken Koordinator, eine starke Koordination gibt und wo es Geld gibt (IV 19, S. 6).

Die Diversität in Netzwerken führt zu neuen Ideen, Sichtweisen und Perspektiven. Das Zusammentreffen verschiedener Menschen, Organisationen und deren Organisationskulturen unterstützen einen Austausch auf mehreren Ebenen, der ein guter Nährboden für neue Ideen und Innovationsprozesse ist. Manche Ideen mögen zu neuen Projekten führen oder zu einem effizienteren Prozess in bereits bestehenden Projekten.

> » Der Effekt von dem was wir machen, ist das, dass halt innerhalb des Jahres eine ziemlich starke Gemeinschaft entsteht, von Leuten, die sich gegenseitig unterstützen, die sich kennen und auch mit dem Vorjahr vernetzen und da entstehen Synergien und neue Projekte (IV 12, S. 4).

Ohne aktive und bewusste Steuerung des Netzwerks, erhöht sich das Risiko die definierten Ziele des Netzwerks zu verfehlen.

3.3.4 Vorteile und Herausforderungen von Netzwerken

Die Auswertung der Interviewergebnisse deutet darauf hin, dass Netzwerke und Netzwerkarbeit auch im Kontext sozialer Innovationen erhebliche Vorteile für deren Entwicklung mit sich bringen. Gleichzeitig entstehen durch die Nutzung von Netzwerken als Koordinationsform für soziale Innovationen – gerade zu Beginn bzw. am Start eines Vorhabens – eine Reihe an Herausforderungen. Allesamt zumeist jedoch Herausforderungen die eine positive zweite Seite aufweisen und sich im Laufe einer Unternehmung zu einem enormen Vorteil für die soziale Innovation entwickeln können. Die am häufigsten genannt Herausforderungen bzw. spätere Erfolgsfaktoren waren:
- Förderung von Innovationen
- Steigerung der Flexibilität, Kreativität und Effizienz

- Nutzung unterschiedlicher Kompetenzen und Lernerfahrungen
- Vertrauen
- Einfluss auf Politik und Gesellschaft durch gemeinsame „Stärke"
- Netzwerkstruktur
- Kommunikation
- Konkurrenz
- Public Relation
- Finanzierung

Die Mehrzahl der InterviewpartnerInnen ist der Meinung, dass am Ende die Vorteile gegenüber den Herausforderungen überwiegen, wodurch ein produktiver Mehrwert für die InnovatorInnen der sozialen Innovationen und deren Netzwerke entsteht.

- **Kommunikation**

Gelungene Kommunikation ist ein Schlüsselfaktor für die erfolgreiche Netzwerkarbeit und gleichzeitig eine der häufig genannten zentralen Herausforderungen. Sozial innovative Vorhaben und Projekte reagieren im Idealfall primär auf aktuelle gesellschaftliche Themen. Um Beachtung in der Gesellschaft zu erlangen, braucht es eine positive und passende Darstellung in der Öffentlichkeit und den entsprechenden Medien.

Es muss aber auch der Kommunikationsprozess innerhalb des Netzwerks selbst gut organisiert werden – das braucht allerdings Zeit und verursacht Kosten. Eine der Herausforderungen besteht darin, die notwendigen Ressourcen für die Organisation dieses Prozesses bereitzustellen – nicht zuletzt als es sich bei sozial innovativen Unternehmungen mehrheitlich um Initiativen handelt, die vorrangig – zumindest zu Beginn – von Einzelpersonen oder kleinen Personengruppen betrieben werden.

Die Qualität der Kommunikation ist in Netzwerken wesentlich, trägt sie doch zu einem effizienten Wissenstransfer innerhalb des Netzwerks und über die Grenzen des Netzwerks hinaus bei. Die netzwerkinterne Kommunikation ist von essenzieller Bedeutung für die Konventionen, Rahmenbedingungen, Rollen, Spielregeln und die Vertrauensbildung innerhalb des Netzwerks. Die Kommunikation mit der externen Umwelt ist verantwortlich für den Imageaufbau, für die Akzeptanz der neuen Idee in der Gesellschaft, für den Austausch mit den Betroffenen und Involvierten und für die Interaktion mit Politik, Medien, anderen NGOs, Unternehmen und Organisationen. Sie leistet außerdem einen wesentlichen Beitrag, um die sozial innovative Idee gesellschaftlich nachhaltig zu implementieren. Gerade NGOs sind auf funktionierende und belastbare Beziehungen zu relevanten Stakeholdern angewiesen, um ihre Projekte und Unternehmungen langfristig zu verankern.

Die Kommunikationsstrukturen innerhalb der untersuchten Netzwerke kann man als klassisch bezeichnen. Die herkömmlichen Werkzeuge wie Telefon, E-Mail oder persönliche Kontakte kommen ebenso zur Anwendung wie neuere Kommunikationsformen, zum Beispiel die Nutzung von Cloudsharing, Facebook, Doodle, Videokonferenzen usw. Wie in anderen Organisationen auch fördern Klausuren, Projektbesprechungen und regelmäßige formelle sowie informelle Treffen die Entwicklung und den Informationsfluss in Netzwerken.

> » Es gibt halt eine österreichweite Projektsteuergruppe dazu, wo die Projektleitung eben das gemeinsam mit den anderen da vernetzt und austauscht. Wir haben da auch alle zwei Jahre Vernetzungstreffen gehabt, also jetzt in der [Initiative] (IV 2, S. 3).

Um eine erfolgreiche Kommunikationsstruktur aufzubauen und eine offene Kommunikation zu fördern, ist Vertrauen ein wesentliches Element.

- **Vertrauen**

Ebenfalls ein zentraler Erfolgsfaktor für das Gelingen einer erfolgreichen Netzwerkarbeit ist das Vertrauen zwischen den NetzwerkpartnerInnen. Vertrauen entsteht durch die Anerkennung der PartnerInnen und durch transparente Arbeit. Vertrauen ermöglicht ebenfalls die Zusammenarbeit mit Organisationen, mit denen sonst im Wettbewerb um Förderungen und öffentliche Mittel konkurriert wird. Auch die Angst von NetzwerkpartnerInnen, in einer unvorteilhaften Position im Netzwerk zu sein, kann durch gegenseitiges Vertrauen, Transparenz und offene Kommunikation verhindert werden.

> Was mir recht gefällt; unser derzeitiger Obmann ist ein Paradebeispiel für hohe Offenheit und Transparenz. Der macht die Arbeiten sehr gut, der gibt Fehler zu, der sagt wie seine Organisation das macht und ist nicht zurückhaltend und da sehr offensiv und offen. Das erleichtert die Zusammenarbeit (IV 19, S. 8).

Gute Netzwerkarbeit basiert im Wesentlichen auf Vertrauen und dem Prinzip der Aushandlung von bspw. gemeinsam vereinbarten Regelungen, Strukturen und Entscheidungsprozessen (Grossmann et al. 2007). Am Beginn des Aushandlungsprozesses sind jedoch diese Faktoren naturgemäß nur gering ausgeprägt. Das führt zu einer Situation in der die Beteiligten Entscheidungen treffen müssen, um entscheidungsfähig zu werden, ohne jedoch über die sonst üblichen formalen Rahmenbedingungen zu verfügen. Das verlangt einen Vertrauensvorschuss und markiert ein wesentliches Element einer Erstinvestition in ein zu begründendes neues Netzwerk, um ein gemeinsames Ziel zu erreichen. Es ist – zugespitzt formuliert – ein konstitutives Element zu Beginn einer Netzwerkentwicklung. Dieser Aspekt stellt für die InitiatorInnen und GründerInnen eine hohe Herausforderung dar (Grossmann et al. 2007, S. 164 f.).

- **Konkurrenz**

Eine spezielle Herausforderung besteht im Umgang mit dem Aspekt der Konkurrenz. In einem Netzwerk haben die Mitgliedsorganisationen unter Umständen komplementäre Interessen. Hier gilt es einerseits die eigenen Interessen zu wahren und trotzdem so zu agieren, dass das gemeinsame Projekt gelingt. Andererseits gilt es bei überschneidenden Interessen, die eigene Identität zu wahren und trotzdem gut zu kooperieren.

> Ein großer Nachteil ist die interne Konkurrenz. Das ist wirklich ein großes Problem, wo wir noch keinen befriedigenden Weg gefunden haben. Wie offen ist man wirklich – wir sind im Verein 19 Mitgliederorganisationen. Wenn einer einen besonderen Auftrag bekommen hat; das mag man dann gar nicht kommunizieren, weil der andere hätte ihn auch gerne gehabt, hat ihn aber nicht gekriegt. Weil so gerecht können diese Auftragsvergaben gar nicht sein (IV 19, S. 7).

Große Organisationen stehen im lokalen und regionalen Bereich oft in einem direkten Wettbewerb zueinander.

> Dann gibt es natürlich auch noch einen anderen Effekt, aber der ist in der Wirtschaft genau so, dass man zumindest in lokalen oder regionalen Bereich mit anderen Organisationen im Wettbewerb steht (IV 16, S. 6).

Das hindert die Vernetzung im regionalen Umfeld und erschwert den gegenseitigen Austausch. Kleinere Organisationen sind hier flexibler – das primäre Interesse ist der Austausch über die Grenzen hinweg.

- **Public Relations (PR)**

Public Relations sind eine wertvolle Ressource von sozialen Unternehmungen. Durch gute PR Arbeit ist es für sozial innovative Projekte bzw. Netzwerke möglich notwendige Ressourcen zu erschließen. Viele der hier untersuchten Projekte erhielten pro bono Leistungen im Austausch für Publicity, wodurch eine Win-Win-Situation kreiert wurde. Außerdem unterstützt gute PR die nachhaltige Implementierung der sozialen Innovation in der Gesellschaft, indem Informationen über die soziale Innovation öffentlichkeitswirksam verbreitet wird.

> Aber über Kontakte zu Medien – Medien als KooperationspartnerInnen [...] – ist es gelungen [...] zu einem großen Artikel zu [kommen] (IV 14, S. 2).

> [...] eine gute Kooperation mit wissenschaftlichen Instituten, um seine eigenen Aussagen auch wissenschaftlich absichern zu können, und dann, das halte ich für am wichtigsten, eine gute Arbeit mit den Medien. Also eine mediale Präsenz ist immer gut. Also einerseits für die Auftragslage im eigenen Geschäft, andererseits halt auch für die Absicherung der Existenz (IV 5, S. 13).

> Wenn sie schnell flächendeckend im ganzen Land etwas erreichen wollen, dann brauchen sie Medien. Weil sonst haben sie keine ... da wird die Mundpropaganda zu langsam sein. Auch eigene Medien, also soziale Medien, die man selber bediene kann, werden zu wenig Reichweite haben (IV 8, S. 4).

In den Interviews wurde durchwegs die zentrale Bedeutung guter persönlicher Kontakte zu den Medien hervorgehoben. So hat ein positiver Bericht in den Medien das Potenzial die Anzahl der Kunden zu steigern oder eine Spendenaktion mit MedienpartnerInnen führt zu größerer Resonanz in der Bevölkerung. Die InterviewpartnerInnen haben aber auch über die Kehrseite in der Arbeit mit den Medien berichtet. So kann eine mediale Berichterstattung auch das Gegenteil bewirken – was am Beispiel des Migrationsthemas der vergangenen Jahre beobachtet werden konnte. Negativberichte über Flüchtlinge führten zu einer spürbaren Abnahme der Hilfsbereitschaft in der Bevölkerung.

- **Finanzierung**

Die stabile Finanzierung eines Netzwerks ist einer der wichtigsten Aspekte für den Erfolg einer Unternehmung. Sie ist die Grundvoraussetzung für eine langfristige Planung und das Erreichen der gesetzten Ziele. In den meisten untersuchten Projekten erfolgt die Finanzierung durch Spenden, Sponsoring und PartnerInnen oder durch staatliche Förderung. Im Fall von staatlich geförderten Projekten gestaltet sich die langfristige Planung schwierig, da die Verlängerung der Förderung meist unsicher ist. Förderungen bedeuten aber auch einen hohen Ressourceneinsatz des Förderempfängers, was eine Ablenkung von der eigentlichen Zielsetzung des Netzwerks mit sich bringt.

> 2010 ist uns kurzzeitig die Luft ausgegangen, da wir finanziell so mit dem Rücken zur Wand [standen], dass man einmal einen Mitarbeiter aus dem Grund hat kündigen müssen und die Beraterhonorare aussetzen haben müssen und es deswegen zu einer massiven Verlangsamung des Prozesses gekommen ist (IV 18, S. 6).

> Also wir sind ja ein privates Unternehmen, wir machen sehr viel über Sponsoring, über Eintrittsgelder, aber es ist immer ein Seiltanz, schaffen wir das oder nicht. Und in diesem Jahr mussten wir dazuzahlen (IV 20, S. 3).

Eine der zentralen Herausforderungen im Kontext von Förderungen ist insbesondere die Verlängerung der Förderungslaufzeit. Fördergelder werden immer für einen gewissen Zeitrahmen zur Verfügung gestellt, wodurch Projekte oft unter Zeitdruck entwickelt werden müssen.

> Wenn es Projektfinanzierungen gibt, sind diese nur für eine bestimmte Dauer, 2 Jahre, 3 Jahre, manchmal auch nur für 1 Jahr. Dann ist das ganze einmal sehr gut angelaufen und ist gut angenommen worden und dann bricht es ab, weil niemand mehr da ist, der das weiter finanziert. Bei all diesen Projekteinreichungen musst du immer etwas Neues erfinden, d.h. es ist nicht möglich, dass ein Projekt, wenn es gut angenommen worden ist, auch wenn die Evaluierung gezeigt hat, dass es sinnvoll ist, dass es dann trotzdem nicht verlängert wird von der Projektförderung, sondern dass man wieder etwas neues erfinden muss (IV 23, S. 8).

> Wir müssen uns ständig neu erfinden, das ist unsere Aufgabe, weil wir in ganz vielen Bereichen auf Projekte angewiesen sind, das heißt, es geht immer darum, wenn wir Ideen haben, dann schauen wir eben wie wir das finanzieren können (IV 6, S. 3).

Die Projektförderungen werden oft nicht mehr verlängert, was nichts mit der Qualität des Projektes zu tun hat, sondern mit dem Wunsch der Fördergeber, immer wieder etwas „Neues" zu fördern. Fördergeber priorisieren neue und „innovative" Projekte höher, als bereits bestehende Projekte. Dadurch wird eine langfristige Planung über die Förderperiode hinaus erheblich erschwert.

- **Politik**

In der Mehrzahl der untersuchten Initiativen und Projekten sind unterschiedliche politische Dimensionen zu beobachten. So bestehen informelle Netzwerke, in die politische VertreterInnen einbezogen sind, während in anderen Netzwerken VertreterInnen der Politik als Auftraggeber fungieren.

> […] irgendeine Politik passt einem gerade nicht, dann ist die Kooperation viel einfacher, also wenn man sich sozusagen jetzt über die Marktentwicklung vernetzt (IV 8, S. 7).

Erfolgreiche Netzwerke mit starken PartnerInnen können politisch an Gewicht gewinnen und es eröffnen sich Gelegenheiten relevante Gesetzgebungen zu beeinflussen und Lobbying zu betreiben.

> Aber vor allen Dingen eine sehr gut funktionierende Lobbyingorganisation. Ich war da selber 4 oder 6 Jahre Präsident davon. Und in der Zeit haben wir die wichtigsten abfallwirtschaftlichen Gesetzesvorschläge so lobbyiert, dass wir uns sogar gegen die Interessen der Industrie durchgesetzt haben (IV 5, S. 3).

VertreterInnen von Politik und Verwaltung sind häufig mit der Schwierigkeit konfrontiert, dass sie nicht gewohnt sind innerhalb eines Netzwerks eine Partnerschaft auf Augenhöhe einzugehen. Politische AkteurInnen nehmen zumeist die Rolle des Auftraggebers ein und agieren auch dementsprechend. Das ist für ProjektinitiatorInnen aber auch die potenziellen NetzwerkpartnerInnen nicht immer eine einfache Situation. Wenn es jedoch gelingt, die Vorteile aus der Zusammenarbeit auf beiden Seiten zu erkennen, dann kann daraus eine sehr produktive Zusammenarbeit entstehen. Für beide Seiten – sowohl die Politik als auch die weiteren Beteiligten – können sich völlig neue Möglichkeiten der Kooperation und Zusammenarbeit ergeben. Die Kooperation bietet Potenzial für einen Rahmen, in dem gemeinsam an politischen Entscheidungsprozessen partizipiert und der diesbezügliche Aushandlungsprozess aktiv mitgestaltet werden kann (vgl. Neugebauer 2012).

》 Wichtig ist es, wenn auch diese Ideen von unten nach oben kommen, dass grundsätzlich solche Dinge von der Politik mitgetragen werden, sonst lässt sich das in der Form wie wir das umgesetzt haben und so umfangreich, wie wird das auch letztendlich auch verwirklicht haben nicht umsetzen (IV 23, S. 2).

Viele der untersuchten Projekte werden daher politisch unterstützt. Sobald PolitikerInnen den Wert der Projekte für die Gemeinschaft oder die Region, in der sie sich befinden, erkennen, wird häufig versucht die Projekte zu stabilisieren und langfristig zu etablieren. So können einflussreiche Netzwerke aktiv ihre eigene Umwelt mitgestalten.

3.4 Schlussfolgerungen und Learnings

Das organisationale und gesellschaftliche Innovationspotenzial von Netzwerken (Grossmann et al. 2007, 2012; Cropper et al. 2008) ist vielfältig. Netzwerke zeichnen sich durch hohe Flexibilität aus, sie sind in der Lage ganz unterschiedliche PartnerInnen (mit unterschiedlicher Größe oder Organisationstypus) miteinander zu verbinden. Netzwerke können auf unterschiedliche Aufgaben und Nutzenerwartungen hin organisiert werden, gleichzeitig aber auch zeitlich als auch inhaltlich begrenzt angelegt werden. Sie ermöglichen Leistungsprozesse über Organisationsgrenzen hinweg zu verknüpfen und zu optimieren. Netzwerke ermöglichen Leistungen zu steuern, auch wenn auf die einzelnen Organisationen nicht Einfluss genommen werden kann.

Diese Potenziale führen zu jener Leistungsfähigkeit, die Netzwerke in ganz unterschiedlichen Bereichen so attraktiv machen. Und das obwohl Netzwerke auch durch nicht zu unterschätzende Ambivalenzen und Risiken charakterisiert sind.

Dieser allgemeine Befund konnte aufgrund der Forschungsergebnisse im Rahmen der vorliegenden Studie auch für Netzwerke im Bereich der sozialen Innovationen bestätigt werden. So konnten zusammenfassend folgende zentrale Herausforderungen und Erfolgsfaktoren von Netzwerken festgehalten werden.

Zentrale Erfolgsfaktoren
- Stabile Finanzierung
- Vertrauen zwischen den beteiligten Organisationen/PartnerInnen
- Zentrales Team (1 bis 3 Personen) als Treiber der Entwicklung

- Klare Rollen-, Aufgaben- und Zieldefinierung
- Klare Ressourcenaufteilung/Lastenverteilung
- Berücksichtigung weicher Faktoren (Wertschätzung, Mitwirkung etc.)
- Fokus auf Flexibilität und Anpassungsfähigkeit der Netzwerkstruktur
- Veränderungsbereitschaft

Zentrale Herausforderungen
- Anfangsaufwand in der Gründungsphase
- Langwierige Entscheidungsprozesse mit beteiligten Organisationen/PartnerInnen mit differenzierter Größe, Arbeitslogik, Kultur etc.
- Finanzierungsfrage und bestehende Förderstruktur
- Vertrauensaufbau
- Umgang mit dem Widerspruch zwischen idealistischem Zugang und ökonomischen Anforderungen
- Beziehungsaufbau mit politischen AkteurInnen

Gleichzeitig deuten die Auswertungsergebnisse darauf hin, dass sich Netzwerke im Bereich von sozialen Innovationen nur marginal von Netzwerken in anderen Bereichen unterscheiden. Das trifft vor allem auf die strukturelle und organisationale Perspektive zu. Verallgemeinernd kann festgehalten werden, dass die organisationale Ebene bei sozialen Innovationen im Hintergrund und die intrinsische, hauptsächlich normative Motivation der GründerInnen im Vordergrund steht.

Ein Faktor kann aber klar herausgestrichen werden: In allen Interviews haben die InterviewpartnerInnen festgehalten, dass Netzwerke und die netzwerkförmige Strukturierung für die Entwicklung und den Erfolg von sozialer Innovation unerlässlich sind (Biritz et al. 2016).

Bei den im Rahmen des Forschungsprojekts untersuchten Projekten und Vorhaben war zu beobachten, dass eine soziale Innovation meist von einer Person entwickelt bzw. betrieben wird und sich erst danach ein Netzwerk darum bildet. Dieses Netzwerk ist auch notwendig, um die soziale Innovation erfolgreich in die Gesellschaft zu integrieren bzw. Änderungen zu bewirken. Große NGOs haben genügend Reputation und Expertise, um eine Innovation erfolgreich zu implementieren. Social Entrepreneurs bedürfen hier oft einer Unterstützung, um erfolgreich zu sein. Hier ist ein Umdenken zu beobachten; haben früher große NGOs Initiativen einfach übernommen und in die eigene Organisation eingegliedert, so geht man derzeit dazu über, die Initiativen als eigenständige Organisation zu belassen und sie zu unterstützen.

Durch die Einbindung von interessierten PartnerInnen in ein Netzwerk wird die innovative Idee verbreitet und erhält Unterstützung von unterschiedlicher Seite. Die Vergrößerung des Netzwerks ermöglicht es Einfluss zu nehmen und die Lobbyingprozesse zu verstärken. Durch den Austausch von Ideen im Netzwerk können sich soziale Innovationen weiterverbreiten oder sogar neue Projekte aus dem Netzwerk entstehen.

Ein großer Vorteil von sozial innovativen Projekten ist, dass sie oft pro Bono Leistungen in Anspruch nehmen können, da der philanthropische Grundgedanke der Projekte andere Organisationen dazu animiert, die Projekte mit Leistungen zu unterstützen.

Es zeigte sich aber auch, dass sehr viele Initiativen bzw. Projekte aus unterschiedlichen Gründen scheitern. Für eine nachhaltige Veränderung ist es notwendig, Projekte langfristig anzulegen und mit hoher Beteiligung der Zielgruppe zu planen. Da jedoch bei fast allen FördergeberInnen die Tendenz besteht, immer wieder nur neue soziale Innovationen zu fördern, kann es vorkommen, dass erfolgreiche Projekte aufgrund von finanziellen Problemen wieder eingestellt werden.

Die Finanzierungsfrage ist damit das größte Hindernis auf dem Weg von der Idee zur erfolgreichen nachhaltigen Umsetzung. Förderungen verhindern aufgrund der beschränkten Laufzeit oft die Möglichkeit langfristig zu planen. Außerdem gehen sie oft mit viel Dokumentations- und Administrationsaufwand einher.

Die Projekte werden hauptsächlich von Einzelpersonen oder einer kleinen Gruppe von Individuen, die intrinsisch motiviert sind, vorangetrieben. Die Entwicklung der Projekte hängt oft vom Engagement dieser Personen ab. Ein Ausfall dieser Personen führt oft zum Scheitern dieser Projekte, da keine adäquate Nachfolge vorhanden ist.

Ein Großteil der untersuchten Netzwerke war sehr inhalts- und aufgabenorientiert, während der Struktur und der organisationalen Gestaltung des Netzwerks weniger Beachtung zukam. Häufig gab es kaum eine aktive Auseinandersetzung mit der Organisationsfrage des Netzwerks.

Um jedoch die Leistungsfähigkeit von Netzwerken ausschöpfen zu können, brauchen Netzwerke einen professionellen Umgang mit Fragen der Struktur und des Managements. Wobei es bei Managementfragen weniger um die Anwendung bewährter hierarchischer Managementprinzipien geht, sondern vielmehr muss die Frage, wie das Managementhandeln umgestaltet werden muss damit es den Anforderungen des Netzwerks entspricht, kooperativ unter den netzwerkbeteiligten Organisationen ausgehandelt und geklärt werden (Prammer und Neugebauer 2012).

Gerade deshalb und zum Umgang mit den beschriebenen Ambivalenzen als auch zur Unterstützung eines funktionierenden Netzwerkmanagements braucht es passende Netzwerkarchitekturen, -strukturen und Regelsysteme.

Insofern kann das Leistungspotenzial, das von netzwerkartigen Strukturen im Bereich der sozialen Innovationen bereitgestellt wird, optimiert werden. Dazu ist es notwendig, dass erfahrene NetzwerkmanagerInnen das Projekt bzw. die Initiative steuern und während der Entwicklungsphase der Unternehmungen bzw. sozial innovativen Projekte ein stärkerer Fokus auf die Prozesse und Strukturen legen.

Grundsätzlich ist die Charakteristik der beobachteten Netzwerke im Bereich sozialer Innovationen jenen „herkömmlicher" Netzwerke in anderen Bereichen sehr ähnlich. So erleichtert ein gutes Verständnis sowohl für die Arbeits- und Funktionsweise von Netzwerken, aber natürlich auch für die Logik und Kultur der beteiligten PartnerInnen die Zusammenarbeit innerhalb eines Vorhabens oder Projekts ungemein. Ist dabei das Vertrauen im ausreichenden Maße vorhanden, dann ermöglichen netzwerkförmige Strukturen in akuten Problemsituationen auch formlose Lösungen, um entsprechend rasch reagieren zu können. Gleichzeitig führt eine gute Vertrauensbasis zu einer konstruktiven Kritikfähigkeit. Das fördert das Vertrauen, wodurch die Vertrauensbasis in der Zusammenarbeit wiederum weiter vertieft wird.

Im Detail konnten spezifische Einflussfaktoren von Netzwerken im Kontext der Entwicklung von sozialen Innovationen identifiziert werden:

- Netzwerke und netzwerkförmige Strukturen sind für den Erfolg sozialer Innovationen von zentraler Bedeutung.
- Netzwerke im Bereich sozialer Innovationen sind hinsichtlich Strukturierung und Netzwerk-Typologie heterogen.
- Die Organisationsform Netzwerk fokussiert in sozialen Innovationen wesentlich auf die Aspekte
    - Kommunikation
    - Vernetzung und
    - Synergie
- Unter dem InitiatorInnen- und GründerInnenkreis konnten drei Hauptmotivationen für die Etablierung von Projekten auf der Basis netzwerkartiger Strukturen identifiziert werden:
    - ökonomischer Natur,
    - zielten darauf ab, soziales Umdenken zu ermöglichen, oder
    - hatten das Ziel, eine Plattform für Innovationsprozesse und/oder die Vernetzung und Nutzung von Synergien zu schaffen
- Netzwerke werden als Vehikel zur Beförderung einer sozial innovativen Idee betrachtet – sowohl als methodisches als auch als strukturelles Instrument.
- Mit Netzwerken wird die Absicht verfolgt, die „Botschaft" bzw. den „Ansatz" einer sozialen Innovation in die Gesellschaft zu transportieren.
- Netzwerke werden als Fördermittel und Enabler der Interaktion zwischen unterschiedlichen Stakeholder Gruppen betrachtet.
- Die Kommunikation wird als ein Schlüsselfaktor für die erfolgreiche Netzwerkarbeit betrachtet.
- Die Bedeutung von Netzwerken für soziale Innovation ist sowohl für top down Vorhaben als auch für bottom up Unternehmungen gleichermaßen gültig.
- Zentrales Gestaltungselement netzwerkförmigen Arbeitens in sozial innovativen Vorhaben und Projekten ist das Prinzip der Partizipation.
- Idealismus und Selbstausbeutung sind dominierende Charakteristiken der Leistungsbereitschaft in den Vorhaben und Unternehmungen.
- Im Fokus steht die Aufgeschlossenheit gegenüber Innovationen und deren Prozessen.

Die häufig beschriebene Leichtigkeit der Zusammenarbeit als auch die hohe Zielorientierung sind vor allem auch dem Organisationsaspekt *Netzwerk* geschuldet. Schlussendlich lassen sich Netzwerke jederzeit, insbesondere wenn ein Thema erledigt bzw. überholt ist, wieder auflösen – ohne an weiterführende Verpflichtungen gebunden zu sein.

Literatur

Becker, T., Dammer, I., Howaldt, J., Killich, S., & Loose, A. (Hrsg.). (2011). *Netzwerkmanagement. Mit Kooperation zum Unternehmenserfolg*. Heidelberg: Springer.

Biritz, H., Neugebauer, C., & Pawel, S. (2016). *Netzwerke und soziale Innovationen. Engagement – Partizipation – Professionalität*. Klagenfurt: Alpen-Adria-Universität Klagenfurt.

Cropper, S., Ebers, M., Huxham, C., & Ring, P. S. (Hrsg.). (2008). *The Oxford Handbook of Inter-Organizational Relations*. New York: Oxford University Press.

Grossmann, R., Lobnig, H., & Scala K. (2007). *Kooperation im Public Management. Theorie und Praxis erfolgreicher Organisationsentwicklung in Leistungsverbünden, Netzwerken und Fusionen*. Weinheim: Juventa.

Grossmann, R., Lobnig, H., & Scala, K. (2012). *Facilitating collaboration in public management*. Charlotte: Information Age Publishing.

Köhler, K., & Goldmann, M. (2010). Soziale Innovationen in der Pflege – Vernetzung und Transfer im Fokus einer Zukunftsbranche. In J. Howaldt & H. Jacobsen (Hrsg.), *Soziale Innovation. Auf dem Weg zu einem postindustriellen Innovationsparadigma*. Wiesbaden: VS Verlag.

Neugebauer, C. (2012). *Organisationsentwicklung im Schatten der Hierarchie? Kooperation als Steuerungsmodell politischer Leistungen*. Heidelberg: Carl Auer.

Neugebauer, C., & Pawel, S. (2016). Networks: Drivers for Social Innovation? A Study on the Significance of the Organizational Form Network for the Emergence and Development of Social Innovations. 32nd EGOS Colloquium *Organizing in the Shadow of Power*, Sub-theme 57: *Making Utopias Real: Social Innovation, Movements and Change*, Naples, Italy, 9th July 2016.

Prammer K., & Neugebauer C. (2012). Consulting organizational change in cooperation. Challenges, issues and solutions in theory and practice. *Journal of Management and Change 29* (2012), 24–45.

UNHCR. (2016). Refugees/Migrants Emergency Response – Mediterranean. ► http://data.unhcr.org/mediterranean/regional.php. Zugegriffen: 6. Juni. 2018.

Helena Biritz

Projektmitarbeiterin im Forschungsprojekt Netzwerke und soziale Innovationen am Institut für Organisationsentwicklung und Gruppendynamik an der Alpen-Adria Universität Klagenfurt. Langjährige theoretische und praktische Tätigkeit zum Thema Netzwerke.

Christian Neugebauer, Dr.

ist promovierter Organisationsentwickler und war langjähriger Mitarbeiter und stellvertretender Leiter des Instituts für Organisationsentwicklung, Gruppendynamik und Interventionsforschung der Fakultät für interdisziplinäre Forschung und Fortbildung der AAU Klagenfurt. Er arbeitete einige Zeit als Product Owner bei einem agilen Software-Unternehmen in Wien und interessierte sich als Organisationsentwickler und Unternehmensberater für neue Formen der Zusammenarbeit und Organisationsgestaltung. Seit 2018 leitet er die Stabstelle Organisationsentwicklung bei der Volkshilfe Österreich.

Sebastian Pawel, MSc

hat Humanökologie und technisches Umweltmanagement studiert. Er war von 2013 bis 2017 als freier Mitarbeiter in diversen Forschungs- und Veranstaltungsprojekten zu den Themen soziale Innovation und Corporate Sustainability am Institut für Organisationsentwicklung und Gruppendynamik an der IFF tätig. Seit 2017 Berater für Umwelt- und Qualitätsmanagement bei der denkstatt GmbH.

Fallbeispiele

Inhaltsverzeichnis

Kapitel 4   Projekt „Gesund fürs Leben" – Ehrenamtliche Gesundheitsbuddys im Einsatz bei Hochbetagten – 51
Martin Oberbauer

Kapitel 5   Green Care – Wo Menschen aufblühen. Soziale Innovation für die Land- und Forstwirtschaft – 69
Nicole Prop und Clemens Scharre

Kapitel 6   HPC Mobil – Hospizkultur und Palliative Care in der Betreuung und Pflege zu Hause – 87
Mischa Bahringer, Sigrid Beyer, Ursula Dickbauer, Maria Eibel, Hermine Freitag, Ralph Grossmann, Christine Hintermayer, Dorothea Iduemre, Selma Sprajcer, Tomasz Tobolski und Barbara Wiesbauer-Kriser

Kapitel 7   Zukunft für alle – Armut ansprechen und überwinden – 107
Monika Vukelic-Auer

Kapitel 8   Freiwilliges Engagement zur Stärkung des sozialen Zusammenhalts – 123
Susanna Rothmayer und Nicole Sonnleitner

Projekt „Gesund fürs Leben" – Ehrenamtliche Gesundheitsbuddys im Einsatz bei Hochbetagten

Martin Oberbauer

4.1 **Gesellschaftliche Entwicklung und Gebrechlichkeit – 52**

4.2 **Das Gesund fürs Leben-Forschungsprojekt – 53**
4.2.1 Aufbau des Projekts – 54
4.2.2 Die Hausbesuche – 54
4.2.3 Ablauf des Projekts – 55
4.2.4 NetzwerkpartnerInnen – 56
4.2.5 Ergebnisse – 58
4.2.6 Teilnahmemotivation der gebrechlichen Personen – 59
4.2.7 Gesundheitliche Effekte für die Gesundheitsbuddys – 60
4.2.8 Rezeption – 61

4.3 **Resümee des Forschungsprojektes – 61**

4.4 **Die weitere Entwicklung: wichtige Zwischenschritte – 62**

4.5 **Das Gesund fürs Leben-Umsetzungsprojekt – 63**
4.5.1 Konzept – 63
4.5.2 Aufbau – 64

4.6 **Schlussfolgerungen – 65**

Literatur – 66

© Springer Fachmedien Wiesbaden GmbH, ein Teil von Springer Nature 2019
C. Neugebauer, S. Pawel, H. Biritz (Hrsg.), *Netzwerke und soziale Innovationen*, Schriften zur Gruppen- und Organisationsdynamik 12, https://doi.org/10.1007/978-3-658-21551-4_4

Gebrechlichkeit und Mangelernährung in höherem Alter stellen durch die demografische Entwicklung mit einer Zunahme von Bevölkerungsgruppen in höherem Lebensalter die Gesundheitssysteme zunehmend vor gravierende Herausforderungen, insbesondere hinsichtlich der dafür benötigten professionellen Ressourcen.

Im Rahmen einer Interventionsstudie der Medizinischen Universität Wien und des Wiener Wissenschafts-, Forschungs- und Technologiefonds in Kooperation mit dem Wiener Hilfswerk und der Sportunion Österreich wurden Personen ab 50 Jahren rekrutiert, die als ehrenamtliche „Gesundheitsbuddys" die Gesundheit von älteren mangelernährten und gebrechlichen Menschen verbessern halfen.

Im Zeitraum zwischen Herbst 2013 und Sommer 2015 stellten sich in mehreren Wellen Ehrenamtliche dafür zur Verfügung, nach einer Einschulungsphase mangelernährte, gebrechliche Personen zu Hause zu besuchen, um gemeinsam ein standardisiertes Bewegungs- und Ernährungsprogramm durchzuführen.

Die wissenschaftliche Auswertung der erhobenen Gesundheitsdaten erbrachte den Nachweis, dass das angebotene Präventionsprogramm bei den gebrechlichen Menschen und bei den Gesundheitsbuddys in mehrfacher Weise wirksam war. Aufgrund dieser positiven Evidenz ist ab 2017 ein Umsetzungsprojekt geplant, das die Erkenntnisse der Studie in die Praxis umsetzt.

4.1 Gesellschaftliche Entwicklung und Gebrechlichkeit

Innerhalb der nächsten zwei Jahrzehnte wird die vergleichsweise große Kohorte der „Baby Boomer"-Generation das Pensionsalter erreichen. Daraus ergeben sich steigende Anforderungen an Public Health Maßnahmen, die dazu beitragen, die Autonomie und Selbstständigkeit dieser großen Anzahl älterer Menschen möglichst lange aufrechtzuerhalten und funktionelle Defizite zu vermeiden oder zu verringern.

Unter Gebrechlichkeit („Frailty") versteht man ein geriatrisches Syndrom, das gekennzeichnet ist durch einen Zustand hoher Vulnerabilität, verursacht durch Mangelernährung, chronische Entzündungen und Sarkopenie (Fried et al. 2004), eine fortschreitende Abnahme von Muskelmasse in Verbindung mit funktionellen Einbußen, einer verringerten Muskelkraft und eingeschränkter körperlicher Leistungsfähigkeit (Cruz-Jentoft et al. 2010). In einem Frailty-Index listen Fried et al. (2001) fünf Faktoren auf, die als Indikatoren für Gebrechlichkeit verstanden werden: Gewichtsverlust, Schwäche, Antriebslosigkeit, langsame Gehgeschwindigkeit und geringe Aktivität. Treten drei der fünf Faktoren auf, liegt Gebrechlichkeit vor. Im Alltag ergeben sich daraus Probleme bei Aktivitäten des täglichen Lebens, wie z. B. bei der Körperpflege, beim Essen, Ankleiden oder Benutzen der Toilette. Gebrechlichkeit erhöht das Sturzrisiko und führt zu Einbußen an Lebensqualität sowie vermehrten Krankenhauseinweisungen und Aufnahmen in Pflegeheimen. Da Gebrechlichkeit ein wahrscheinliches Vorstadium von Behinderung (Santos-Eggimann et al. 2009) und mit einer verkürzten Lebenserwartung verbunden ist (Shamliyan et al. 2013), gewinnen Überlegungen zu präventiven Maßnahmen zunehmend an Bedeutung.

Santos-Eggimann et al. (2009) erhoben das Ausmaß der Prävalenz von Gebrechlichkeit in 10 europäischen Staaten. Dabei zeigte sich, dass 10,8 % der Österreicher über 65 Jahren gebrechlich sind und 40,7 % eine Vorstufe davon aufweisen. Für Deutschland fanden sie Werte von 12,1 % (gebrechlich) und 34,6 % (Vorstufe). Die Schweiz weist einen niedrigeren Wert bei Gebrechlichkeit (5,8 %), aber einen höheren bei der Vorstufe (46,5 %) auf.

Gebrechlichkeit ist jedoch kein unveränderbarer Zustand. In mehreren Studien (u. a. Ng et al. 2015; Cesari et al. 2015) wurde gezeigt, dass gesundheitsfördernde Interventionen durch Health Professionals (mit Ernährungssupplementen und körperlichen Übungen) signifikant positive Auswirkungen auf die Gebrechlichkeit haben.

Während die meisten dieser Ansätze auf medizinischen Konzepten beruhen, weisen De Lepeleire et al. (2009) darauf hin, dass Gebrechlichkeit nicht nur als geriatrisches Syndrom verstanden werden sollte, sondern dass ein biopsychosoziales Modell wesentliche Beiträge zu ihrem Verständnis liefern kann. Hierbei werden neben den biologischen Einflussfaktoren auch psychologische und soziale berücksichtigt. Kolland (2011) fasst eine Reihe sozialer/soziologischer Bestimmungsfaktoren von Gebrechlichkeit zusammen, darunter der Verlust von informeller sozialer Unterstützung, soziale Isolation und ein niedrigerer sozialer Status.

Ausgehend von der zunehmenden Brisanz des Themas Gebrechlichkeit und dem multifaktoriellen Entstehungsprozess entwickelte das Zentrum für Public Health der Abteilung für Sozialmedizin der Medizinischen Universität Wien (MUW) ein Forschungskonzept, das sowohl Ernährungs- und Bewegungsinterventionen als auch sozialen Kontakt als zentrale Maßnahmen vorsah. Entscheidend neu an diesen Interventionen war, dass sie nicht von Health Professionals, sondern von geschulten Laien, den ehrenamtlichen Gesundheitsbuddys, durchgeführt wurden. Als besonders innovativ erwies sich darüber hinaus der Ansatz einer dreifachen Prävention: sowohl die Buddys als auch die gebrechlichen oder von einer Vorstufe von Gebrechlichkeit betroffenen Personen setzten sich in diesem Projekt intensiv mit ihrer Gesundheit auseinander, beide machten Kraftübungen und beide erfuhren etwas über förderliche Ernährung. Daher enthielt dieses Projekt gleichzeitig eine Maßnahme der Primärprävention, nämlich bei den Buddys, die aufgrund dieser Intervention möglichst gar nicht in ein Stadium der Gebrechlichkeit kommen sollten, eine Maßnahme der Sekundärprävention bei den Menschen, welche von einer Vorstufe von Gebrechlichkeit betroffen waren, deren Zustand nicht weiter fortschreiten sollte, und schließlich eine Maßnahme der Tertiärprävention bei den gebrechlichen Menschen, bei denen der Schweregrad ihres Zustandes verringert, eine Ausweitung der Beeinträchtigungen verhindert und Folgeerscheinungen reduziert werden sollten.

4.2 Das Gesund fürs Leben-Forschungsprojekt

Im Frühjahr 2012 trat das Zentrum für Public Health der MUW auf der Suche nach einer/m PartnerIn mit Erfahrung im Freiwilligen-Management an das Wiener Hilfswerk heran, ein gemeinnütziges Nonprofit-Unternehmen, das professionelle soziale Dienstleistungen, wie z. B. Hauskrankenpflege, Tagesmütter oder Wohnungslosenhilfe, anbietet sowie Nachbarschaftszentren und Sozialmärkte betreibt. In einem ersten Schritt wurden vorhandene Freiwillige ausgewählt, um das für die geplante Studie vorgesehene Schulungsprogramm zu evaluieren. Darauf aufbauend reichte die MUW das Studienkonzept zur Förderung beim Wiener Wissenschafts- und Technologiefonds (WWTF) ein und startete das Forschungsprojekt nach erfolgter Bewilligung durch den WWTF im Sommer 2013.

Zielsetzung des Projekts war es herauszufinden, welche Effekte regelmäßige Hausbesuche durch ehrenamtliche Gesundheitsbuddys und die Durchführung von Kraftübungen sowie die Information über förderliche Ernährung bei gebrechlichen oder von einer Vorstufe von Gebrechlichkeit betroffenen und/oder mangelernährten Personen, aber auch bei den Gesundheitsbuddys selbst bewirken. Insgesamt sollte die Health Literacy aller Beteiligten gesteigert werden, indem sie mehr über gesundheitsförderliches Verhalten erfahren und gemeinsam mit einer zweiten Person im persönlichen Kontakt daran arbeiten, dieses Verhalten tatsächlich zu realisieren.

4.2.1 Aufbau des Projekts

Das Studiendesign sah eine randomisierte Zuteilung der Paare zu einer Interventions- oder einer Kontrollgruppe vor. In der Interventionsgruppe führten die Gesundheitsbuddys mit den von ihnen besuchten Personen Kraftübungen durch und sprachen mit ihnen über Ernährungsempfehlungen, während die Buddys in der Kontrollgruppe angewiesen waren, keine körperlichen Übungen zu machen und bei den Gesprächen Ernährungsthemen auszuklammern.

Weil die Kraftübungen nicht zu selten durchgeführt werden dürfen, wenn messbare Veränderungen bewirkt werden sollen, wurde eine Frequenz von zwei Hausbesuchen pro Woche über einen Zeitraum von sechs Monaten festgelegt. Da auch die ursprünglich der Kontrollgruppe zugeordneten Personen die Möglichkeit bekommen sollten, Kraftübungen zu machen und über Ernährung zu sprechen, waren für sie nur die ersten drei Monate übungsfrei; danach durften auch sie an der Intervention teilnehmen.

Vor dem ersten Treffen zwischen dem Buddy und der von ihm besuchten Person erfolgte eine Baseline-Messung (u. a. Handkraft, Blutabnahme, Gleichgewicht, Fragebögen zu Sturzangst und Lebensqualität). Nach drei und nach sechs Monaten gab es eine erneute Messung.

Sowohl die besuchten Personen als auch die Gesundheitsbuddys wurden anfangs darüber aufgeklärt, dass sie das Projekt jederzeit ohne negative Konsequenzen verlassen konnten. Es wurde ihnen darüber hinaus offengelassen, nach dem Ende der offiziellen Studienphase von sechs Monaten die Treffen fortzusetzen und deren Häufigkeit an die jeweiligen Bedürfnisse anzupassen.

Buddys und besuchte Personen unterschrieben Teilnahmevereinbarungen und waren während des gesamten Projekts haftpflicht- und unfallversichert. Die Buddys erhielten einen Fahrtkostenersatz.

Die Einschulung der Buddys bestand in der ersten Rekrutierungswelle aus drei Abenden zu je drei Stunden. Darin erfolgte die Vermittlung von Basiswissen über Gebrechlichkeit und Mangelernährung sowie das Kennenlernen und Einüben der Mobilisierungs- und Kraftübungen in zwei Varianten, einer leichteren, die für die besuchten Personen vorgesehen war, und einer schwierigeren für die Buddys selbst. Aufgrund von Rückmeldungen der Buddys wurde für die weiteren Wellen ein zusätzlicher Abend angeboten, an dem neben der Wiederholung und Festigung der bis dahin vermittelten Inhalte und Übungen auch psychologische Aspekte der Kommunikation und des Umgangs mit älteren, funktionell eingeschränkten Menschen beleuchtet wurden.

4.2.2 Die Hausbesuche

Meist dauerten die Besuche zwischen einer und zweieinhalb Stunden. Eingebettet in Gespräche – über Ernährung, aber (viel häufiger) auch über Geschehnisse des Alltags, biografische Erinnerungen oder gesundheitliche Vorkommnisse – fand das Bewegungsprogramm statt. Es setzte sich aus einfachen Übungen zur Mobilisierung und einem aus sechs Übungen zu je 12–15 Wiederholungen bestehenden Kraftzirkel zusammen, der zweimal durchgeführt werden sollte.

Das Wohl der gebrechlichen Personen stand bei der Anwendung der Übungen stets im Vordergrund. Traten Schmerzen auf oder konnten die Übungen aufgrund der Tagesverfassung nicht oder nur teilweise durchgeführt werden, so waren die Buddys angehalten, das Programm dem aktuellen Befinden der besuchten Personen anzupassen, Übungen auszulassen, Wiederholungen zu reduzieren und sich ganz allgemein am konkreten physischen und psychischen Zustand der Person zu orientieren. Manchmal mussten daher die Kraftübungen zur Gänze weggelassen werden. Als besonders herausfordernd für die Buddys erwies sich bei solchen Abweichungen vom geplanten Programm, wie sie die gebrechlichen Personen dennoch weiterhin motivieren und anspornen konnten, ohne sie zu überfordern, und wie sie die Übungsfolgen so passend wie möglich gestalten konnten.

Gerade für Betreuungssituationen, in denen die Übungen nicht in vorgesehener Form und gewünschtem Ausmaß durchgeführt werden konnten, war die begleitende Hotline der Physiotherapeutin sehr unterstützend, denn dort konnten sich die Buddys Informationen und Ratschläge holen, die ihnen für ihre Besuche Sicherheit gaben.

Gemeinsam mit dem Wiener Hilfswerk erarbeitete die MUW einen standardisierten Ablauf, wie vorzugehen ist, wenn ein Buddy zum vereinbarten Termin zur gebrechlichen Person kommt und vor verschlossener Tür steht. Auch dieses Prozedere erhöhte die Handlungssicherheit der Buddys in erheblichem Maße.

4.2.3 Ablauf des Projekts

Im Sommer 2013 begann das Wiener Hilfswerk mit der Rekrutierung der ersten Gesundheitsbuddys. Diese erste Gruppe wurde im September 2013 geschult. Die ursprünglich vorgesehene gleichzeitige Gewinnung von gebrechlichen Personen in Krankenhäusern (geriatrische Abteilungen) erwies sich als nicht zielführend, da die PatientInnen in der Phase der Entlassung aus dem Spital so viele Bewältigungsschritte zu schaffen hatten, dass eine zusätzliche Herausforderung, der Besuch einer fremden Person in der eigenen Wohnung, für die allermeisten unvorstellbar war. In dieser Situation zeigte sich einerseits die Beteiligung des Wiener Hilfswerks als hilfreich, weil Klienten der mobilen sozialen Dienste angesprochen und zur Teilnahme am Projekt eingeladen werden konnten. Andererseits führten gute Kontakte der Sportunion zu Journalisten dazu, dass ein großer Aufruf in einer auflagenstarken Tageszeitung erschien, der einen regen Zulauf an interessierten gebrechlichen Personen brachte.

Von Frühjahr bis Herbst 2014 wurden in vier weiteren Wellen Gesundheitsbuddys aufgenommen, geschult, getestet und nach einer Zufallsauswahl mit jeweils einer gebrechlichen und/oder mangelernährten Person in Verbindung gebracht, die sie ab dann regelmäßig besuchten. Die Inhalte dieser Besuche mussten sie in von der MUW bereitgestellten Formularen dokumentieren (◘ Abb. 4.1).

Als Material für die Besuche stellte die MUW den Buddys und den von ihnen besuchten Menschen Therabänder, „Bewegungskalender" (im Format eines Tischkalenders, auf dem die Bewegungsübungen abgebildet und Anleitungen dazu aufgedruckt waren), Ernährungshandbücher und Rezeptbroschüren zur Verfügung.

Im Juni 2015 erfolgten die letzten Messungen und anschließend wurden die Messergebnisse der drei Zeitpunkte ausgewertet.

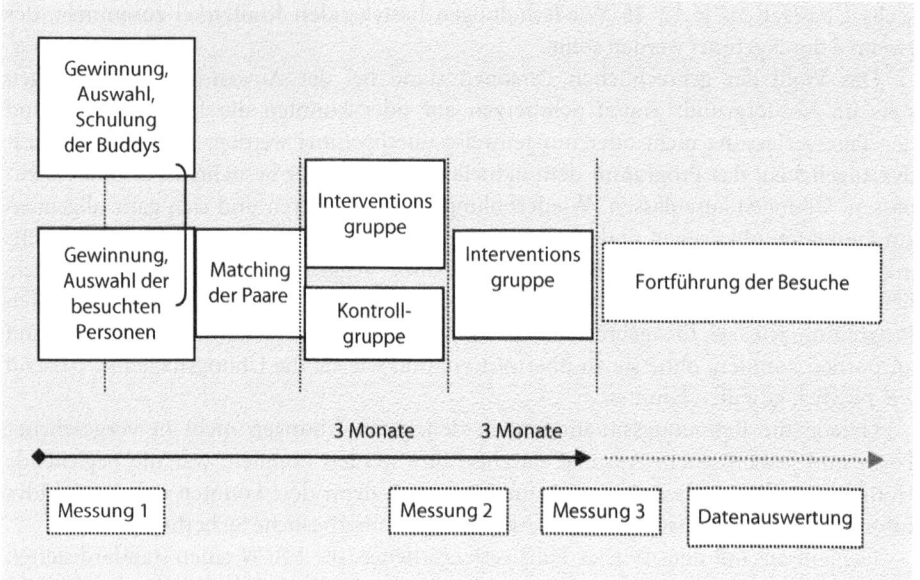

Abb. 4.1 Zeitplan-Übersicht

4.2.4 NetzwerkpartnerInnen

Die Leitung des Projekts oblag dem Zentrum für Public Health der MUW. Hier entstand die Idee zum Forschungsprojekt, wurde um Fördergelder angesucht und arbeitete eine Reihe von wissenschaftlichen MitarbeiterInnen unter der Leitung von Prof. Dr. Thomas E. Dorner an der Realisierung des Forschungsvorhabens. Drei DissertantInnen und mehrere MasterstudentInnen des Studiengangs Public Health waren maßgeblich daran beteiligt, interessierte potenzielle TeilnehmerInnen, die besucht werden wollten, anhand vorgegebener Ein- und Ausschlusskriterien auszuwählen und die Messungen an ihnen wie auch an den Gesundheitsbuddys vorzunehmen. Die Rekrutierung der Buddys erfolgte u. a. mittels Informationsveranstaltungen im Wiener Hilfswerk, an denen auch MitarbeiterInnen der MUW teilnahmen. Die Einschulungen der Buddys fanden in Seminarräumen des Wiener Hilfswerks statt und wurden überwiegend ebenfalls von MitarbeiterInnen der MUW durchgeführt.

Insgesamt stellte sich das Netzwerk der am Projekt Beteiligten wie in ◘ Abb. 4.2 aufgeführt dar.

Zur Umsetzung des Projekts kooperierte das Zentrum für Public Health der MUW mit folgenden PartnerInnen:

- **Sportunion**

Diese österreichweit agierende Sportorganisation erarbeitete die Mobilisierungs- und Kraftübungen, die für die Bewegungsinterventionen genutzt wurden, und stellte ein Gerät für die Messung von Arm- und Beinkraft der Buddys zur Verfügung, hatte aber keinen direkten Kontakt mit StudienteilnehmerInnen.

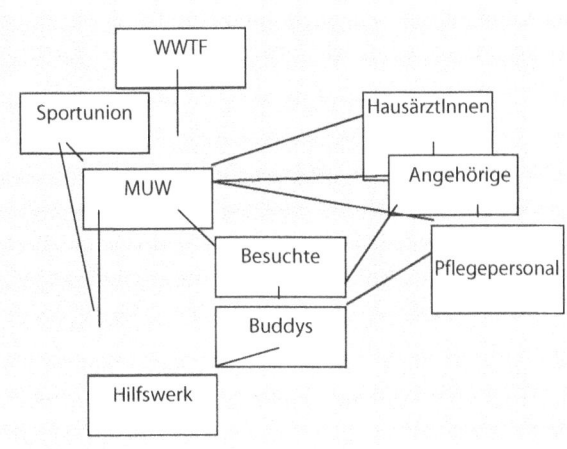

Abb. 4.2 Netzwerk der am Projekt Beteiligten in der Interventionsstudie der MUW

- **Wiener Hilfswerk**

Die Rekrutierung, Auswahl und Koordination der Gesundheitsbuddys lagen im Verantwortungsbereich des Hilfswerks, außerdem die Organisation von Informationsabenden, Einschulungen, Fortbildungen und Supervisionen. Die Koordination der Buddys umfasste regelmäßige Austauschtreffen, an denen meist auch ProjektmitarbeiterInnen der MUW teilnahmen, und telefonische oder persönliche Gespräche bei Problemen mit den besuchten Personen oder deren Angehörigen. Das Wiener Hilfswerk unterstützte das Projekt auch bei der Gewinnung von betreuten Personen, indem KlientInnen von bezahlten Sozialen Diensten (Hauskrankenpflege, Heimhilfe) auf die Möglichkeit hingewiesen wurden, an dem Projekt teilzunehmen.

Neben diesen beiden engsten KooperationspartnerInnen erwiesen sich zwei weitere Institutionen für das Projekt als sehr förderlich:

- **Physio Austria**

Die anfängliche berufspolitische Skepsis, Ehrenamtliche würden Aufgaben übernehmen, die ausgebildeten Physiotherapeutinnen und -therapeuten vorbehalten sind, konnte in einem Gespräch zwischen MUW, Wiener Hilfswerk und einem Vorstandsmitglied des Berufsverbands für PhysiotherapeutInnen ausgeräumt werden. Durch die Erläuterung der definierten Ein- und Ausschlusskriterien wurde klargestellt, dass das Aufgabengebiet der Ehrenamtlichen keine Beschneidung der professionellen Angebote, sondern vielmehr in manchen Fällen sogar eine sinnvolle Ergänzung dazu darstellt. Das Gespräch führte einerseits zu zufriedenstellenden Abgrenzungen der Tätigkeitsfelder und mündete andererseits im Angebot einer Physiotherapeutin, eine begleitende Telefon- und Email-Hotline für die Gesundheitsbuddys einzurichten.

- **Verband der Diätologen Österreichs**

Am oben beschriebenen Gespräch nahm auch eine Vertreterin des Verbands der Diätologen Österreichs teil. Grund dafür war auch hier die Frage, inwieweit die von den

Gesundheitsbuddys vermittelten Ernährungstipps berufsständische Interessen berühren konnten. Auch hier konnten die Bedenken ausgeräumt werden und ein Mitglied des Verbands der DiätologInnen bot eine telefonische Hotline für Ernährungsfragen an.

Weitere für das Projekt relevante PartnerInnen, die über die Projektziele und -maßnahmen informiert wurden, waren Angehörige der von den Buddys besuchten Personen, Hausärzte und im jeweiligen Haushalt tätiges Pflege- oder Betreuungspersonal.

Die Abstimmung zwischen den ProjektpartnerInnen, die Reflexion des Projektfortschritts und die Planung nächster Schritte erfolgten in regelmäßigen Projektmeetings, die von der MUW koordiniert wurden. Daran nahmen Vertreter des Forschungsteams der MUW, des Wiener Hilfswerks, der Sportunion, sowie die Physiotherapeutin teil, welche die Hotline für die Buddys anbot. Diese Meetings dienten auch dazu, gemeinsam Lösungen für Problemstellungen zu erarbeiten, mit denen das Projekt in seinem Verlauf konfrontiert war, z. B. die entgegen der ursprünglichen auf einer früheren PatientInnenbefragung beruhenden Annahme äußerst unergiebige Gewinnung von ProjektteilnehmerInnen in Krankenhäusern.

4.2.5 Ergebnisse

Von September 2013 bis Juni 2015 nahmen 84 ehrenamtliche Gesundheitsbuddys und 80 gebrechliche und/oder mangelernährte Personen am Projekt teil. Das Durchschnittsalter der Buddys betrug 60 Jahre, jenes der zu Hause Besuchten 83 Jahre. Sowohl die Buddys als auch die besuchten Personen waren überwiegend weiblich (89 % bzw. 84 %). Insgesamt zeigten sich signifikante Effekte der Hausbesuche bei den besuchten Personen bei mehreren erhobenen Parametern.

- **Sturzangst**

Stürze in höherem Lebensalter führen oft zu schwerwiegenden Knochenbrüchen, beeinträchtigen darüber hinaus aber auch das Selbstwertgefühl und das Selbstvertrauen und verringern die Bereitschaft der betroffenen Personen, weiter aktiv zu bleiben. Die Angst vor Stürzen und tatsächliche Stürze stehen in Wechselwirkung miteinander. Sturzangst reduziert die Lebensqualität und erhöht die Wahrscheinlichkeit weiterer Stürze. Kapan et al. (2017) zeigten, dass das von den Gesundheitsbuddys durchgeführte Bewegungsprogramm in Kombination mit den Ernährungsgesprächen zu einer signifikanten Abnahme der Sturzangst um etwa 10 % führte.

- **Handkraft**

Die Handkraft als ein Indikator für Gebrechlichkeit nahm durch die Intervention im Vergleich zur Baseline signifikant und in einem klinisch bedeutsamen Ausmaß zu (was einer Abnahme der Gebrechlichkeit entspricht; Haider et al. 2016). Dieser Effekt lässt sich mit den Wirkungen vergleichen, welche durch Health Professionals erzielt werden. Allerdings zeigten sich in Übereinstimmung mit dem biopsychosozialen Modell von Gebrechlichkeit auch in der Kontrollgruppe bei den gebrechlichen Personen signifikante Zuwächse der Handkraft.

- **Ernährungsstatus**

Da ein schlechter Ernährungsstatus den Übergang von Vulnerabilität zu Gebrechlichkeit und schließlich zu völliger Abhängigkeit beschleunigt (Luger et al. 2016a), setzte das Projekt parallel zu den körperlichen Übungen auch bei den Ernährungsgewohnheiten an. Gleichzeitig erhöhen körperliche Einschränkungen, die sich – wie z. B. die Gebrechlichkeit – auf Aktivitäten des täglichen Lebens unmittelbar negativ auswirken, das Risiko einer verringerten Nahrungsaufnahme und folglich von Mangelernährung. Luger et al. (2016b) zeigten, dass die von den Gesundheitsbuddys vermittelten Ernährungsempfehlungen zu einem um 25 % verbesserten Ernährungsstatus bei den von ihnen besuchten Personen führten. Auch dieses Ergebnis kann mit den Wirkungen verglichen werden, die von ausgebildeten Health Professionals erzielt werden.

Aber auch nur die Hausbesuche allein (ohne Ernährungsgespräche und Kraftübungen) wirkten sich positiv auf den Ernährungsstatus der besuchten Personen aus. Das kann nach Luger et al. (2016b) darauf zurückzuführen sein, dass die gebrechlichen Menschen durch die Besuche dazu angeregt wurden, sich gesundheitsbewusst zu verhalten.

- **Lebensqualität**

Lebensqualität kann als „… a subjective multidimensional construct reflecting functional status, emotional and social wellbeing, as well as general health." (Luger et al. 2016b, S. 141) definiert werden. Sie zeigen, dass der Ernährungsstatus eng mit der subjektiv eingeschätzten Lebensqualität verbunden ist. Daraus folgt, dass zur Förderung bzw. Erhaltung der Lebensqualität älterer Menschen der Faktor Ernährung stets mit berücksichtigt werden sollte. Dies gilt auch unter insofern erschwerten Bedingungen, als die Gesundheitsbuddys bis auf wenige Ausnahmen übereinstimmend darüber berichteten, dass die Vermittlung von Ernährungsbotschaften bei den von ihnen Besuchten, hochbetagten Menschen häufig sehr schwierig war, weil festgefahrene und lieb gewonnene Ernährungsgewohnheiten zu einer starken Abwehr von Empfehlungen führten. Im Unterschied zu den sehr willkommenen körperlichen Übungen erwiesen sich die Ernährungstipps als hochgradig unwillkommen.

4.2.6 Teilnahmemotivation der gebrechlichen Personen

Parallel zu der Erhebung der Gesundheitsparameter durch die MUW erfasste Schlegl (2016) bei den von Gesundheitsbuddys besuchten Personen die Beweggründe zur Projektteilnahme.

Dabei stellten sich physische, soziale und die Lebensqualität betreffende Gründe als vorrangige Motivationsfaktoren heraus. Zum einen ging es den TeilnehmerInnen um die Verbesserung ihrer Beweglichkeit, erhöhte Sicherheit beim Gehen und die Hoffnung, dass Bewegung zu einer Schmerzlinderung beitragen würde. Ein zentrales Motiv war dabei der Wunsch, mobiler und dadurch autonomer zu werden. Damit in unmittelbarem Zusammenhang stand als Motivationsfaktor die daraus resultierende Lebensqualität, welche sich auch darin zeigte, die üblichen Aktivitäten des täglichen Lebens selbstständig durchführen zu können und niemandem zur Last zu fallen. Interessanterweise wurden diese Faktoren als motivierend genannt, auch wenn es bereits eine Betreuung durch Health Professionals gab. Die Teilnahme am Projekt sollte einen zusätzlichen positiven Effekt haben. Des Weiteren förderte und unterstützte das soziale Umfeld die Projektteilnahme der gebrechlichen Personen, für die das Projekt außerdem dadurch attraktiv war, dass es wegen der Hausbesuche leicht zugänglich und überdies mit einem wissenschaftlichen Hintergrund verbunden war.

- **Drop-out Rate**

Die Drop-out Rate bei dem durch geschulte Laien angebotenen Übungsprogramm war nicht höher als bei Interventionen, die durch qualifizierte Health Professionals durchgeführt werden (Haider et al. 2017).

4.2.7 Gesundheitliche Effekte für die Gesundheitsbuddys

Derzeit noch nicht publizierte, aber im Rahmen einer Veranstaltung des Wiener Hilfswerks im November 2015 vom Projektleiter präsentierte vorläufige Auswertungsergebnisse deuten darauf hin, dass das Projekt auch bei den Buddys signifikante positive Effekte hatte. Da sich insbesondere Personen für die Teilnahme als Gesundheitsbuddys interessierten, die im Durchschnitt ein recht hohes Gesundheitsbewusstsein und vermehrt förderliches Gesundheitsverhalten zeigten, war es nicht verwunderlich, dass keine so deutlichen Zuwächse wie bei den gebrechlichen Personen erzielt wurden. Dennoch nahm die Handkraft nach 12 Wochen signifikant zu.

Als wesentliche Stärken des Forschungsprojekts stellte sich die Durchführung des Programms durch geschulte ehrenamtliche Gesundheitsbuddys anstelle von Health Professionals heraus (Haider et al. 2017). Die Buddys boten die Besuche freiwillig und völlig unentgeltlich an. Das alleine gibt den Besuchen laut übereinstimmenden Aussagen von Hilfeempfängern einen besonderen Wert – die Ehrenamtlichen erbringen ihre Leistungen nicht für Geld, sondern infolge einer inneren Motivation, den ihnen anvertrauten Menschen zuliebe. Das macht für diese einen spürbaren Unterschied. Und außerdem besuchte jeder Buddy immer nur eine gebrechliche Person, was bei den besuchten Personen den Eindruck einer exklusiven, nur ihnen geltenden Zuwendung entstehen ließ, was vermutlich mit ein Grund dafür war, dass in vielen Fällen sehr stabile soziale Beziehungen entstanden. Health Professionals hingegen sind normalerweise von einem Klienten zum nächsten unterwegs und können verständlicherweise einzelnen Klienten keine ausschließliche Betreuung zuteilwerden lassen. Zweitens erwies es sich als Stärke des Projekts, dass die Gesundheitsbuddys das Programm in den Wohnungen der gebrechlichen Personen durchführten. Damit wurde ein meist unüberwindbares Hindernis, zu einem Trainingsprogramm zu kommen, umgangen. Die eingeschränkte Mobilität der TeilnehmerInnen hätte den Besuch externer Trainingsangebote nur mit sehr hohem Aufwand erlaubt.

Den Berichten der Buddys konnte entnommen werden, dass sich der relativ geringe Altersunterschied zwischen ihnen und den von ihnen besuchten Personen sehr positiv auf die Übungs- und Anstrengungsbereitschaft der gebrechlichen Personen auswirkte. Anleitungen durch die Buddys wurden in der Regel bereitwilliger angenommen und das gemeinsame Üben bereitete den gebrechlichen Personen weniger Stress, weil auch die Buddys bereits in fortgeschrittenem Alter waren und die Diskrepanz der unterschiedlichen Beweglichkeit nicht so stark ausgeprägt war wie im Vergleich mit ganz jungen PhysiotherapeutInnen oder dem oftmals sehr jungen Personal in Kur- und Rehabilitationseinrichtungen, deren jugendliche Agilität eher als frustrierend und demotivierend eingeschätzt wurde.

Alles in allem stimmten die Forschungsergebnisse sehr zuversichtlich, dass ein Gesundheitsförderungsprojekt, das sich derselben Vorgangsweise bediente, Erfolg versprechend war. Die wissenschaftliche Evidenz für die Wirkung des Bewegungsprogramms und der Ernährungstipps lag somit vor, nun ging es darum zu überlegen, wie eine Umsetzung in ein Pilotprojekt ohne wissenschaftliche Beteiligung möglich sein könnte.

4.2.8 Rezeption

Der neue Ansatz zur Gesundheitsförderung bei Gebrechlichkeit in Kombination mit einem dreifachen Präventionszugang fand eine sehr positive Resonanz, auch über die wissenschaftliche Community hinaus. Mitglieder des Netzwerks wurden zu Konferenzen und Tagungen eingeladen, um das Projekt und die erzielten Wirkungen vorzustellen, z. B. zum 10. Gemeinsamen Österreichisch-Deutschen Geriatriekongress im März 2015 in Wien oder zur European Public Health Conference im Oktober 2015 in Mailand.

Im November 2014 wurde das Projekt vom Österreichischen Bundesministerium für Arbeit, Soziales und Konsumentenschutz als „Good Practice-Modell in der Bildungsarbeit mit älteren Menschen 2014" ausgezeichnet.

Die Wiener Gesundheitsförderung vergab im September 2015 bei der Verleihung des Wiener Gesundheitspreises 2015 den ersten Preis in der Kategorie „Gesund in Grätzel [Anm.: Stadtteil] und Bezirk" an das Gesund fürs Leben-Projekt.

Zusätzlich ergab sich eine hohe mediale Präsenz einerseits zunächst daraus, dass die ProjektpartnerInnen gezielt Medien ansprachen, um Buddys und gebrechliche Personen zu werben, andererseits bewirkten der innovative Zugang dieses Gesundheitsförderungsprojekts und die messbaren Effekte der Interventionen, dass Medien auch fast zwei Jahre nach Abschluss des Forschungsprojekts immer noch darüber berichteten.

Eine internationale Wirkung entfaltete das Gesund fürs Leben-Projekt schließlich durch eine EU-geförderte Lernpartnerschaft im Grundtvig-Programm für Lebenslanges Lernen. In deren Folge gelangten Informationen über das Projekt nach Potsdam, wurden dort vom Verein „Selbstbewusst altern in Europa" aufgegriffen und konnten 2016 in Kooperation mit dem Verein „Schickes Altern" im Ehrenamtlichen-Projekt „Ein Gesundheitsbuddy kommt zu Ihnen" mit Förderung durch die Robert-Bosch-Stiftung umgesetzt werden.

4.3 Resümee des Forschungsprojektes

Die Einbeziehung von Ehrenamtlichen machte einerseits den spezifischen innovativen Charakter dieses Projekts aus und bildete gewissermaßen dessen Kernstück, andererseits wurde sie zu einer der zentralen Herausforderungen für alle Beteiligten, weil die spezifische Logik und Herangehensweise im ehrenamtlichen Engagement für Forschungseinrichtungen eher ungewohnt ist und die Kooperation mit einer/m forschungsfremden PartnerIn, die/der über Know-how im Freiwilligen-Management verfügt, unumgänglich macht. Während die Medizinische Universität Wien die Rekrutierung und Betreuung der gebrechlichen Personen übernahm, wurde dem Wiener Hilfswerk die Rekrutierung und Betreuung der Gesundheitsbuddys übertragen. Diese vermeintlich trennscharfe Aufteilung wurde in der Praxis nicht durchgängig aufrechterhalten, denn natürlich wendeten sich die Buddys bei Fragen und Problemen teils an die Hotlines, teils an die MUW und immer wieder auch an das Wiener Hilfswerk. Auch die gebrechlichen Personen oder deren Angehörigen kontaktierten bei Fragen oder um einen Besuchstermin abzusagen nicht nur die Buddys, sondern auch die MUW oder das Wiener Hilfswerk. Daher war es von Beginn an unverzichtbar, die Arbeit der NetzwerkpartnerInnen kontinuierlich aufeinander abzustimmen, wichtige Informationen zu teilen und sich regelmäßig miteinander abzusprechen. Das erfolgte auf digitalem, telefonischem und persönlichem Weg.

Auch wenn ganz klar festgelegt war, welche/r PartnerInnen für welchen Aufgabenbereich die Verantwortung trug, brauchte es ein gewisses Maß an Flexibilität aller Beteiligten, um die im Projekt auftauchenden Hindernisse mit vereinten Kräften zu überwinden und so letztlich den Erfolg des Projekts gemeinsam zu sichern. Dazu gehörte auch, dass die zeitlichen Ressourcen nicht zu jedem Projektzeitpunkt passend verteilt waren, wodurch es zwischendurch erforderlich war, dass sich die NetzwerkpartnerInnen gegenseitig aushalfen, um möglichst im vorgesehenen Zeitplan zu bleiben.

Aus dem Aufbau des Projekts mit mehreren sehr unterschiedlichen NetzwerkpartnerInnen ergab sich zwar ein etwas höherer Abstimmungsbedarf, weil unterschiedliche Bereiche (u. a. Sportorganisation, soziales Dienstleistungsunternehmen, universitäre Forschungseinrichtung) verschiedenartige Vorgehensweisen favorisierten, aber gleichzeitig brachten die damit verbundenen vielfältigen Sichtweisen ein größeres Problemlösepotenzial und eine höhere Kapazität für die Überwindung von Schwierigkeiten mit sich.

Zur Erreichung des Projektzieles war es von Anfang an erforderlich, dass die Projektleitung der MUW im Netzwerk der KooperationspartnerInnen kontinuierlich die organisatorischen Fäden in der Hand behielt, die Abläufe in Absprache mit den PartnerInnen konsequent steuerte und ihre Führungsfunktion trotz einer Kommunikation auf Augenhöhe beständig wahrnahm.

Im Nachhinein betrachtet wären noch häufigere Abstimmungsgespräche vor Einreichung des Projekts beim WWTF und in der Anfangsphase der Umsetzung zweckmäßig gewesen. Dadurch hätten die ProjektpartnerInnen einander früher besser kennengelernt, und die Basis für die Kooperation hätte rascher stabilisiert werden können. Spätere Korrekturen von Abläufen hätten durch frühzeitigere Einbeziehung von zusätzlichem Know-how vermieden werden können.

4.4 Die weitere Entwicklung: wichtige Zwischenschritte

Nachdem erste Auswertungen positive Wirkungen der Hausbesuche und des dort durchgeführten Programms zeigten, begannen die am Projekt beteiligten Institutionen über zukünftige Möglichkeiten der Umsetzung der gewonnenen Erkenntnisse in den Alltag der Gesundheitsförderung nachzudenken. Daraus entstand das Konzept einer Veranstaltung, die im März 2015 stattfinden und möglichst viele InteressentInnen versammeln sollte, z. B. Organisationen, die als Projektträger infrage kämen, potenzielle Fördergeldgeber oder Dachverbände und Gesundheitsförderungsorganisationen, die als Multiplikatoren die Projektidee weiterverbreiten könnten.

Da die Gesundheitsbuddys als im Kern des Projekts Beteiligte in die Veranstaltung nicht nur als Gäste, sondern als Mitgestalter eingebunden werden sollten, fand im November 2014 ein vorbereitender Workshop im Wiener Hilfswerk statt. Dabei erarbeiteten die Buddys, was sie persönlich dazu bewegt hatte, beim Projekt weiterhin mitzumachen (Erfolgsfaktoren) und was das Projekt noch erfolgreicher machen könnte (Verbesserungsvorschläge). Zu den Erfolgsfaktoren zählten die Buddys u. a. den Informations- und Erfahrungsaustausch untereinander und mit den Projektverantwortlichen in den regelmäßigen Buddytreffen, die Betreuung der Buddys durch Profis sowie die Schulungen und das zur Verfügung gestellte Informations- und Trainingsmaterial. Zur Verbesserung des Projekts könnten ihrer Einschätzung nach z. B. noch strengere Ein- und Ausschlusskriterien bei der Auswahl der gebrechlichen Personen, eine engere Zusammenarbeit mit dem Gesundheitssystem (z. B. mit Hausärzten), um die Gesundheitsbuddys dauerhaft zu etablieren, sowie die Einbeziehung von Gedächtnisübungen in das Programm der Besuche beitragen.

Die Ergebnisse des Workshops wurden zusammengefasst und von den Buddys in die Veranstaltung im März 2015 eingebracht, welche als „Nachhaltigkeitskonferenz" angekündigt und von etwa 20 Vertretern von Institutionen aus ganz Österreich, darunter Ministerien, Gesundheitsförderungseinrichtungen und soziale Dienstleistungsorganisationen, besucht wurde. Es gelang mit dieser Veranstaltung, an der alle am Projekt beteiligten NetzwerkpartnerInnen teilnahmen, das Interesse an einer Übertragung der Forschungsergebnisse in ein Gesundheitsförderungsprojekt zu verstärken und damit den Grundstein dafür zu legen, dass das im Folgenden beschriebene Pilotprojekt bei potenziellen Fördergeldgebern eingereicht werden konnte und gute Chancen hat realisiert zu werden.

4.5 Das Gesund fürs Leben-Umsetzungsprojekt

Nachdem die Medizinische Universität Wien das Forschungsprojekt beendet hatte, begann das Wiener Hilfswerk mit der Entwicklung eines Umsetzungsprojekts, das auf den Erkenntnissen der Studie aufbaut, neue Förderquellen erschließen und eine den neuen Gegebenheiten entsprechende Struktur aufweisen sollte. Auf der Basis von Gesprächen mit potenziellen Fördergeldgebern, ProjektmitarbeiterInnen der MUW-Studie und internen Stakeholdern im Wiener Hilfswerk entwickelte die Stabsstelle für Freiwilligen-Management ein Konzept für ein Pilotprojekt, das bei der Wiener Gesundheitsförderung und bei der Gesundheit Österreich GmbH – Fonds Gesundes Österreich zur Förderung eingereicht wurde.

4.5.1 Konzept

Dieses Umsetzungsvorhaben unterscheidet sich vom ursprünglichen Forschungsprojekt nicht in der Zielsetzung – auch hier geht es um die Verbesserung des Gesundheitszustandes von gebrechlichen Menschen im Alter von 60+ und von Ehrenamtlichen im Alter von 50+ – oder im Kern des Projekts, denn es ist erneut so aufgebaut, dass geschulte Gesundheitsbuddys mit den von ihnen besuchten Personen in einem 1:1-Setting in deren Wohnung körperliche Übungen machen und über Ernährung sprechen.

Durch den Wegfall der MUW als Filter bei der Auswahl der für eine Teilnahme geeigneten gebrechlichen Personen ist im Unterschied zur vorherigen Projektarchitektur zur Absicherung der Buddys und zur Risikoverkleinerung ein zweistufiger Auswahlprozess geplant, der anhand ausgewählter Ausschlusskriterien eine Eignungseinschätzung durch den jeweiligen Hausarzt und ein Assessment durch eine/n PhysiotherapeutIn vorsieht. Die Schulung der Buddys soll weiterhin überwiegend durch Mitglieder des ursprünglichen Projektteams der MUW durchgeführt werden.

Für den Zeitraum zwischen Mitte 2017 und Mitte 2019 ist die Aufnahme von 200 Gesundheitsbuddys und 200 gebrechlichen Personen geplant. In der ersten, drei Monate dauernden Phase finden die Hausbesuche der Buddys zweimal pro Woche statt, anschließend für weitere sechs Monate mindestens einmal wöchentlich. Wie auch schon beim Forschungsprojekt ist eine Weiterführung der Besuche anschließend möglich.

4.5.2 Aufbau

Für die Steuerung des Projekts wird im Wiener Hilfswerk eine Projektleitung eingerichtet, der eine zentrale Koordinationsstelle zugeordnet ist. Letztere wählt jeden Gesundheitsbuddy aus, bringt ihn mit einer gebrechlichen Person in Verbindung und trägt die Verantwortung für das Case Management zwischen Buddy, besuchter Person, Hausarzt, Physiotherapeutin, Angehörigen sowie sonstigen Pflege- und Betreuungspersonen. Von den 200 Paaren werden 50 direkt von dieser Stelle betreut, die übrigen 150 werden zu je 15 den FreiwilligenkoordinatorInnen der zehn Nachbarschaftszentren des Wiener Hilfswerks zur Betreuung zugeordnet. Insgesamt stellt sich das Netzwerk der am geplanten Umsetzungsprojekt Beteiligten wie in ◘ Abb. 4.3 aufgeführt dar.

Regelmäßige Steuerungssitzungen der Projektleitung mit der zentralen Koordinationsstelle und der Physiotherapeutin, Abstimmungsmeetings zwischen zentraler Koordinationsstelle und dezentralen Koordinatoren in den Nachbarschaftszentren sowie Buddy-Treffen zum Erfahrungsaustausch und zur Weitergabe von Informationen sind geplant.

Zur Vorbereitung der Einbeziehung von Hausärzten wurden Kontakte zur Österreichischen Gesellschaft für Allgemeinmedizin und zur Ärztekammer Wien aufgebaut. Der schon seit dem Forschungsprojekt bestehende Kontakt zu Physio Austria, dem Dachverband der österreichischen Physiotherapeuten, wurde weiter vertieft, um auch dem Umsetzungsprojekt eine möglichst breite Unterstützung zu sichern.

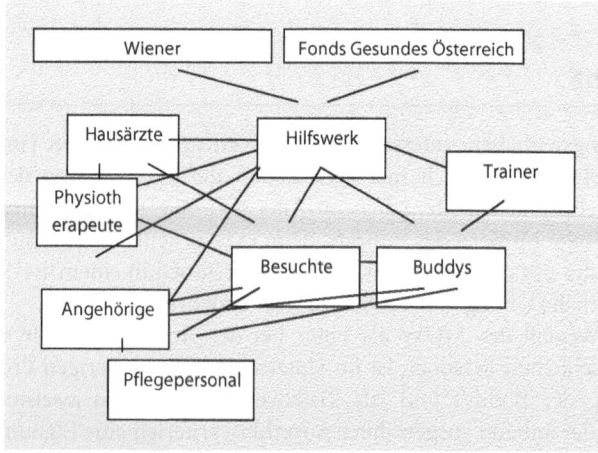

◘ Abb. 4.3 Netzwerk der am geplanten Umsetzungsprojekt Beteiligten

4.6 Schlussfolgerungen

Aus den Erfahrungen mit dem Forschungsprojekt der Medizinischen Universität Wien und den Überlegungen bei der Konzipierung des Umsetzungsprojekts lassen sich aus unserer Sicht mehrere Schlussfolgerungen und Empfehlungen für gesundheitsfördernde Projekte mit starkem Netzwerkcharakter ableiten.

Vor dem Start eines netzwerkartig angelegten Projekts sollte besonderes Augenmerk auf die Auswahl geeigneter NetzwerkpartnerInnen gelegt werden und die Abstimmung der jeweiligen Interessen sowie die Engführung auf ein gemeinsames Ziel weitgehend geschafft sein. Dieser Schritt braucht den persönlichen Kontakt und die unmittelbare Absprache, weil es hierbei v. a. auch darum geht, gegenseitiges Vertrauen und ein gemeinsames Verständnis aufzubauen.

Auch wenn es um ein Netzwerk mit relativ gleichwertigen PartnerInnen geht bzw. wenn durch die spezifischen Kompetenzen der einzelnen NetzwerkpartnerInnen jeder von ihnen einen unverzichtbaren Beitrag zum Gelingen des Gesamtprojekts leistet und daher möglicherweise mehrere NetzwerkpartnerInnen einen hohen Stellenwert im Netzwerkgefüge für sich beanspruchen, braucht es unserer Ansicht nach eine/n NetzwerkpartnerIn, der ganz klar die Führungsrolle für sich beansprucht und sich auch entsprechend verhält. Vermutlich wird das bei der überwiegenden Anzahl der Projekte der/die InitiatorIn sein.

In einer netzwerkartigen Kooperation kann sich jene/r PartnerIn, der/die die Führung übernimmt, jedoch in der Regel nicht auf hierarchische Verhältnisse beziehen und daraus Autorität ableiten. Ein Akteur in der Führungsrolle muss üblicherweise Beziehungen auf Augenhöhe gestalten, um ein dauerhaftes Commitment der NetzwerkpartnerInnen zu erreichen und trotz aller organisationalen Unterschiede gemeinsam an einem Strang zu ziehen. Hierfür scheinen laterale Führungskonzepte besonders zweckmäßig zu sein. Drei maßgebliche Grundkomponenten des lateralen Führens treffen da uneingeschränkt zu (Kühl 2017): Aufbau von Vertrauen, Verständigung auf eine gemeinsame Sichtweise und Autorität ohne Positionsmacht.

Als leitende/r NetzwerkpartnerIn gelingt es aus unserer Sicht Vertrauen aufzubauen, wenn man durchgängig glaubwürdig bleibt, als Person integer ist, Worte und Taten kongruent sind und sowohl eine inhaltliche als auch eine methodische Kompetenz sicht- und spürbar ist.

Die Verständigung auf eine übereinstimmende Sichtweise und einen gemeinsamen Sinn der Kooperation erfolgt nicht nur zu Beginn des gemeinsamen Vorhabens, sondern kann als fortlaufender Prozess aufgefasst werden, der immer wieder in entsprechenden Gesprächen und Meetings aktualisiert werden sollte, um sicherzustellen, dass die beteiligten PartnerInnen weiterhin die gemeinsame Sichtweise teilen und gemeinsame Interessen in den Vordergrund stellen bzw. dass Änderungen miteinander abgestimmt und von allen mitgetragen werden.

Autorität ohne Bezug auf Positionsmacht schließlich bezieht ihre Legitimität u. a. aus der vorhandenen fachlichen und methodischen Expertise, dem Netzwerk an Beziehungen und externen Kontakten über das gegebene Projekt hinaus und aus der Entscheidungsbefugnis über Ressourcen.

Mit Bezug auf das beschriebene Forschungsprojekt verspricht das Umsetzungsprojekt insofern den beschriebenen Kriterien gerecht zu werden, weil einige Kooperationen weitergeführt werden und dabei auf bestehende Vertrauensbeziehungen und ein gemeinsames Verständnis des Vorhabens aufbauen können, auch wenn die

Projektleitung nunmehr von der Medizinischen Universität auf das Wiener Hilfswerk übergehen wird. Durch das geplante Auswahlprozedere mit Hausärzten und physiotherapeutischem Assessment soll ein Ausgleich für die fachliche Autorität der MUW gefunden werden. Es ist davonauszugehen, dass die Führungsrolle des Wiener Hilfswerks durch die Vorgeschichte der Beteiligung an dem Forschungsprojekt und dem dadurch entstandenen Know-how sowie den Beziehungen zu relevanten Stakeholdern unterstützt wird.

In diesem Zusammenhang halten wir es für wesentlich, die Bereitschaft der NetzwerkpartnerInnen, sich auch über einen längeren Zeitraum kontinuierlich am Projekt zu beteiligen und die vorgesehenen Ressourcen auch tatsächlich dafür freizuspielen, vorweg abzuklären und im besten Fall vertraglich abzusichern.

Da die internen Umstände der einzelnen ProjektpartnerInnen oft sehr unterschiedlich sind und im Laufe eines längeren Projekts mit Veränderungen zu rechnen ist, braucht es Strukturen für eine regelmäßige und engmaschige Kommunikation, damit der Projektablauf ständig reflektiert und gegebenenfalls sehr rasch adaptiert werden kann. Vor allem aber dienen diese Absprachen aus unserer Sicht besonders dazu, alle Beteiligten kontinuierlich „im Boot zu halten" und ihr Commitment immer wieder aufzufrischen, was insbesondere dann gut gelingt, wenn Zwischenerfolge kommuniziert und vielleicht sogar miteinander gefeiert werden. In diesem Sinn ist geplant, beim bevorstehenden Umsetzungsprojekt die Kommunikationsschienen noch intensiver als bisher zu nutzen und die Frequenz der Abstimmungsmeetings zu erhöhen.

Für mögliche zukünftige Netzwerkkooperationen lohnt es sich, Projekte gut abzuschließen, die Ergebnisse transparent zu machen, die gemeinsamen Errungenschaften zu feiern und einen offiziellen Schlusspunkt zu setzen, der für alle Beteiligten stimmig ist. So bleiben positive Stimmungen zurück, die für zukünftige Kooperationsprojekte genutzt werden können, sodass dort dann bereits auf vorhandenen vertrauensvollen Beziehungen aufgebaut werden kann.

Projektvorhaben wie die hier beschriebenen gewinnen durch einen netzwerkartigen Aufbau zwar an Komplexität und erfordern dadurch mehr Abstimmungsprozesse, erschließen aber gleichzeitig vielfältigere Ressourcen und (Feld-)Kompetenzen, die in Summe, sofern das Netzwerk gut organisiert und mit professioneller Führung ausgestattet ist, kreativitätsfördernde Differenzen öffnen und innovative Entwicklungen im sozialen System anstoßen können.

Literatur

Cesari, M., Vellas, B., Hsu, F. C., Newman, A. B., Doss, H., King, A. C., Manini, T. M., Church T., Gill, T. M., Miller, M. E., Pahor, M., & LIFE Study Group. (2015). A physical activity intervention to treat the frailty syndrome in older persons-results from the LIFE-P study. *Journals of Gerontology, Series A, Biological Sciences and Medical Sciences, 70*(2), 216–222.

Cruz-Jentoft, A. J., Baeyens, J. P., Bauer, J. M., Boirie, Y., Cederholm, T., Landi, F., Martin, F. C., Michel, J. P., Rolland, Y., Schneider, S. M., Topinková, E., Vandewoude, M., & Zamboni, M. (2010). Sarcopenia: European consensus on definition and diagnosis. Report of the European Working Group on Sarcopenia in older people. *Age and Ageing, 39*(4), 412–423.

De Lepeleire, J., Iliffe, S., Mann, E., & Degryse, J. M. (2009). Frailty: An emerging concept for general practice. *The British Journal of General Practice, 5*, 177–182.

Fried, L. P., Tangen, C. M., Walston, J., Newman, A. B., Hirsch, C., Gottdiener, J., Seeman, T., Tracy, R., Kop, W. J., Burke, G., & McBurnie, M. A. (2001). Frailty in older adults: Evidence for a phenotype. *Journal of Gerontology. Medical Sciences, 3,* 146–156.

Fried, L. P., Ferrucci, L., Darer, J., Williamson, J. D., & Anderson, G. (2004). Untangling the concepts of disability, frailty, and comorbidity: Implications for improved targeting and care. *Journals of Gerontology. Series A, Biological Sciences and Medical Sciences, 59*(3), 255–263.

Haider, S., Luger, E., Kapan, A., Titze, S., Lackinger, C., Schindler, K., & Dorner, T. E. (2016). Associations between daily physical activity, handgrip strength, muscle mass, physical performance and quality of life in prefrail and frail community-dwelling older adults. *Quality of Life Research, 25*(12), 3129–3138.

Haider, S., Dorner, T. E., Luger, E., Kapan, A., Titze, S., Lackinger, C., & Schindler, K. (2017). Impact of a home-based physical and nutritional intervention program conducted by lay-volunteers on handgrip strength in prefrail and frail older adults. A randomized control trial. *PLoS One, 12*(1), e0169613 (January 13, 2017).

Kapan, A., Luger, E., Haider, S., Titze, S., Schindler, K., Lackinger, C., & Dorner, T. E. (2017). Fear of falling reduced by a lay led home-based program in frail community-dwelling older adults: A randomised controlled trial. *Archives of Gerontology and Geriatrics, 68,* 25–32.

Kolland, F. (2011). Gesellschaftliche Dimensionen von Frailty. *SWS-Rundschau, 51*(4), 426–437.

Kühl, S. (2017). *Laterales Führen.* Wiesbaden: Springer.

Luger, E., Haider, S., Kapan, A., Schindler, K., Lackinger, C., & Dorner, T. E. (2016a). Association between nutritional status and quality of life in (pre)frail community-dwelling older persons. *The Journal of Frailty & Aging, 5*(3), 141–148.

Luger, E., Dorner, T. E., Haider, S., Kapan, A., Lackinger, C., & Schindler, K. (2016b). Effects of a home-based and volunteer-administered physical training, nutritional, and social support program on malnutrition and frailty in older persons: A randomized controlled trial. *JAMDA, 17,* 671.e9–671.e16.

Ng, T. P., Feng, L., Nyunt, M. S., Feng, L., Niti, M., Tan, B. Y., Chan, G., Khoo, S. A., Chan, S. M., Yap, P., & Yap, K. B. (2015). Nutritional, physical, cognitive, and combination interventions and frailty reversal among older adults: A randomized controlled trial. *American Journal of Medicine, 128*(11), 1225–1236.

Santos-Eggimann, B., Cuénoud, P., Spagnoli, J., & Junod, J. (2009). Prevalence of frailty in middle-aged and older community-dwelling Europeans living in 10 countries. *Journal of Gerontology: Medical Sciences, 64A*(6), 675–681.

Schlegl, C. (2016). *Motivation zur Teilnahme an gesundheitsfördernden Maßnahmen aus der Sicht älterer und hochaltriger Menschen am Beispiel der Studie „Gesund fürs Leben".* Masterthesis, Universitätslehrgang Master of Public Health der Medizinischen Universität Wien, Wien.

Shamliyan, T., Talley, K. M., Ramakrishnan, R., & Kane, R. L. (2013). Association of frailty with survival: A systematic literature review. *Ageing Research Reviews, 12*(2), 719–736.

Martin Oberbauer, Mag., MAS

Klinischer, Gesundheits- und Arbeitspsychologe, Organisationsentwickler in Dienstleistungsunternehmen, Freiwilligen-Manager im Wiener Hilfswerk, Leiter der Ehrenamtsbörse Wien, Gründungsmitglied der Wiener Plattform für FreiwilligenkoordinatorInnen und der Interessensgemeinschaft Freiwilligenzentren Österreichs.

Green Care – Wo Menschen aufblühen. Soziale Innovation für die Land- und Forstwirtschaft

Nicole Prop und Clemens Scharre

5.1	**Green Care Österreich – 71**	
5.1.1	Bundesweite Netzwerke: ARGE Green Care Österreich und Verein Green Care Österreich – 72	
5.1.2	Netzwerke in Ländern und Regionen – 74	
5.2	**Warum Green Care? – 74**	
5.2.1	Menschen am Hof – 75	
5.2.2	Tiere am Hof – 75	
5.2.3	Natur – 75	
5.2.4	Infrastruktur – 76	
5.2.5	Regionale Netzwerke – 76	
5.2.6	Green Care als Chance – 77	
5.3	**Der Bauernhof – ein vielfältiger Ort der Begegnung – 78**	
5.3.1	Arbeitsort Bauernhof – 78	
5.3.2	Bildungsort Bauernhof – 78	
5.3.3	Gesundheitsort Bauernhof – 79	
5.3.4	Lebensort Bauernhof – 79	
5.4	**Green Care-Betriebsentwicklung – 80**	
5.4.1	Privatmarkt – 81	
5.4.2	Kooperationsmodell – 81	
5.4.3	Trägermodell – 82	

© Springer Fachmedien Wiesbaden GmbH, ein Teil von Springer Nature 2019
C. Neugebauer, S. Pawel, H. Biritz (Hrsg.), *Netzwerke und soziale Innovationen*, Schriften zur Gruppen- und Organisationsdynamik 12, https://doi.org/10.1007/978-3-658-21551-4_5

5.5	Erste Green Care-Zertifizierung im deutschsprachigen Raum – 82
5.6	Aus- und Weiterbildung – 83
5.7	Resümee – 84
	Literatur – 85

Kinder erobern einen Bildungsort, der ihnen elementare Naturerfahrungen ermöglicht; Menschen mit Behinderung finden Beschäftigungsmöglichkeiten im landwirtschaftlichen Bereich, und ältere Menschen genießen den Umgang mit Tieren und die Arbeit im Garten. Dies alles geschieht tagtäglich auf österreichischen Bauernhöfen, die ihr ganz spezielles Potenzial für neue und innovative Green Care-Angebote nutzen. Der Verein *Green Care Österreich*, dem die Landwirtschaftskammern aller neun Bundesländer angehören, unterstützt BäuerInnen sowie Sozialträger und Institutionen bei der Entwicklung und Umsetzung von Green Care-Angeboten auf aktiven bäuerlichen Familienbetrieben.

Unter dem Sammelbegriff „Green Care" werden ganz allgemein Aktivitäten und Interaktionen zwischen Mensch, Tier und Natur zusammengefasst, die je nach Kontext gesundheitsfördernde, pädagogische oder soziale Ziele für unterschiedliche Zielgruppen verfolgen. Immer dann, wenn es um Green Care-Angebote auf aktiven land- und forstwirtschaftlichen Betrieben geht – von der Tiergestützten Intervention (TGI) über die Tagesstruktur für Menschen mit Behinderung bis zum Bauernhofkindergarten – steht hierfür das von *Green Care Österreich* umgesetzte Vorhaben *Green Care – Wo Menschen aufblühen*.

5.1 Green Care Österreich

Green Care-Interventionen nutzen die Natur, um das Wohlergehen eines Menschen – ob körperlich, geistig oder sozial – zu erhalten oder zu verbessern.

> Die einfachste Form ist, Natur zu erfahren, indem man sich nur in der Natur aufhält, diese auf sich über sinnliche Eindrücke wie Farben, Formen und Gerüche wirken lässt, indem man z.B. durch einen sogenannten Heilenden Garten (Healing Garden) schreitet. Man kann sich aber auch aktiv mit der Natur auseinandersetzen, indem man in der Natur oder der Wildnis in irgendeiner Form aktiv ist, oder auch Natur formt und verändert. Noch intensiver ist die Interaktion mit natürlichen Elementen wie Pflanzen oder Tieren. Dabei kann die Wirkungsrichtung eine einfache sein, wie in etwa bei den verschiedenen Formen der Gartentherapie, oder es können wechselseitige Mechanismen entstehen wie bei Interaktionen mit Tieren [...] (Wiesinger et al. 2013, S. 5).

Green Care-Aktivitäten können in sehr unterschiedlichen Kontexten stattfinden: vom Einsatz von Hochbeeten in einem Seniorenheim bis hin zur Waldarbeit für suchtkranke Menschen. Besonders geeignet für einen gezielten „Einsatz" der Natur ist der Bauernhof – egal ob Gärtnerei, Ackerbau-, Forst-, Gemüse-, Milchvieh- oder Weinbaubetrieb stellt er eine „grüne Arena" dar, die für unterschiedliche Green Care-Angebote genutzt werden kann.

Green Care im Rahmen der Land- und Forstwirtschaft ist aber keine Erfindung der Landwirtschaftskammern. Vielmehr gibt es in Österreich – wie auch in anderen Ländern – eine ganze Reihe von Pionierbetrieben, die entweder als bäuerliche Familienbetriebe oder von Sozialträgern geführt werden. Die Zusammenarbeit mit vielen dieser Pionierbetriebe war von Anfang an ausschlaggebend für den weiteren Erfolg von *Green Care – Wo Menschen aufblühen*, der 2011 in der Landwirtschaftskammer Wien seinen Ausgang nahm. In den vergangenen Jahren ist es gelungen, die Idee der Sozialen Landwirtschaft unter der registrierten Wort-Bild-Marke

Green Care – Wo Menschen aufblühen nicht nur innerhalb der Land- und Forstwirtschaft, sondern zunehmend auch im Bildungs-, Gesundheits- und Sozialbereich sowie auf politischer Ebene bekannt zu machen. Es handelt sich hierbei um ein im Rahmen des österreichischen Programms für ländliche Entwicklung (LE 14–20) gefördertes Vorhaben. Das Ziel ist die Etablierung von Green Care als eine weitere Sparte der Diversifizierung in der Land- und Forstwirtschaft – neben dem Tourismus und der Direktvermarktung. Damit ist Österreich Teil einer weltweiten Green Care-Entwicklung, die auf europäischer Ebene sehr eng mit dem Konzept der „Multifunktionalen Landwirtschaft" verbunden ist, einem Konzept, dass seit 1997 Bestandteil des europäischen Agrarmodells ist:

» Demnach sollte die europäische Landwirtschaft ein multifunktionaler, nachhaltiger und wettbewerbsfähiger Wirtschaftssektor sein und abgesehen von ihrer primären Aufgabe der Versorgung mit Nahrungsmitteln und Rohstoffen, die Landschaft gestalten, die Umwelt und die biologische Vielfalt schützen, die nachhaltige Bewirtschaftung erneuerbarer natürlicher Ressourcen gewährleisten sowie zur sozioökonomischen Lebensfähigkeit ländlicher Regionen beitragen. Dies implizierte auch, die land- und forstwirtschaftlichen Betriebe im Rahmen dieses Konzepts bei sozialen und gesellschaftlichen Aufgaben und bei der Gestaltung des sozialen Lebens im ländlichen Raum stärker einzubinden. In zahlreichen europäischen Ländern wurde daraufhin die Bedeutung traditioneller Betreuungssysteme auf land- und forstwirtschaftlichen Betrieben wieder entdeckt, beziehungsweise neue Initiativen vorangetrieben (Wiesinger et al. 2013, S. 7).

Ursprünglich war *Green Care – Wo Menschen aufblühen* als innovatives Projekt für die Wiener Stadtlandwirtschaft geplant, hat sich dann aber in nur wenigen Jahren auf ganz Österreich ausgeweitet. Hierfür war es notwendig, institutionelle Strukturen und Netzwerke auf verschiedenen Ebenen zu schaffen.

5.1.1 Bundesweite Netzwerke: ARGE Green Care Österreich und Verein Green Care Österreich

Am 31. März 2014 konstituierte sich die ARGE Green Care Österreich als Netzwerk von 24 InteressenspartnerInnen aus dem Agrar-, Bildungs-, Gesundheits-, Sozial- und Wirtschaftsbereich. Darin vertreten sind beispielsweise Bundesministerien, das Arbeitsmarktservice, die Behindertenanwaltschaft oder Institutionen der Sozialwirtschaft. Ziele der ARGE sind die Verankerung von Green Care auf politischer Ebene sowie die Stärkung der Zusammenarbeit zwischen ihren Mitgliedern und den relevanten EntscheidungsträgerInnen aus Bildung, Gesundheit, Politik, Soziales, Wirtschaft und der Land- und Forstwirtschaft. Für die österreichweite Umsetzung des Vorhabens *Green Care – Wo Menschen aufblühen (in weiterer Folge „Vorhaben" genannt)* in der Praxis wurde mit 15. Juli 2015 auf Initiative des Wiener Kammerdirektors Robert Fitzthum und der Unternehmensberaterin Nicole Prop der Verein *Green Care Österreich* gegründet. Diesem Verein gehören alle neun Landwirtschaftskammern Österreichs an. Er übernimmt die Beratung und Unterstützung der BäuerInnen sowie der interessierten Sozialträger und Institutionen. In jedem Bundesland gibt es eine KoordinatorIn, die bei der Entwicklung und Umsetzung von Green Care-Projekten Unterstützung bietet.

ARGE und Verein haben gemeinsam eine österreichweite Green Care-Strategie für die Land- und Forstwirtschaft entwickelt. Darin wurden die Grundlagen des Vorhabens zusammengefasst und die wichtigsten Ziele für die kommenden Jahre festgehalten.

Strategische Ziele für Green Care-Produkte und -Vorhaben:

- Verstärkte Bewusstseinsbildung, Darstellung und Anerkennung des volkswirtschaftlichen Mehrwerts für die Gesellschaft.
- Entwicklung und Umsetzung von hochwertigen Produkten und -Dienstleistungen auf aktiven land- und forstwirtschaftlichen Betrieben in Kooperation mit Sozialträgern und Institutionen.
- Darstellung der gesetzlichen Rahmenbedingungen zur Implementierung der Angebote auf land- und forstwirtschaftlichen Betrieben.
- Erstellung von Zertifizierungskriterien für Produkte und -Dienstleistungen auf aktiven land- und forstwirtschaftlichen Betrieben (Qualitätsmanagementsystem).
- Entwicklung einer Plattform, die alle InteressenspartnerInnen mit Informationen bedient und einen Erfahrungsaustausch ermöglicht.
- Darstellung bestehender Finanzierungsmodelle bzw. Strukturen und die Erarbeitung neuer Modelle zur Finanzierung von Projekten in der Land- und Forstwirtschaft.
- Förderung einer österreichweiten Zusammenarbeit und Vernetzung zwischen den InteressenspartnerInnen.
- Entwicklung und Förderung von Aus- und Weiterbildungsprogrammen für alle im Rahmen von Green Care in der Land- und Forstwirtschaft involvierten AkteurInnen.
- Unterstützung der interdisziplinären Forschung, um die Auswirkungen und den Nutzen von Green Care-Interventionen wissenschaftlich zu belegen.
- Forcierung der Zusammenarbeit auf europäischer Ebene.

Zu wichtigen Kooperationspartnern auf der Bundesebene zählen:

- Die Ländlichen Fortbildungsinstitute (LFI), die mittlerweile eine ganze Reihe an spezifischen Bildungsangeboten im Programm haben und u. a. in Kooperation mit dem Österreichischen Kuratorium für Landtechnik und Landentwicklung (ÖKL) den Zertifikatslehrgang „Tiergestützte Intervention am Bauernhof" (TGI) anbieten.
- Das Bundesforschungszentrum für Wald (BFW), das mit dem Projekt „Green Care WALD" gezielt die Forstwirtschaft anspricht und über die „Forstlichen Ausbildungsstätten (FAST)" Fortbildungen im Bereich der Waldpädagogik anbietet. Die Hochschule für Agrar- und Umweltpädagogik in Wien, die neben dem „Masterlehrgang Green Care" sowie dem „Universitätslehrgang Akademische/r ExpertIn Gartentherapie" derzeit am Aufbau eines Forschungsknotens zur Green Care-Thematik arbeitet.

Zusätzlich findet auf Einladung des Vereins *Green Care Österreich* und der Hochschule für Agrar- und Umweltpädagogik ein regelmäßiges „Green Care Jour fixe" in Wien statt, das als Treffpunkt für Institutionen und Einzelpersonen dient und weit über die Land- und Forstwirtschaft hinausgeht.

5.1.2 Netzwerke in Ländern und Regionen

Damit Green Care-Projekte vor Ort umgesetzt werden können, ist der Aufbau von Netzwerken in den einzelnen Bundesländern durch die KoordinatorInnen zentral. Ihre Aufgabe ist es, auf Landesebene und in den Regionen Kontakte zu den relevanten Abteilungen des Landes und zu potenziellen KooperationspartnerInnen herzustellen, das Vorhaben bekannt zu machen und interessierten Betrieben sowie Sozialträgern mit ihrem Netzwerk unterstützend zur Seite zu stehen.

5.2 Warum Green Care?

Die österreichische Land- und Forstwirtschaft ist einem stetigen Wandel unterworfen. Seit dem EU-Beitritt 1995 verringerte sich die Anzahl der land- und forstwirtschaftlichen Betriebe von 239.099 auf 166.317 im Jahr 2013 – dies entspricht einem Rückgang von rund 30 % (vgl. BMLFUW 2016, S. 58). Der überwiegende Teil der Betriebe (2013: 92,3 %) wird als Einzelunternehmen, d. h. als bäuerlicher Familienbetrieb geführt. Insgesamt werden 37,3 % aller Betriebe im Haupterwerb und 55,1 % im Nebenerwerb geführt (vgl. BMLFUW 2016, S. 58). Dies bedeutet, dass über die Hälfte der österreichischen Bäuerinnen und Bauern ihre Arbeit im Betrieb mit einem zweiten beruflichen Standbein kombinieren. Hinzu kommen noch Betriebe, die durch Personengemeinschaften bzw. juristische Personen geführt werden.

Im Hinblick auf die Weiterentwicklung land- und forstwirtschaftlicher Betriebe lassen sich zwei Trends feststellen: zum einen die Vergrößerung der Betriebe und zum anderen die Diversifizierung der betrieblichen Angebote.

> » Wurde 1951 von einem Betrieb im Durchschnitt eine Gesamtfläche von 18,8 ha bewirtschaftet, so waren es 2013 bei geänderten Erhebungsgrenzen bereits 43,7 ha. Ähnlich verlief die Entwicklung bei der landwirtschaftlich genutzten Fläche (Ackerland, Haus- und Nutzgärten, Dauerkulturen, Dauergrünland), bei der im selben Zeitraum eine Steigerung von 9,6 ha auf 18,7 ha festgestellt werden kann. Auch bei der Tierhaltung ist dieser Trend zu größeren Betrieben zu beobachten: Wurden 1995 im Durchschnitt 20 Rinder auf einem land- und forstwirtschaftlichen Betrieb gehalten, so nahm die Herdengröße seitdem kontinuierlich auf 29 Rinder pro Betrieb zu. Eine noch rasantere Entwicklung zeigt der Schweinesektor: Hier hat sich der durchschnittliche Bestand seit 1995 von 35 auf 103 Tiere fast verdreifacht. In der Schaf- und Ziegenhaltung sind ebenfalls deutlich höhere Bestände als in der Vergangenheit festzustellen (BMLFUW 2016, S. 58).

Ist der Weg der Vergrößerung des Betriebes nicht möglich oder gewünscht, werden oftmals die betrieblichen Angebote diversifiziert. Dies bedeutet die Ausweitung der betrieblichen Tätigkeitsfelder um nichtlandwirtschaftliche Angebote wie beispielsweise den Tourismus („Urlaub am Bauernhof") oder die Direktvermarktung (Hofladen, Heuriger bzw. Buschenschank). Alleine 9895 Betriebe bieten österreichweit beispielsweise Zimmer im Rahmen des „Urlaubs am Bauernhof" an (vgl. BMLFUW 2016, S. 56).

Seit 2011 entsteht nun eine weitere Sparte der Diversifizierung: die Soziale Landwirtschaft unter der Wort-Bild-Marke *Green Care – Wo Menschen aufblühen*. Der Schritt in die Soziale Landwirtschaft bietet sich vor allem für kleinere Betriebe mit überschaubaren Strukturen an, die ein Miterleben der bäuerlichen Arbeits- und Lebenswelt noch möglich machen. Dahinter steht die Überlegung, wie die vielfältigen Ressourcen eines Bauernhofes, die ja primär der Produktion von Lebensmitteln und Rohstoffen dienen, auch für soziale Angebote nutzbar gemacht werden können:

5.2.1 Menschen am Hof

In vielen bäuerlichen Familien gibt es Personen, die über Qualifikationen aus dem Bildung-, Gesundheits- und Sozialbereich verfügen. Gerade für diese Betriebe bietet Green Care eine interessante Möglichkeit, den sozialen Beruf mit dem eigenen Bauernhof zu kombinieren. Zusätzlich gibt es eine Reihe an Fort- und Weiterbildungen die Kompetenzen vermitteln, um die einzelnen Elemente eines Bauernhofes (z. B. Tiere, Gärten oder den Wald) für gezielte pädagogische und/oder therapeutische Interventionen einsetzen zu können.

5.2.2 Tiere am Hof

Der Kontakt zu Tieren ist heute für viele Menschen keine Selbstverständlichkeit mehr. Von der einfachen Beobachtung der Hoftiere über die alltägliche Versorgung bis hin zum gezielten pädagogischen Einsatz im Rahmen der Tiergestützten Intervention (TGI) können Tiere für Menschen allen Alters positive Erfahrungen möglich machen. Wobei TGI-Einheiten nur von Personen geplant und durchgeführt werden, die neben ihrer landwirtschaftlichen auch über eine therapeutische, pädagogische oder soziale Grundausbildung sowie eine tiergestützte Aus- und Weiterbildung verfügen. Eingesetzt werden ausschließlich landwirtschaftliche Nutztiere (Schafe, Rinder, Ziegen, Schweine, Hühner, Alpakas etc.), die entsprechend trainiert und zertifiziert wurden und deren tiergerechte Haltung garantiert ist. Die positive Wirkung der tiergestützten Arbeit ist weitreichend und unterscheidet sich je nach Zielgruppe. So lassen sich positive Effekte auf der körperlichen, emotionalen/sozialen und psychischen Ebene feststellen – von der Verbesserung der Fein- und Grobmotorik oder der Bindungs- und Beziehungsfähigkeit bis zur Förderung von Konzentration und Aufmerksamkeit (vgl. grundlegend Scholl et al. 2016).

5.2.3 Natur

Wiesen, Felder, Gärten und Wälder bieten unzählige Möglichkeiten der Nutzung für Green Care-Angebote (z. B. Waldpädagogik). Bauernhöfe verfügen über vielfältige Naturräume, die vielen Menschen in ihrem alltäglichen Leben heute fehlen und die so von der Öffnung dieser Räume profitieren können. Bereits gut etabliert hat sich in Österreich die Gartentherapie. Dabei handelt es sich um einen teilnehmerzentrierten Prozess, „bei dem ausgebildete ExpertInnen individuelle Ziele definieren und überprüfen und garten- oder pflanzenbezogene Aktivitäten als therapeutische Mittel planen und einsetzen […]" (Haubenhofer et al. 2013, S. 19). Das Ziel gartentherapeutischer Interventionen ist stets die Förderung gesundheitsrelevanter Faktoren der Zielgruppen, wobei der Bauernhof nur einen möglichen Einsatzort darstellt.

> Ein Garten mit all seinen Pflanzen bietet sich für viele unterschiedliche gärtnerische oder floristische Tätigkeiten an, seien diese aktiv oder passiv […]. Die vielen Sinnesreize und unterschiedlichen Bewegungsmuster ergeben viele Möglichkeiten an Aktivitäten, die an bestimmte Zielgruppen angepasst werden können: in der Geriatrie; in der Ergotherapie; in der Heilpädagogik mit Kindern, Jugendlichen und Erwachsenen; zur beruflichen Wiedereingliederung; in der Therapie für geistig beeinträchtigte oder psychisch erkrankte Menschen; zur Förderung der Wahrnehmung, Beziehungs- und Bindungskompetenz; zur Rehabilitation (zum Beispiel nach Schlaganfällen); bei Bewegungsstörungen; bei Suchterkrankungen, bei Burn-Out oder Stresserkrankungen. Auch im Rahmen von Resozialisierungsmaßnahmen bei Kriminellen, im Strafvollzug und auch in der Rückfallprävention werden Erfolge erzielt. Gartentherapie wird von selbstständigen Fachleuten, genauso wie von Institutionen, Vereinen, verschiedenen medizinischen Einrichtungen (Entwöhnungsanstalten, Pflegeheimen, Reha-Kliniken) und Krankenhäusern angeboten (Haubenhofer et al. 2013, S. 11).

5.2.4 Infrastruktur

Auf vielen Bauernhöfen gibt es ungenutzte Infrastruktur, die für Green Care-Angebote wieder nutzbar gemacht werden kann. So kann ein altes Stallgebäude nach einem – den gesetzlichen Anforderungen entsprechenden – Umbau bspw. zur Werkstatt für Menschen mit Behinderung oder einem Kindergarten werden.

5.2.5 Regionale Netzwerke

Bäuerinnen und Bauern sind in der Regel sehr gut in der Region vernetzt und können diese Netzwerke auch für Green Care-Angebote sinnvoll nutzen. Sei es die Zusammenarbeit zwischen einzelnen land- und forstwirtschaftlichen Betrieben, die Kooperation mit regionalen Sozialträgern sowie ExpertInnen aus dem Gesundheitswesen oder auch mit dem Wirtshaus im Dorf – Green Care-Projekte stärken die regionalen Netzwerke und schaffen damit neue Perspektiven für den jeweiligen Ort.

Für das Vorhaben zentral ist jedoch die Wahrung des authentischen Charakters der Betriebe. Bei einem zertifizierten Betrieb (nähere Informationen zum Zertifizierungsprozess siehe weiter hinten) handelt es sich daher immer um einen aktiven und produzierenden Bauernhof, auf dem die Land- und Forstwirtschaft einen integralen Bestandteil der Angebote darstellt – sie ist das Mittel zum Zweck jeder Green Care-Intervention und nicht bloß Kulisse.

Aus Perspektive der Land- und Forstwirtschaft stellt das Vorhaben also eine neue Chance der Diversifizierung hin zur Sozialen Landwirtschaft dar. Damit sollen neue Einkommensmöglichkeiten für die bäuerlichen Betriebe eröffnet und ein Teil zum Erhalt der kleinstrukturierten Land- und Forstwirtschaft beigetragen werden. Über den einzelnen Bauernhof hinaus kann das Vorhaben aber auch als Beitrag zur Entwicklung des ländlichen Raumes gesehen werden.

5.2.6 Green Care als Chance

- **Green Care als Chance für den ländlichen Raum**

Einen anhaltenden Trend in Österreich stellt die Abwanderung der Menschen aus ländlichen Regionen in die Ballungszentren und deren Peripherien dar. So zeigen die Ergebnisse einer kleinräumigen Bevölkerungsprognose 2014 der Österreichischen Raumordnungskonferenz, dass bis 2030 mit starken Bevölkerungszuwächsen nur in den großen Städten und deren Umland zu rechnen ist, während eher periphere Regionen mit schwächerer Wirtschaftsstruktur unter stärkerer Abwanderung und Geburtendefiziten leiden werden. Während Wien bis 2030 um 17,6 % anwachsen wird, verliert der Bezirk Murau in der Steiermark im gleichen Zeitraum 11,3 % seiner Bevölkerung (vgl. ÖROK 2014, S. 4 f.). Noch deutlicher fallen die Verluste hinsichtlich der Personen im Erwerbsalter zwischen 20 und 64 Jahren aus. In vielen Bezirken der Steiermark, Kärntens, des Waldviertels sowie im Lungau wird das Erwerbspotenzial bis 2030 um mehr als 15 % zurückgehen (vgl. ÖROK 2014, S. 6 f.).

Um die Attraktivität und Lebensqualität des ländlichen Raumes zu erhalten bzw. zu verbessern, braucht es also neue Ideen und Konzepte. Durch den Ausbau von Green Care-Angeboten im ländlichen Raum sollen daher nicht nur die land- und forstwirtschaftlichen Betriebe gestärkt werden, sondern auch die jeweiligen Regionen profitieren. Es entstehen dadurch zum einen neue Arbeitsplätze am und um die jeweiligen Betriebe aber bspw. auch neue, dezentrale und flexible Betreuungsangebote für Kinder und ältere Menschen, die als Grundvoraussetzung für die Erwerbstätigkeit vor allem der Frauen im ländlichen Raum gesehen werden können. Der Verein *Green Care Österreich* war daher auch aktiv in den Regionalschwerpunkt 2017 des Bundesministeriums für Land- und Forstwirtschaft, Umwelt und Wasserwirtschaft (BMLFUW) „Heimat. Land. Lebenswert" eingebunden. Damals wurde in einem Diskussionsprozess mit den jeweiligen AkteurInnen auf Gemeindeebene ein „Masterplan" als Zukunftsstrategie für den ländlichen Raum erarbeitet. Das „Leben am Land" und die „soziale Verantwortung" stellten darin zentrale Themenschwerpunkte dar.

- **Green Care als Chance für unterschiedliche Zielgruppen**

Neben der Land- und Forstwirtschaft sowie dem ländlichen Raum sind es aber vor allem die unterschiedlichen Zielgruppen, die von Green Care-Angeboten profitieren: Kinder und Jugendliche in oftmals problematischen Lebenslagen, Menschen im Erwerbsalter, die aus unterschiedlichen Gründen mit Problemen bei der Arbeitsmarktintegration konfrontiert sind oder sich in belastenden Arbeitsverhältnissen befinden sowie ältere Menschen – sie alle zählen zu den Adressatinnen und Adressaten der Angebote.

- **Green Care als Chance für Sozialträger und Institutionen**

Nicht zuletzt bietet das Vorhaben auch den jeweiligen KooperationspartnerInnen aus dem Bildungs-, Gesundheits- und Sozialbereich die Möglichkeit, ihr Angebotsportfolio um eine „grüne" Komponente zu erweitern. Die Projekte stellen also keine Konkurrenz zu bestehenden Angeboten dar, sondern sollen diese ergänzen und erweitern.

5.3 Der Bauernhof – ein vielfältiger Ort der Begegnung

Mit *Green Care – Wo Menschen aufblühen* wird die Ressource „Bauernhof" also für jene Menschen geöffnet, die vom Umgang mit Tieren, von Aktivitäten in Garten und Wald oder einfach von der Ruhe in ländlicher Umgebung in vielerlei Hinsicht profitieren. Die Angebote sprechen damit Menschen unterschiedlichen Alters und unterschiedlicher Lebenslagen an und setzen je nach Zielgruppe thematische Schwerpunkte in den folgenden vier Bereichen.

5.3.1 Arbeitsort Bauernhof

Bauernhöfe bieten eine Vielzahl an unterschiedlichen Arbeits- und Beschäftigungsmöglichkeiten. Je nach den Bedürfnissen und Fähigkeiten der Zielgruppen reicht das Spektrum von einfachen, händischen Arbeiten bis hin zu komplexen Aufgabenstellungen. Bei Green Care-Projekten im Bereich „Arbeitsort Bauernhof" handelt es sich beispielsweise um die Tagesstruktur/Werkstatt für Menschen mit Behinderung. In diesem Bereich wurden bereits mehrere neue Projekte umgesetzt. Auf einem Bauernhof in Niederösterreich wird beispielsweise gemeinsam mit einem Sozialträger der Behindertenhilfe eine Backstube betrieben, in der Menschen mit Behinderung eine sinnvolle Beschäftigung finden. Darüber hinaus bietet der Hof Tiergestützte Intervention (TGI) sowie „Schule am Bauernhof" an.

Der Verein selbst ist auch Kontaktstelle für land- und forstwirtschaftliche Betriebe, die Menschen mit Problemen bei der Arbeitsmarktintegration Arbeitstrainingsplätze zur Verfügung stellen wollen oder z. B. eine Kooperation mit betrieblichen Arbeitsgruppen der Behindertenhilfe suchen.

5.3.2 Bildungsort Bauernhof

Kinder profitieren ungemein vom Kontakt mit Tieren und der Natur und brauchen Menschen, die ihnen diese altersgemäß näherzubringen wissen. Der Bauernhof wird zu einem Bildungsort an dem Kinder, aber auch Jugendliche und Erwachsene ihr Wissen über den Umgang mit unterschiedlichen Tierarten, die Produktion hochwertiger Lebensmittel und das Thema Umweltschutz vertiefen können. In den Betrieben entstehen aber nicht nur spannende Bildungsveranstaltungen rund um den Bauernhof, sondern auch naturnahe Betreuungsangebote für Kinder – seien es Bauernhofkindergärten oder Tageseltern am Hof. Der Ausbau solcher Angebote ist auch aus familienpolitischer Sicht von hoher Relevanz. Gerade im ländlichen Raum stehen viele Eltern vor der Herausforderung, flexible Betreuungsmöglichkeiten für ihre Kinder finden zu müssen und damit nicht nur den Bedürfnissen der Kinder, sondern auch den Anforderungen der Arbeitswelt gerecht zu werden.

5.3.3 Gesundheitsort Bauernhof

Die internationale Green Care-Forschung zeigt, dass der Aufenthalt in der Natur und der Umgang mit Tieren eine gesundheitsfördernde Wirkung auf den Menschen haben (siehe exemplarisch: Cervinka et al. 2014). Der Bauernhof als Gesundheitsort bietet eine einmalige Kombination von Tier und Natur, die für die Gesundheitsförderung nutzbar gemacht werden kann. Bereits etablierte Angebote in diesem Bereich sind die unterschiedlichen Formen der Reittherapie, die therapeutische Arbeit mit landwirtschaftlichen Nutztieren im Rahmen der Tiergestützten Intervention (TGI) und die Gartentherapie/Gartenpädagogik. Neue Wege werden derzeit im Bereich der Gesundheitsförderung beschritten. Die Ländlichen Fortbildungsinstitute bieten seit 2015 in mehreren Bundesländern den eigens konzipierten Zertifikatslehrgang „Green Care – Gesundheit fördern am Hof" für Bäuerinnen und Bauern an. In diesem Lehrgang werden die Grundlagen zur Entwicklung pädagogischer, gesundheitsfördernder Angebote auf Bauernhöfen vermittelt und die Lehrgangsteilnehmerinnen und -teilnehmer lernen, wie sie die speziellen Ressourcen und Themen ihrer Betriebe (Tiere, Ernährung, Bewegung, Naturerleben, Handwerk etc.) gezielt für ihre gesundheitsfördernden Angebote nutzen können. Eine darüber hinausgehende Kooperation mit externen Expertinnen und Experten aus dem Gesundheitswesen (z. B. Ärztinnen und Ärzte, Therapeutinnen und Therapeuten, Lebens- und Sozialberaterinnen und -berater) erweitert das jeweilige Angebot am Hof. Nach einer Überprüfung festgelegten Qualitätskriterien (definiert in einem eigenen Kriterienkatalog) besteht für diese Betriebe die Möglichkeit, sich durch *Green Care Österreich* zu einem *Green Care Auszeithof* auszeichnen zu lassen und damit die entsprechende Wort-Bild-Marke für die Vermarktung der Angebote zu nutzen. Gesundheitsfördernde Angebote können sich an Einzelpersonen, Gruppen oder Teams im Rahmen der betrieblichen Gesundheitsförderung richten. Der *Green Care Auszeithof* ist zudem ein interessantes Zusatzangebot für bestehende „Urlaub am Bauernhof"-Betriebe, die sich mit diesem spezifischen Angebot weiterentwickeln wollen. Auf einem Biobauernhof in Kärnten werden beispielsweise gesundheitsfördernde Seminar und Wochen in Zusammenarbeit mit einem Arzt und Krebsspezialisten angeboten, bei denen u. a. die Themen Ernährung und Krebsvorsorge im Mittepunkt stehen.

5.3.4 Lebensort Bauernhof

Der Bauernhof als Ort sinnstiftender Betreuung und Pflege, immer in Kombination mit der Möglichkeit zur aktiven Auseinandersetzung mit Tier und Natur: Das macht ihn zum „Lebensort Bauernhof". Angesichts der demografischen Entwicklung und eines prognostizierten Anstiegs demenzkranker Personen in Österreich auf rund 260.000 im Jahr 2050 (vgl. Höfler et al. 2015, S. 27) ist die Entwicklung ambulanter und stationärer Betreuungsangebote für ältere Menschen, aber auch für Menschen mit Behinderung oder psychischen Erkrankungen am Bauernhof in Kooperation mit Sozialträgern und Institutionen ein zentrales Thema für *Green Care Österreich*. So gibt es mittlerweile nicht nur ein Seniorenheim am Bauernhof in der Steiermark, sondern in Oberösterreich auch ein erstes Tageszentrum für ältere Menschen mit einer Demenzerkrankung.

Diese Form der Tagesbetreuung ist in Österreich ein noch weitgehend neues Thema. Vergleichbare Projekte gibt es aber bereits in der Schweiz, den Niederlanden und in Norwegen. Vor allem in früheren Stadien der Demenz ist die geistige und körperliche Aktivierung für die Betroffenen zentral. Gerade dies lässt sich sehr gut mit den vielfältigen Tätigkeiten auf einem Bauernhof verbinden. Durch diese Betreuungsform werden nicht nur die Fähigkeiten der KlientInnen gefördert, sondern auch die Familien unmittelbar entlastet. Im Vergleich zu traditionellen Tageszentren, oft angeschlossen an bestehende Seniorenheime, bieten Bauernhöfe einen familiären, kleinstrukturierten und weit weniger institutionellen Charakter. Der unmittelbare Zugang zu Natur- und Freiräumen zeichnet sie aus. Neben den klassischen Angeboten wie der Ergo-, Musik- oder Kunsttherapie bieten Bauernhöfe eine Vielfalt an alltäglichen Aktivitäten ohne Interventionscharakter. Sei es das Pflanzen, Ernten und Zubereiten der frischen Lebensmittel für das gemeinsame Mittagessen, das Füttern und Umsorgen der Tiere oder die Verrichtung kleinerer Arbeiten am Hof wie das Schneiden von Brennholz. Die Lebenswelt Bauernhof animiert die Betroffenen zur Aktivität – je nach deren Bedürfnissen und Fähigkeiten.

Neben der Tagesbetreuung am Bauernhof sind auch Angebote der Ferienbetreuung (Kurzzeitpflege) oder die Entwicklung touristischer Angebote für Familien möglich. So ist die professionelle und sinnstiftende Betreuung der demenzerkrankten Eltern gesichert, während der Rest der Familie die Bergwelt erkundet (Urlaub & Demenzbetreuung am Bauernhof).

5.4 Green Care-Betriebsentwicklung

Die Umsetzung der Angebote in der Land- und Forstwirtschaft setzt in der Regel einen längeren Entwicklungsprozess voraus. Nicht jede Idee lässt sich immer und überall auch realisieren. Vielmehr sind die Projekte durchaus voraussetzungsreich und von vielen Faktoren beeinflusst.

Zu den wesentlichsten Herausforderungen zählen:

- das Matching von regionalem Bedarf an sozialen Dienstleistungen und den Interessen, der Lage und den Möglichkeiten der Betriebe;
- die Suche nach geeigneten KooperationspartnerInnen aus dem Bildungs-, Gesundheits- und Sozialbereich und die (regional) politische Vernetzung mit den relevanten AkteurInnen vor Ort;
- die vielfach bundeslandspezifischen gesetzlichen Rahmenbedingungen und die davon abhängigen Anforderungen an die Betriebe (z. B. in der Behindertenhilfe oder im Bereich der Kinderbetreuung);
- die Sicherstellung der Finanzierung vor allem der laufenden Kosten;
- die Adaptierung der Infrastruktur am Hof (je nach gesetzlichen Anforderungen) und die damit einhergehende Frage der Umwidmung landwirtschaftlicher Flächen und Gebäude für soziale Dienstleistungen sowie der Investitionsförderungen;
- die Klärung aller rechtlichen Fragestellungen für die Betriebe (Gewerbe-, Sozialversicherungs- und Steuerrecht; Vertragsrecht; Haftpflichtversicherung etc.);
- das Vorhandensein aller notwendigen Ausbildungen und Berechtigungen je nach Angebot

– und nicht zuletzt die Sicherstellung der nachhaltigen Wirtschaftlichkeit der Angebote und die Entwicklung passender Marketingstrategien.

Um diesen Herausforderungen bestmöglich begegnen zu können, wurde seitens des Vereins ein individueller und flexibler Prozess der Betriebsentwicklung initiiert, mit dem die Unterstützung und Begleitung der Bäuerinnen und Bauern, aber auch der kooperierenden Sozialträger und Institutionen sichergestellt werden. Dieser Prozess umfasst sechs Phasen und reicht von Erstkontakt und Basisberatung über die Konkretisierung und Umsetzung der Projektidee bis zur Zertifizierung und Weiterentwicklung des jeweiligen Green Care-Angebots am Hof.

Für die Umsetzung der Angebote in aktiven land- und forstwirtschaftlichen Betrieben können grundsätzlich drei Angebotsformen unterschieden werden, die wiederum auf unterschiedlichen Wegen zu einer erfolgreichen Realisierung führen können:
– Privatmarkt
– Kooperationsmodell
– Trägermodell

5.4.1 Privatmarkt

Einzelne Green Care-Angebote können für den Privatmarkt entwickelt werden (z. B. gartenpädagogische Programme, Tiergestützte Intervention oder gesundheitsfördernde Angebote am Bauernhof). Die Zielgruppe sind PrivatzahlerInnen, also z. B. Eltern, die für ihre Kinder stundenweise tiergestützte pädagogische Angebote kaufen; Unternehmen, die Leistungen für ihre MitarbeiterInnen in Anspruch nehmen (betriebliche Gesundheitsförderung); ältere Menschen, die aktive Erholung suchen oder auch Einrichtungen der Behinderten- oder der Kinder- und Jugendhilfe im Rahmen entsprechender Freizeitaktivitäten. Die größte Herausforderung für die Betriebe liegt hier in der Entwicklung von zielgruppenspezifischen Angeboten und der richtigen Vermarktung ihrer Dienstleistungen.

5.4.2 Kooperationsmodell

Green Care-Angebote werden vielfach in Kooperation mit Sozialträgern und Institutionen, dem Land oder mit Gemeinden entwickelt und umgesetzt. Dabei handelt es sich um Projekte, die auf einer längerfristigen Zusammenarbeit zwischen dem Bauernhof und den jeweiligen KooperationspartnerInnen basieren und deren Finanzierung über die öffentliche Hand erfolgt. So basiert beispielsweise eine „Werkstatt für Menschen mit Behinderung am Bauernhof" auf einem Kooperationsvertrag zwischen einem land- und forstwirtschaftlichem Betrieb und einem anerkannten Sozialträger der Behindertenhilfe. In diesem Vertrag werden alle Details der Zusammenarbeit geregelt – von den Kosten der Nutzung der Infrastruktur durch den Sozialträger bis zu den Dienstleistungen der Bäuerin/des Bauern. Je nach Qualifikation der Bäuerin bzw. des Bauern können diese von der Vermittlung von Fachkenntnissen für land- und forstwirtschaftliche Tätigkeiten bis hin zur pädagogischen Betreuung der KlientInnen reichen. Für die den jeweiligen gesetzlichen Bestimmungen entsprechende Adaptierung der Infrastruktur ist der land- und forstwirtschaftliche Betrieb zuständig. Die laufenden Kosten werden durch den Sozialträger über die entsprechenden Tagsätze des Landes finanziert.

Eine erfolgreiche Kooperation kann auf zwei Arten erreicht werden:

- **Bäuerin/Bauer sucht KooperationspartnerInnen**

Bei Interesse an der Umsetzung eines Green Care-Angebots im eigenen Betrieb haben Bäuerinnen und Bauern die Möglichkeit, die Unterstützungsangebote von *Green Care Österreich* im Rahmen der Betriebsentwicklung über die KoordinatorInnen in Anspruch zu nehmen. Eine frühzeitige Einbindung potenzieller KooperationspartnerInnen (Sozialträger, Institutionen), der Gemeinde sowie der entsprechenden Landesabteilungen (Bildung, Gesundheit, Soziales) in die Projektplanungen ist dabei wesentlich.

- **KooperationspartnerInnen sucht Bäuerin/Bauer**

Oft treten interessierte Sozialträger, Institutionen oder Gemeinden an die Green Care-Koordinatorinnen und -Koordinatoren heran, um gemeinsam ein Angebot zu entwickeln und potenzielle land- und forstwirtschaftliche Partnerbetriebe zu finden. Eine möglichst frühzeitige Einbindung interessierter Bäuerinnen und Bauern in den Planungsprozess wird auch hier angestrebt.

5.4.3 Trägermodell

In manchen Fällen stellt die Gründung eines eigenen Rechtsträgers (Einzelunternehmen, Verein, KG, GmbH) für die geplanten Green Care-Angebote (z. B. für einen Kindergarten oder ein Pflegeheim am Bauernhof) durch die Bäuerin bzw. den Bauern eine notwendige Voraussetzung dar. Ein solches Vorgehen ist nicht für alle Bereiche möglich und natürlich steht auch hier eine längerfristige Kooperation mit dem Land oder einer Gemeinde im Hintergrund, um die Finanzierung der einmaligen und laufenden Kosten sicherzustellen. So sind bspw. öffentliche Zuwendungen an einen privaten Bauernhofkindergarten nur dann möglich, wenn es auch einen entsprechenden Bedarf in der jeweiligen Gemeinde gibt.

5.5 Erste Green Care-Zertifizierung im deutschsprachigen Raum

Um Green Care im öffentlichen Bewusstsein stärker zu verankern und die Qualität der angebotenen Dienstleistungen auf den Bauernhöfen zu unterstreichen, wurde eine eigene Zertifizierung entwickelt. Nach holländischem Vorbild besteht seit Juni 2015 für bäuerliche Familienbetriebe sowie Sozialträger mit eigener Land- und Forstwirtschaft die Möglichkeit, ihr Green Care-Angebot am Hof zertifizieren zu lassen.

Die Zertifizierung ist eine freiwillige Auszeichnung für land- und forstwirtschaftliche Betriebe, die Produkte bzw. Dienstleistungen im Bildungs-, Gesundheits- und Sozialbereich mit bestimmten Qualitätsstandards auf ihrem Hof anbieten. Mit der Zertifizierung verpflichten sich die ausgezeichneten bäuerlichen Familienunternehmen, die Anforderungen bzw. die Kriterien dem Green Care-Kriterienkatalog entsprechend einzuhalten und diese über eine extern beauftragte Zertifizierungsstelle überwachen zu lassen.

Die Zertifizierung stellt sicher, dass klar definierte soziale, organisatorische, betriebswirtschaftliche und rechtliche Standards (Kriterien) erfüllt und regelmäßig evaluiert werden. Auch die entsprechende berufliche Qualifikation der AnbieterInnen für die jeweiligen Personen der Zielgruppe ist in den Kriterien zur Zertifizierung definiert und wird kontinuierlich überwacht. Für die Zertifizierung wurde von *Green Care Österreich* gemeinsam mit einer Reihe von externen Expertinnen und Experten ein eigenes Kriterien- und Beurteilungssystem entwickelt. Der Bauernhof wird im Rahmen dessen von der unabhängigen, externen und akkreditierten Zertifizierungsstelle SystemCERT auditiert und erhält die Zertifizierung für einen oder mehrere Green Care-Bereiche (Arbeits-, Bildungs-, Gesundheits-, Lebensort Bauernhof) sowie für die damit zusammenhängenden, definierten Angebote:

- Angebote für Schulen bzw. Schülerinnen und Schüler am Bauernhof
- Beschäftigungsmöglichkeiten am Bauernhof
- Dislozierte Schulklasse am Bauernhof
- Gartenpädagogik am Bauernhof
- Gesundheitsförderung am Bauernhof
- Kinderbetreuung am Bauernhof
- Pflege und Betreuung am Bauernhof
- Tagesstruktur am Bauernhof
- Tiergestützte Intervention am Bauernhof
- Wohnen am Bauernhof
- Therapeutisches und/oder pädagogisches Reiten am Bauernhof

Die Zertifizierung beruht auf fünf Säulen, in denen jeweils mehrere Kriterien zu erfüllen sind und hat eine Gültigkeit von drei Jahren:
1. Infrastruktur (Sicherheit, Erscheinungsbild, Erreichbarkeit etc.)
2. Evaluation und Weiterentwicklung (Leitbild, pädagogisches Konzept, Partizipation der Zielgruppe, Zufriedenheitsumfragen etc.)
3. Aus- und Weiterbildung (passende Qualifikationen je nach Angebot)
4. Recht (Verträge, Versicherungen, Gewerbeberechtigungen)
5. Marketing (richtige Bewerbung).

5.6 Aus- und Weiterbildung

Die Grundlage der Qualität von Green Care-Angeboten auf aktiven bäuerlichen Familienbetrieben bildet neben den richtigen KooperationspartnerInnen die Qualifikation der Bäuerinnen und Bauern. Neben den vielfach in bäuerlichen Familien vorhandenen Qualifikationen aus dem Bildungs-, Gesundheits- und Sozialbereich gibt es spezifische Fortbildungen der Landwirtschaftlichen Fortbildungsinstitute (LFI). Hierzu zählen, neben einzelnen Workshops und Exkursionen zu Best-Practice-Betrieben, vor allem folgende Zertifikatslehrgänge:

- Green Care – Gesundheit fördern am Hof
- Green Care – Gartenpädagogik am Hof
- Tiergestützte Intervention am Bauernhof
- Schule am Bauernhof
- Waldpädagogik

Zur österreichweiten Abstimmung und Weiterentwicklung der Bildungsangebote wurde 2016 eine eigene Arbeitsgruppe gegründet. Ihr gehören u. a. Vertreterinnen und Vertreter des Vereins *Green Care Österreich,* der Ländlichen Fortbildungsinstitute (LFI), des Bundesministerium für Land- und Forstwirtschaft, Umwelt und Wasserwirtschaft (BMLFUW), der Landwirtschaftskammer Österreich sowie der Forstlichen Ausbildungsstätten (FAST) an. Auch auf dieser Ebene spielen Netzwerke demnach eine bedeutende Rolle.

Um auch die kommenden HofübernehmerInnen mit der Idee vertraut zu machen und die Soziale Landwirtschaft als eine Diversifizierungsmöglichkeit in der Land- und Forstwirtschaft zu etablieren, entstehen auch an den Landwirtschaftlichen Fachschulen erste Module, die in den bestehenden Unterricht integriert werden.

Darüber hinaus gibt es eine Reihe weiterer BildungsanbieterInnen, die Green Care-Aus- und Weiterbildungen anbieten, die sich auch an Personen aus dem Bildungs-, Gesundheits- und Sozialbereich richten. An dieser Stelle sei daher noch einmal auf die Bildungsangebote der Hochschule für Agrar- und Umweltpädagogik in Wien verwiesen.

5.7 Resümee

Mit dem Vorhaben *Green Care – Wo Menschen aufblühen* wird eine eigentlich alte Idee neu und systematisch aufgerollt. Immer schon hatten Bauernhöfe auch eine soziale Funktion im ländlichen Raum, wobei nicht vergessen werden darf, „dass die Idee der Sozialen Landwirtschaft als Arbeit und Beschäftigung ‚gesellschaftlicher Randgruppen' auch negative Assoziationen auslösen kann" (Kalisch und van Elsen 2009, S. 198). Aus diesem Grund spielt die Qualitätssicherung von Green Care-Angeboten durch die Zertifizierung sowie die Zusammenarbeit mit etablierten KooperationspartnerInnen aus dem Bildungs-, Gesundheits- und Sozialbereich für den Erfolg und die Sicherheit der Angebote eine entscheidende Rolle. Die besondere Bedeutung von Netzwerken für das Vorhaben – egal ob auf der strategischen Ebene oder in der konkreten Praxis am Bauernhof – kann an dieser Stelle nur noch einmal unterstrichen werden. Diese Netzwerke aufzubauen und längerfristig zu erhalten, nimmt – neben der Unterstützung der land- und forstwirtschaftlichen Betriebe – daher einen wesentlichen Teil der Arbeit des Teams von *Green Care Österreich* in Anspruch. Besonders der Ausbau der Zusammenarbeit mit Forschungseinrichtungen wird für die qualitative Weiterentwicklung der unterschiedlichen Angebote zukünftig zentral sein, denn es gilt zu klären, welche konkreten Wirkungen ein Angebot auf einem Bauernhof auf bestimmte Zielgruppen haben kann. Neben der Hochschule für Agrar- und Umweltpädagogik in Wien kooperiert der Verein *Green Care Österreich* daher auch mit dem ehemaligen Institut für Interventionsforschung und Kulturelle Nachhaltigkeit (IKN) der Alpen-Adria-Universität Klagenfurt. Die möglichen Antworten auf diese Fragen sind nicht zuletzt auch aus Perspektive der Finanzierung von Green Care-Angeboten z. B. im Gesundheitsbereich entscheidend.

Letztendlich aber stehen hinter jedem Green Care-Projekt Menschen, die sich mit viel Einsatz und Leidenschaft Green Care verschrieben haben: Menschen, die das Potenzial ihres Bauernhofes erweitern wollen; Menschen, die für sich oder für die KlientInnen ihrer Einrichtungen neue Entwicklungschancen suchen; Menschen, die bereit sind, in ihren Gemeinden neue Wege zu gehen und innovative Lösungen zu finden. Wenn sich diese Menschen zusammenschließen, dann kann *Green Care – Wo Menschen aufblühen* einen Beitrag leisten zur Sicherung der kleinstrukturierten Land- und Forstwirtschaft, zur Steigerung der Lebensqualität des ländlichen Raumes und vor allem für die individuelle Entwicklung jener Menschen, die von der Öffnung der „grünen Arena" Bauernhof profitieren können.

Literatur

Bundesministerium für Land- und Forstwirtschaft, Umwelt und Wasserwirtschaft (BMLFUW). (2016). Grüner Bericht 2016. Bericht über die Situation der österreichischen Land- und Forstwirtschaft. ▶ https://gruenerbericht.at/cm4/jdownload/send/2-gr-bericht-terreich/1650-gb2016. Zugegriffen: 16. März 2017.

Cervinka, R., Höltge, J., Pirgie, L., Schwab, M., Sudkamp, J., Haluza, D., Arnberger, A., Eder, R., & Ebenberger, M. (2014). Zur Gesundheitswirkung von Waldlandschaften. Bundesforschungs- und Ausbildungszentrum für Wald, Naturgefahren und Landschaft, Wien. ▶ http://bfw.ac.at/050/pdf/BFW_Bericht147_2014_GreenPublicHealth.pdf. Zugegriffen: 16. März 2017.

Haubenhofer, D., Enzenhofer, K., Kelber, S., Pflügl, S., Plitzka, E., & Holzapfel, I. (2013). Gartentherapie. Praxis, Wissenschaft, Theorie. ETZ-Projekt Gartentherapie, Österreich. ▶ http://www.greencare.at/wp-content/uploads/2015/10/gartentherapie_theorie-wissenschaft-praxis.pdf. Zugegriffen: 16. März 2017.

Höfler, S., Bengough, T., Winkler, P., & Griebler, R. (2015). Österreichischer Demenzbericht 2014. Bundesministerium für Gesundheit und Sozialministerium, Wien. ▶ https://broschuerenservice.sozialministerium.at/Home/Download?publicationId=277. Zugegriffen: 16. März 2017.

Kalisch, M. van, & Elsen, T. (2009). Leistungen Sozialer Landwirtschaft in Deutschland. Perspektiven im ländlichen Raum. In R. Friedel & E. Spindler (Hrsg.), *Nachhaltige Entwicklung ländlicher Räume Chancenverbesserung durch Innovation und Traditionspflege*. Wiesbaden: VS Verlag.

Österreichische Raumordnungskonferenz (ÖROK). (2014). ÖROK-Regionalprognosen 2014 – Bevölkerung. ▶ http://www.oerok.gv.at/fileadmin/Bilder/2.Reiter-Raum_u._Region/2.Daten_und_Grundlagen/Bevoelkerungsprognosen/Prognose_2014/%C3%96ROK-Bev%C3%B6lkerungsprognose_Kurzfassung_final.pdf. Zugegriffen: 26. Juni 2018.

Scholl, S., Zipper, K., Bäckenberger, J., & Gupta, C. (2016). *Tiergestützte Intervention mit landwirtschaftlichen Nutztieren. Grundlagen, Methoden und Beispiele aus der Praxis*. Österreichisches Kuratorium für Landtechnik und Landentwicklung (ÖKL). Salzburg: Edition Kunstschrift.

Wiesinger, G., Quendler, E., Hoffmann, C., Di Martino, A., Egartner, S., Weber, N., & Hambrusch J. (2013). Soziale Landwirtschaft. Situation und Potenziale einer Form der Diversifizierung land- und forstwirtschaftlicher Betriebe in Österreich, Südtirol und Trentino. Bundesanstalt f. Bergbauernfragen Wien. ▶ http://www.berggebiete.eu/cm3/de/home/22-themen/soziale-verhaeltnisse/710-fb66-soziale-landwirtschaft.html. Zugegriffen: 16. März 2017.

Nicole Prop, Mag.ª (FH)

ist gebürtige Holländerin. Sie studierte Betriebswirtschaft mit Schwerpunkt „internationales Marketing". Sie ist akademisch geprüfte Fachkraft für tiergestützte Therapie und Fördermaßnahmen, zertifizierte Outdoorpädagogin, Unternehmensberaterin sowie Geschäftsführerin des Vereins *Green Care Österreich*.

Clemens Scharre, Mag. (FH)

ist Sozialarbeiter und war in unterschiedlichen Praxisfeldern der Sozialen Arbeit und der Erwachsenenbildung tätig. Bei *Green Care Österreich* liegt sein Schwerpunkt auf dem Themenfeld „Fort- und Weiterbildung".

HPC Mobil – Hospizkultur und Palliative Care in der Betreuung und Pflege zu Hause

Mischa Bahringer, Sigrid Beyer, Ursula Dickbauer, Maria Eibel, Hermine Freitag, Ralph Grossmann, Christine Hintermayer, Dorothea Iduemre, Selma Sprajcer, Tomasz Tobolski und Barbara Wiesbauer-Kriser

6.1 HPC Mobil – die Entstehungsgeschichte – 89

6.2 HPC Mobil: Innovation durch Kooperation – 89
6.2.1 Arbeit an den Grenzen – 89
6.2.2 Kooperation als Antwort – 90
6.2.3 HPC Mobil hat den Weg der Innovation durch Kooperation konsequent beschritten – 91

6.3 Zusammenarbeit mit anderen DienstleisterInnen, im Besonderen den HausärztInnen der KlientInnen – 92

6.4 Palliativbeauftragte/r und Palliativgruppe – neue Funktionsträger in den Regelbetrieb integrieren – 94
6.4.1 Aufgaben der/des Palliativbeauftragten – 94
6.4.2 Palliativgruppe – wer? – 94
6.4.3 Palliativgruppe – wie? – 94

6.5 Workshops HPC Mobil – 95

6.6 Vernetzung im Projekt HPC Mobil mit Führungskräften und den MitarbeiterInnen – 96

© Springer Fachmedien Wiesbaden GmbH, ein Teil von Springer Nature 2019
C. Neugebauer, S. Pawel, H. Biritz (Hrsg.), *Netzwerke und soziale Innovationen*, Schriften zur Gruppen- und Organisationsdynamik 12, https://doi.org/10.1007/978-3-658-21551-4_6

6.7 Der Zeitpunkt ist wichtig – 97
6.7.1 Beispiele aus einem trägerinternen Vernetzungstreffen in HPC Mobil – 97
6.7.2 Gute Tipps – 97
6.7.3 In Frieden gegangen – 98

6.8 Evaluation – 98
6.8.1 Evaluationsdesign – 99
6.8.2 Die nächsten Schritte – 100
6.8.3 Vernetzung – 100
6.8.4 Bisher gesetzte Schritte – 100

6.9 Ausblick und Vision – 101

Literatur – 102

6.1 HPC Mobil – die Entstehungsgeschichte

Wenn Menschen in Österreich gefragt werden, wo sie ihre letzten Lebenstage verbringen wollen, so ist es ihr Zuhause. Derzeit sterben aber in Österreich rund 70 % in Institutionen, da die Bedingungen diesen Wunsch zu erfüllen oftmals nicht gegeben sind. Ein Sterben zu Hause braucht das gemeinsame Zusammenwirken von KlientInnen, An- und Zugehörigen, des multiprofessionellen Betreuungsteams und der HausärztInnen.

In Wien setzt sich das Personal für das Projekt Betreuung und Pflege zu Hause aus 50 % HeimhelferInnen, 25 % PflegehelferInnen, 15 % diplomiertem Personal, 10 % Leitung und Organisation zusammen. Der Frauenanteil liegt bei ca. 85 %, der Anteil der MitarbeiterInnen mit Migrationshintergrund liegt in Wien bei 70 %.

Die MitarbeiterInnen haben in ihrer Arbeit ein sehr hohes Maß an körperlicher und psychischer Belastung zu tragen. Sie sind alleine vor Ort und müssen sehr oft schwierige Entscheidungen treffen, vor allem wenn es sich um schwer kranke und sterbende Menschen jeden Alters handelt. Sie begleiten nicht nur die KlientInnen (Kinder bis Menschen ins hohe Alter), sondern auch deren An- und Zugehörige. Jede Krisensituation verstärkt den Druck auf die Betreuungs- und Pflegepersonen.

Hinzu kommt, dass die MitarbeiterInnen von der Betreuung und Pflege zu Hause mit einer Reihe anderer Dienstleister zusammenarbeiten, den HausärztInnen, dem Mobilen Palliativteam, den Rettungsdiensten, den ehrenamtlichen HospizbegleiterInnen und vielen anderen. Vom Gelingen der Kommunikation und Kooperation hängt sowohl die Qualität der Dienstleistung als auch das Wohlbefinden von KlientInnen, Angehörigen und Mitarbeitenden ab. Der Arbeitsalltag ist geprägt von einem großen Zeitdruck bei oftmals fehlender Qualifikation in Hospiz und Palliative Care.

Es ist also naheliegend, dass Organisationen im Bereich Betreuung und Pflege zu Hause großes Interesse daran hatten, ihre MitarbeiterInnen in der Begleitung von schwer kranken und sterbenden Menschen zu unterstützen. So kam es zu ersten Treffen zwischen Hospiz Österreich und interessierten Trägern, in denen ein gangbares Umsetzungskonzept entworfen wurde. Hospiz Österreich reichte das Konzept beim Fonds Gesundes Österreich ein und erhielt dessen Zustimmung. Somit konnte HPC Mobil im Juni 2015 seine Arbeit aufnehmen.

6.2 HPC Mobil: Innovation durch Kooperation

6.2.1 Arbeit an den Grenzen

Hospizkultur und Palliative Care in der mobilen Betreuung und Pflege ist eine Arbeit an den Grenzen. Sie wird wirksam, wenn das Leben an seine Endlichkeit kommt. Diese Arbeit wird vorrangig an unterschiedlichen Nahtstellen erbracht – den Übergängen zwischen der Betreuung und Pflege zu Hause, den HausärztInnen, den Krankenhäusern, dem Mobilen Palliativteam, den NotärztInnen, den Rettungsdiensten, den ehrenamtlichen HospizbegleiterInnen, den Alten- und Pflegeheimen und stationären Hospizen.

Insgesamt handelt es sich um Fachkräfte, deren professionelles Handeln von unterschiedlichen Ausbildungen, beruflichen Biografien, unterschiedlichen Arbeitskulturen, divergierender Alltagsorganisation und verschiedenen Entlohnungssystemen geprägt ist.

HPC Mobil hat wesentlich mit den Grenzen zu tun, die sich aus der vorherrschenden Einzelarbeit in der mobilen Betreuung und Pflege zu Hause ergeben. Es hat mit dem Umstand zu tun, dass die pflegenden und betreuenden Personen bei den KlientInnen häufig wechseln, wodurch sich viele interne Schnittstellen ergeben. Die MitarbeiterInnen erleben selten ein Eingebundensein in ein Arbeitsteam vor Ort bei den zu pflegenden Menschen, sondern vor allem durch informelle Kontakte, Teambesprechungen und Supervisionen in den Trägerorganisationen.

Innovationsversuche wie HPC Mobil haben damit zu tun, dass in den Trägerorganisationen die Grenzen zwischen verschiedenen professionellen Funktionsgruppen, Organisationseinheiten und Hierarchieebenen überschritten werden müssen, um in einem Unternehmensteil oder der gesamten Organisation wirksam werden zu können. Der Erfolg des Pilotversuchs HPC Mobil entscheidet sich wesentlich an den Grenzen zwischen den beteiligten Trägern, die gleichermaßen BündnispartnerInnen wie KonkurrentInnen sind. Er entscheidet sich an den Grenzen zu den FinanzgeberInnen und dem politisch-administrativen System, das für die strategische Ausrichtung und die Finanzierung der mobilen Betreuung und Pflege verantwortlich ist; also an den Grenzen zwischen professionellem Handeln, zivilgesellschaftlichen Einrichtungen und der Politik.

Im Alltag hat HPC Mobil kontinuierlich mit den Grenzen zwischen Denken, Fühlen und Handeln zu tun. Gefragt sind fachliche Arbeit, Kenntnisse und Fertigkeiten, Zuwendung und Beziehungsfähigkeit sowie persönliche Werte, die aber erst wirksam werden können, wenn sie in Handlungen, in Leistungsprozesse regelmäßig Eingang finden.

6.2.2 Kooperation als Antwort

> Soziale und organisatorische Grenzen können durch Vernetzung überschritten werden. Durch Kooperation an den Grenzen kann gemeinsam entwickeltes Neues entstehen ohne die Grenzen aufzuheben. Soziale Systeme, wie Berufsgruppen, Abteilungen, ganze Organisationen bilden mit ihrer Umwelt, den „benachbarten" Einrichtungen, – systemtheoretisch betrachtet – eine Überlebenseinheit; sind in ihrem längerfristigen Erfolg und Überleben voneinander abhängig (Grossmann et al. 2015).

Das Pilotprojekt HPC Mobil hat in seiner Organisationsentwicklung konsequent auf Vernetzung und Kooperation gesetzt. Kooperation ermöglicht Personen und Organisationen etwas zu erreichen, was ihnen alleine nicht möglich wäre. Dazu verbinden sie ihre Interessen und Ressourcen.

> Die Kooperation ermöglicht die Eigenleistungen und die Autonomie der Organisation oder von Teilen der Organisation zu respektieren und gleichzeitig Verbindungen zu schaffen. Sie ermöglicht Ressourcen zu verknüpfen für maßgeschneiderte Lösungen. Sie zeichnet sich durch hohe Flexibilität aus. Sie kann ganz unterschiedliche PartnerInnen an Größe, Tradition, Organisationsstruktur verbinden. Sie kann zeitlich und inhaltlich begrenzt angelegt werden. Sie ermöglicht Leistungsprozesse über Grenzen hinweg zu verknüpfen und zu optimieren (Grossmann et al. 2007, 2010; Grossmann 2013, S. 193 ff.).

Kooperation wird zusammengehalten durch gemeinsame Anliegen und Ziele, durch passende – kooperationsfördernde – Arbeitsstrukturen und Erfahrungen, durch die Vernetzung wichtiger AkteurInnen und auf unterschiedlichen Ebenen der Organisation und des Projekts, durch vertrauensbasierte Beziehungen zwischen den PartnerInnen. Kooperationen fordern die handelnden Personen und Systeme radikal heraus. Die Zusammenarbeit ist konsequent darauf gerichtet horizontale Beziehungen umzustellen: Zwischen den KooperationspartnerInnen der verschiedenen Träger von HPC Mobil, zwischen beteiligten Berufsgruppen und Einrichtungen wie ÄrztInnen, Krankenhäusern und der mobilen Betreuung und Pflege, aber auch zwischen den FunktionsträgerInnen innerhalb einer Organisation. Innovationsversuche wie HPC Mobil brauchen ein produktives Nebeneinander von Hierarchie und Kooperation.

Auch Vernetzung und Kooperation müssen gesteuert und gemanagt werden, nur die Art des Steuerns und Organisierens ist eine andere, basierend auf horizontalen, kooperativen Beziehungen und Teams.

6.2.3 HPC Mobil hat den Weg der Innovation durch Kooperation konsequent beschritten

In einer Entwicklungsgruppe, gebildet aus je zwei Leitungskräften der beteiligten Träger sowie der Projektleiterin und Projektassistentin von Hospiz Österreich, wurden in einem mehrtägigen Arbeitsprozess gemeinsame Ziele formuliert.

Das bis in die Details gemeinsam formulierte Dokument benennt diese, beschreibt die Leistungsprozesse im Alltag von Betreuung und Pflege, in denen diese Ziele praktisch werden können und definiert Indikatoren, an denen der Erreichungsgrad der Ziele abgelesen werden kann. Dieses Dokument stellt eine kooperative Selbstverpflichtung der beteiligten Organisationen dar, mit erheblichen Konsequenzen für die interne Organisationsgestaltung.

In einem kooperativen Steuerungssystem, der Steuergruppe, gebildet aus GeschäftsführerInnen und trägerinternen ProjektleiterInnen sowie der Projektleiterin und Projektassistentin des Gesamtprojekts, werden die Schlüsselfragen der strategischen und organisatorischen Entwicklung des gemeinsamen Vorhabens diskutiert und Entscheidungen getroffen.

Durch eine Reihe von – trägerübergreifend beschickten – einwöchigen Schulungen wurden interne TrainerInnen für die Vermittlung von Kompetenzen, Haltungen und Werten für Hospizkultur und Palliativ Care qualifiziert. In berufsgruppen- und hierarchieübergreifend zusammengesetzten Workshops geben die TrainerInnen diese Kompetenzen, Haltungen und Werte innerhalb der Organisation an die MitarbeiterInnen weiter.

In den Trägerorganisationen wurden neue Funktionsträger und Teams geschaffen, mit einem HPC Mobil spezifischen Rollenprofil, die Palliativbeauftragten und die Palliativgruppen. Die Palliativbeauftragten haben in einer trägerübergreifenden Gruppe ihr Rollenprofil, ihre Arbeitsziele und möglichen Prioritäten bearbeitet und an die ProjektleiterInnen rückgekoppelt. In der Steuergruppe wurden diese neuen organisatorischen Einrichtungen und die Leitlinien für ihre Arbeit diskutiert und die damit verbundene Selbstverpflichtung der Organisationen eingegangen. In einer organisationsbezogenen Fallarbeit haben die Palliativbeauftragten ihre ersten Arbeitserfahrungen ausgetauscht und offene Fragen der Umsetzungen im Alltag lösungsorientiert diskutiert.

In kooperativ vorbereiteten und durchgeführten Fachtagungen wurde die Vernetzung zwischen den TrainerInnen der Trägerorganisationen (TrainerInnen, Palliativbeauftragte, operative Führungskräfte, GeschäftsführerInnen) vorangetrieben und die Kooperation zu anderen PartnerInnen wie den niedergelassenen ÄrztInnen und den FinanzgeberInnen zum Thema gemacht. Für die Weiterentwicklung der externen Kooperationen wurden darüber hinaus eigene Veranstaltungen durchgeführt, zum Beispiel mit den EntlassungsmanagerInnen der Krankenhäuser. In den Trägerorganisationen wurden Veranstaltungen zur Vernetzung, zur Information, Motivation und dem Erfahrungsaustausch zwischen den Führungskräften entwickelt, insbesondere auch für die TeamleiterInnen, EinsatzleiterInnen, KoordinatorInnen; also all jene FunktionsträgerInnen, die für die Arbeitsorganisation, die Unterstützung, die Vernetzung der einzelnen MitarbeiterInnen in der Betreuung und Pflege zuständig sind. Erst durch ihre Initiative und Kompetenz können die Trennungen in der Alltagspraxis bearbeitet werden.

Übergreifende Teams sind das Bauprinzip von Kooperation. Solche Teams halten eine Kooperation sozial zusammen. In diesen Gruppen und Teams können durch gemeinsam formulierte Ideen, Motive und Interessen die Innovationen Gestalt annehmen. Durch die praktischen Erfahrungen der Zusammenarbeit werden sie schrittweise erprobt und wirksam gemacht. Im Falle von HPC Mobil in der Steuergruppe, der Entwicklungsgruppe als Vernetzung der Top Führungskräfte; in der Gruppe der Palliativbeauftragten als Vernetzung von ExpertInnen; in den Palliativgruppen als Vernetzung von MitarbeiterInnen; in den Workshops im Rahmen der Fachtagungen mit externen PartnerInnen.

Die Arbeit an dieser Kooperation mit den externen PartnerInnen wird eine zentrale Aufgabe für die Weiterentwicklung und eine Grundlage für den längerfristigen Erfolg von HPC Mobil darstellen. In einer organisatorisch hoch ausdifferenzierten Gesellschaft mit einem Nebeneinander von immer spezialisierteren Einrichtungen können die zentralen gesellschaftlichen Herausforderungen nicht durch jeweils eine Organisation allein bewältigt werden, sondern nur durch Vernetzung und Kooperation der verschiedenen organisationalen AkteurInnen. Politik und Verwaltung können dafür förderliche Voraussetzungen schaffen.

Vernetzung und Kooperation brauchen einen „Server" im Netz, ein Arbeitsteam, das die Entwicklung zielgerichtet mit Autorität und kooperativ in der Haltung vorantreibt. In HPC Mobil wurde das von der Projektleiterin und Projektassistentin von Hospiz Österreich realisiert. Kooperationen brauchen Organisation und haben aber zunächst keine eigene Organisation. Diese muss durch systematische und kontinuierlich aufbauende Kommunikation erst geschaffen werden. In Netzwerken und Kooperationen kann sich Organisationsberatung an wichtigen Knotenpunkten der Kommunikation nützlich machen, weil die Zusammenarbeit der PartnerInnen, abgesehen von Fachkompetenz, so etwas wie „eine/n allparteiliche/n Dritte/n" braucht. Eine AkteurIn, die nur der Kooperation, dem gemeinsamen Vorhaben verpflichtet ist.

6.3 Zusammenarbeit mit anderen DienstleisterInnen, im Besonderen den HausärztInnen der KlientInnen

» Zum Wesen von Hospiz und Palliative Care gehört ein umfassender Betreuungsansatz, der die körperlichen, psychischen, sozialen und spirituellen Bedürfnisse schwer kranker und sterbender Menschen gleichermaßen berücksichtigt. Dem gerecht werdend erfolgt hospizliche und palliative Behandlung und Betreuung durch ein multiprofessionell zusammengesetztes Team, das aus ÄrztInnen, Gesundheits- und Krankenpflegepersonen, PhysiotherapeutInnen, SozialarbeiterInnen, SeelsorgerInnen, Ehrenamtlichen […] besteht (vgl. Feichtner 2014, S. 17).

Im Falle einer Krankenhauseinweisung sind der intramurale und der extramurale Bereich gefordert zusammenzuarbeiten, im Falle einer komplexen Betreuungssituation und bei schwierigen Fragestellungen zu Hause wird das Mobile Palliativteam zugezogen.

> » Die Zusammenarbeit in multiprofessionellen Teams stellt für alle Beteiligten eine Herausforderung dar. Verschiedene Betreuungskonzepte, Blickwinkel, Fachsprachen, Prioritäten […] treffen aufeinander. Langjährige Beziehungen zwischen HausärztInnen und KlientInnen, Pflegepersonen und KlientInnen werden durch die Involvierung anderer Berufsgruppen beeinflusst (Davy und Ellis 2010, S. 18 f.).

In der Zusammenarbeit zwischen Pflegepersonen und ÄrztInnen gilt es vor allem zwei Herausforderungen zu meistern.

In den letzten Jahren und Jahrzehnten hat eine Professionalisierung des Pflegeberufs stattgefunden. Die Pflege, über lange Zeit in vielen Köpfen ein „ärztlicher Assistenzberuf", hat sich emanzipiert und zu einem eigenständigen Beruf entwickelt, der zwar in einem Bereich, dem sogenannten „mitverantwortlichen Bereich" eng mit dem/der behandelnden ÄrztIn zusammenarbeitet (z. B. bei der Verabreichung der ärztlich verordneten Medikation), aber bei allem, was die Pflege des Menschen betrifft, eigenverantwortlich tätig ist. In manchen Disziplinen, wie etwa der Wundversorgung, hat sich in der Pflege in den letzten Jahren ein unglaubliches, evidenzbasiertes Wissen generiert. Leider ist es noch nicht selbstverständlich, dass dieses Wissen wertschätzend und kollegial in die Behandlung der KlientInnen einfließen kann.

Eine weitere Herausforderung in der Zusammenarbeit zwischen ÄrztInnen und Pflegepersonen, vor allem in den städtischen Regionen, ist die relativ hohe Dichte an ÄrztInnen. Für die mobile Betreuung und Pflege zu Hause in Wien kann man – überspitzt formuliert – behaupten, dass jede KlientIn eine andere HausärztIn hat. Für die Zusammenarbeit der beiden Berufsgruppen bedeutet das, dass es mit großem Aufwand verbunden ist, ein Vertrauensverhältnis und ein gutes Arbeitsverhältnis aufzubauen. Dieser Aufwand wird weder den ÄrztInnen noch den Pflegepersonen finanziell abgegolten, obwohl eine gelingende, von Vertrauen getragene Zusammenarbeit in fordernden, komplexen Betreuungssituationen unabdingbar ist.

Organisationstheoretisch gesprochen handelt es sich hierbei um ein sogenanntes virtuelles Team. „Virtuelle Teams sind Arbeitsgruppen, in denen Personen zusammenarbeiten, ohne persönlich am selben Ort anwesend zu sein. Die Zusammenarbeit geht dabei über räumliche, zeitliche und organisationale Grenzen hinaus, wobei ein weites Spektrum von Kommunikationstechnologien genutzt wird" (Herczeg et al. 2000).

Um Schwerkranken und Sterbenden effektiv helfen zu können, bedarf es einer guten Kommunikation und Zusammenarbeit zwischen den verschiedenen Fachleuten, der KlientIn und ihren An- und Zugehörigen, dem Krankenhaus und allen sonst noch Beteiligten. Im Mittelpunkt steht immer der schwer kranke oder sterbende Mensch mit seinen An- und Zugehörigen und allen offenen Fragen, Unsicherheiten, Ängsten.

Palliative Care verlangt *interprofessionelle* Zusammenarbeit. Diese zeichnet sich dadurch aus, dass bestehende Rollenbilder manchmal unscharf werden, sich die Grenzen verwischen zugunsten eines gemeinsamen Strebens nach einem übergeordneten Ziel: den Bedürfnissen der schwer kranken Menschen und ihrer An- und Zugehörigen zu entsprechen. Die Rangordnung innerhalb dieses interprofessionellen Teams ergibt sich aus den aktuellen Bedürfnissen der KlientInnen. Das kann bedeuten, dass die Sozialarbeit momentan größere Bedeutung hat als die Pflege oder die ÄrztInnen.

6.4 Palliativbeauftragte/r und Palliativgruppe – neue Funktionsträger in den Regelbetrieb integrieren

Das Projekt HPC Mobil sieht als einen wesentlichen Baustein die Funktion der/des Palliativbeauftragten vor. Die Organisationen, die am Projekt teilnehmen, waren alle aufgerufen bis spätestens Oktober 2016 eine/n Palliativbeauftragte/n pro 250 MitarbeiterInnen zu benennen. Für die Erfüllung dieser neuen Funktion sollten pro Palliativbeauftragter/m 10 Wochenstunden Arbeitszeit zur Verfügung gestellt werden. Den Organisationen wurde es frei überlassen, wo sie die Palliativbeauftragten hierarchisch einbinden wollten. Es gab aber die Empfehlung dies möglichst hoch in der Hierarchie anzusetzen, da die/der Palliativbeauftragte für die gesamte Organisation zuständig ist.

Zu den Projektvorgaben zählte jedoch die Ausbildung und der berufliche Background der/des Palliativbeauftragten. So muss mindestens ein/e Palliativbeauftragte/r Pflegefachkraft sein. Auch SozialarbeiterInnen würden sich gut für die Aufgabe eignen. Innerhalb der Projektlaufzeit müssen alle Palliativbeauftragten zumindest den interprofessionellen Basislehrgang Palliative Care absolviert haben.

Unterstützt wird und wurde die Einführung der neuen Funktion durch mehrmalige trägerübergreifende Meetings mit professioneller Anleitung durch einen systemischen Organisationsentwickler.

6.4.1 Aufgaben der/des Palliativbeauftragten

Der/Dem Palliativbeauftragten obliegen sämtliche organisatorische Tätigkeiten mit dem Ziel der Implementierung von Hospizkultur und Palliative Care bei der jeweiligen Organisation. Im Besonderen ist sie/er für die Vernetzung der einzelnen Berufsgruppen innerhalb der Organisation zuständig. Weiters strebt die/der Palliativbeauftragte die trägerübergreifende Vernetzung im Sinne der Entwicklung von Hospizkultur und Palliative Care im ambulanten Bereich an.

Eine weitere Aufgabe besteht im Aufbau und in der fachlichen Leitung der Palliativgruppe, sowie Beratung und Begleitung in komplexen Betreuungssituationen der schwer kranken und sterbenden PatientInnen.

6.4.2 Palliativgruppe – wer?

Es handelt sich hierbei um MitarbeiterInnen, die sich speziell für das Thema Hospizkultur und Palliative Care interessieren und engagieren. Die Mitglieder der Gruppe unterstützen die/den Palliativbeauftragten bei der Einführung und Verbreitung der hospizlichen Haltung in der Organisation (MultiplikatorInnenfunktion) und sollen „Augen und Ohren" des Themas in der Praxis sein.

6.4.3 Palliativgruppe – wie?

Regelmäßige Treffen der Gruppe (sechsmal jährlich) bilden die Gelegenheit, die notwendigen Verbesserungen bzw. Vorschläge betreffend der Implementierung und Umsetzung von Hospizkultur und Palliative Care im Träger seitens der Mitglieder anzusprechen. Diese Meetings stellen das vorhandene Potenzial und Know-how der MitarbeiterInnen sicher.

Betont wird, dass die Palliativgruppe und ihr Aufgabenspektrum nicht mit dem von spezialisierten Mobilen Palliativteams zu verwechseln sind. Die Mitglieder der Palliativgruppe unterstützen die Regelbetreuung, etwa bei Teamgesprächen oder bei zusätzlichen Besuchen vor Ort. Eine notwendige spezialisierte Palliativversorgung der schwer kranken und sterbenden Menschen geschieht weiterhin in Zusammenarbeit mit bereits bestehenden spezialisierten Hospiz- und Palliativteams.

6.5 Workshops HPC Mobil

Am Anfang eines jeden HPC-Workshops blicken die TrainerInnen in die müden, fragenden Gesichter der TeilnehmerInnen. Hinter vorgehaltener Hand werden durch die TeilnehmerInnen Aussagen wie *„Drei Tage Fortbildung – das wird bestimmt langweilig!"*, *„Lieber wäre ich bei meinen KlientInnen!"* und *„Das Thema ist sowieso nichts für mich, es ist viel zu belastend"* ausgetauscht.

Doch die Workshop-TeilnehmerInnen bemerken schnell: Dies ist keine normale Fortbildung mit Frontalunterricht, Schulatmosphäre, fachlicher Berieselung und Dauermonolog der Vortragenden. Die Sessel sind im Kreis angeordnet, die Sesselkreismitte ist bunt dekoriert, an der Wand hängen ansprechende Zitate, eine kleine Bibliothek am Ende des Raums ist aufgebaut, Musik spielt im Hintergrund.

Definitionen und Grundbegriffe von Hospizkultur und Palliative Care werden durch die Workshop-TeilnehmerInnen interaktiv und mit kreativen Mitmachübungen erarbeitet. Durch den dreitägigen Workshop führt ein Fallbeispiel, das von den Workshop-TeilnehmerInnen selbst gestaltet wird (=Story-Line-Methode, vgl. Schwänke 2005). Die Figuren werden gebastelt und begleiten die TeilnehmerInnen zu den verschiedenen Themen. Am ersten Workshop-Tag kommt ein/e KlientIn in verschlechtertem Allgemeinzustand aus dem Krankenhaus. Am Folgetag verschlechtert sich der Zustand zusehends; die terminale Lebensphase ist erreicht. Themen wie Kommunikation, Total Pain, Advance Care Planning, Vernetzung zwischen Betreuenden und Betroffenen stehen im Mittelpunkt. Am letzten und dritten Tag verstirbt der/die KlientIn. Abschied, Loslassen und Trauer werden gemeinsam mit dem/der imaginären Klienten/in und seinen/ihren Angehörigen durchlebt.

» *„Ich hätte mir nie gedacht, dass mir der Tod einer erfundenen Person so nahe gehen würde"*, sagt eine Workshop-Teilnehmerin mit Beklommenheit. Die anderen 15 TeilnehmerInnen signalisieren Zustimmung.

Ziel des Workshops ist einerseits die Vermittlung von Fachwissen, andererseits die Sensibilisierung zu den Themen Lebensqualität, Autonomie und Bedürfniserkennung von KlientInnen, An- und Zugehörigen sowie die Stärkung der Selbstsicherheit und der Abbau von Ängsten bei den MitarbeiterInnen im Umgang mit Schwerkranken und Sterbenden. Unsere KlientInnen sollen bis zuletzt das weitmöglichste Maß an Selbstbestimmung und Würde erfahren! Dies verlangt große Empathie, Toleranz und Herzensbildung seitens unserer MitarbeiterInnen. – Qualitäten, die in den Workshops vermittelt werden.

Jeder Workshop wird von zwei organisationsinternen ModeratorInnen geleitet, die vom Dachverband Hospiz Österreich in einem einwöchigen Kurs zu HPC-Mobil TrainerInnen ausgebildet werden. Die TrainerInnen-Ausbildung findet organisationsübergreifend statt, wodurch ein optimaler Austausch zwischen diversen Organisationen des extramuralen Bereichs gegeben ist. Die Workshops sind interdisziplinär gestaltet: diplomierte Pflegekräfte, PflegeassistentInnen, Heimhilfen, BesuchsdienstmitarbeiterInnen, Führungskräfte, VerwaltungsmitarbeiterInnen weinen und lachen gemeinsam, wachsen zusammen und lernen im Erfahrungsaustausch immens viel voneinander. Die Vernetzung zwischen Berufsgruppen, Teams und Organisationen öffnet Pforten zu einer nachhaltigen und menschlichen Versorgung unserer KlientInnen.

6.6 Vernetzung im Projekt HPC Mobil mit Führungskräften und den MitarbeiterInnen

Im Projektmanagement von HPC Mobil sind die Projektleitungs-Duos eines jeden Trägers und die Palliativgruppe in der Verantwortung der Entwicklung und Umsetzung. Sie erstellen den trägerinternen HPC Mobil Projektplan und betreiben die Integration.

Die Projektverantwortlichen informieren die anderen MitarbeiterInnen regelmäßig zum Projekt. Sie veröffentlichen die Ergebnisse aus der Maßnahmenplanung und den einzelnen Projektaufgaben und werden das Projekt mit einer Reflexion und Evaluierung der Ergebnisse abschließen. So läuft die Projektorganisation neben dem operativen Geschäft mit. Deshalb muss es Aufgabe der Projektverantwortlichen sein, die Anknüpfungspunkte zu den Kernprozessen in der Organisation zu suchen und zu gestalten. Nur dann kann die Organisation die Ergebnisse des Projektes in ihren Kernprozessen umsetzen und nachhaltig sichern.

Insbesondere in Projekten, die Einfluss auf die Organisationskultur nehmen und Veränderung zum Ziel haben, braucht es die Einbindung der strategischen und operativen Führungskräfte ab Start des Projekts.

Die operativen Führungskräfte nehmen eine Schlüsselrolle bei der Implementierung des Projektes ein. Sind die operativen Führungskräfte nicht Teil der Projektorganisation, so laufen Projekte isoliert von den Kernprozessen der Organisation ab.

Die Führungskräfte vor Ort müssen mit ihren MitarbeiterInnen im Dialog sein, warum Veränderungsprozesse im Zusammenhang mit der Integration von Hospizkultur und Palliative Care nötig sind und was diese für ihren Arbeitsalltag bedeuten können. Außerdem müssen sie ihre MitarbeiterInnen darin bestärken, dass die Veränderung möglich ist, und diese beim Entwickeln neuer Denk- und Verhaltensmuster begleiten. Also haben die operativen Führungskräfte eine Schlüsselrolle für den Erfolg von Veränderungs- und Kulturprojekten wie HPC Mobil.

Im Projekt HPC Mobil vermitteln die TrainerInnen den MitarbeiterInnen der verschiedenen Berufsgruppen in den Workshops fachliche Themen, aber sie vermitteln ganz wesentlich eine Haltung zum Umgang mit dem Menschen, seinem Leben und Sterben.

Diese in den Workshops vermittelte Haltung der Achtsamkeit und Fürsorge gilt es für die Führungskräfte im Arbeitsalltag gemeinsam mit den MitarbeiterInnen in den Teams umzusetzen und zu leben bzw. das neu erworbene Wissen einzusetzen.

Die Projektverantwortlichen stellen sich deshalb folgende Fragen:
- Wie bereiten wir die Führungskräfte auf diese Aufgabe vor und
- wie unterstützen wir sie hierbei?

Mit den Führungskräften braucht es einen Austausch zu den Themen:
- Was ist geplant?
- Was kommt auf uns zu?
- Mit welchen Reaktionen müssen wir als Führungskräfte aufgrund der geplanten Veränderungen sowie unserer Kultur und MitarbeiterInnenstruktur rechnen?

Und:
- Wie sollten wir darauf reagieren?

Im Projekt HPC Mobil läuft die Vernetzung mit den Führungskräften in Form von Beratungen und Schulungen zu den Führungs-, Umsetzungs- und Steuerungsaspekten des Projekts.

Unterstützung kann eine kollegiale Beratungsgruppe bieten, in der sich die Führungskräfte im Verlauf des Projektes über ihre Erfahrungen austauschen können.

Die Vernetzung im Projekt mit den MitarbeiterInnen gelingt gemeinsam mit den Führungskräften. Sie sind ImpulsgeberInnen, FördererInnen, MotivatorInnen und Vorbild im Projekt HPC Mobil. Sie gestalten und steuern die operativen Prozesse bei den KlientInnen.

6.7 Der Zeitpunkt ist wichtig

6.7.1 Beispiele aus einem trägerinternen Vernetzungstreffen in HPC Mobil

Was auf den ersten Blick naheliegend klingt, ist eine sensible Materie. Eine Heimhelferin erzählt von einer Frau, bei der Krebs diagnostiziert wurde, die aber trotzdem jedes Gespräch über das Thema ablehnte. *„Sie hat sich so sehr dagegen gestemmt, dass sogar ihr Gatte geglaubt hat, sie würde noch einmal vom Bett aufstehen und mit ihm tanzen gehen."* Eine Hoffnung, die sich leider nicht erfüllt hatte. Aber wann ist tatsächlich der richtige Zeitpunkt, sich mit der eigenen Vergänglichkeit auseinanderzusetzen? *„Das ist schwierig",* erklärt eine Mitarbeiterin der Betreuung und Pflege zu Hause, *„man muss sich sehr vorsichtig an die Menschen herantasten und herausfinden, ob sie für das Thema aufgeschlossen sind."* Tatsächlich geht jeder Mensch anders damit um. Manche Menschen denken schon in jungen Jahren daran, eine PatientInnenverfügung oder eine Vorsorgevollmacht zu errichten. Sie wollen sicherstellen, dass auch beim Verlust der Ansprechbarkeit genau das passiert, was sie wollen. Ob es jetzt der Wunsch ist, nach einem Herzstillstand nicht mehr reanimiert zu werden, oder nur der Wunsch, im Krankenhaus oder Zuhause eine bestimmte Ernährungsform nicht zu erhalten.

6.7.2 Gute Tipps

„Viele ältere Menschen wissen nicht, was eine PatientInnenverfügung ist und verbinden mit dem Wort negative Dinge", erzählt eine Betreuerin aus der Betreuung und Pflege zu Hause. Es gibt Ängste, dass man übervorteilt werde, zum Beispiel, dass es um die Erbschaft gehe, dass einem jemand etwas wegnehmen wolle. Die Betreuerin hat einen guten

Rat für ihre KollegInnen: „*Lass doch die PatientInnenverfügung bei der/dem PatientIn, damit sie/er das in Ruhe durchlesen kann. Ich habe das bei Herrn H. gemacht – so ist er ganz von selbst darauf gekommen, dass das in seinem Sinn ist und nicht etwas, das ihm schadet.*" Manchmal hilft übrigens auch, wenn eine andere Bezugsperson, beispielsweise die Tochter oder der/dem NachbarIn, der/dem man vertraut, das Thema anspricht. Das Einbeziehen ist wichtig, denn natürlich gehören auch Bezugspersonen zum Netzwerk.

Bei manchen Menschen sitzt noch der Eindruck fest, dass man, sobald es um Palliativpflege geht, „aufgegeben" worden ist, nicht mehr richtig versorgt wird. Früher gab es das Schreckensbild, dass das Bett im Krankenhaus auf den Gang geschoben wird, wenn es ans Sterben ging. Ein Pflegehelfer formuliert es sehr schön: „*Palliativpflege heißt nicht: Ich bekomme etwas nicht mehr, sondern: Ich bekomme genau das, was ich will. Nämlich jene Pflege, die mich in dem Lebensabschnitt, in dem ich gerade bin, am besten begleitet.*" Das ist der Kern des Projekts, darum dreht sich alles.

6.7.3 In Frieden gegangen

Einer Betreuerin fällt als gutes Beispiel dafür Herr J. ein, den sie lange Zeit betreut und der in einem Pflegeheim für ehemalige Obdachlose gelebt hat. „*Ich weiß nicht genau, wie er dort gelandet ist, aber er hatte keine Bekannten und Freunde.*" Um ihm ein Leben in diesem Heim, das sein Zuhause war, zu ermöglichen, kamen eine Heimhilfe und eine Pflegehelferin dreimal wöchentlich zu ihm. Als es auf das Ende zuging, wurde auch eine Palliativpflegerin hinzugezogen und es kamen ehrenamtliche HospizbegleiterInnen zu Besuch. „*Auch, wenn wir gerne mit unseren PatientInnen plaudern, sind wir ja meistens mit der Pflege beschäftigt. Ein Gespräch über das Leben, über den Tod, eine Vorbereitung auf das, was da kommt, braucht Zeit, Aufmerksamkeit und auch das Wissen eines/einer Hospizbegleiters/in.*"

Diese Aufmerksamkeit erhielt Herr J. So konnte er so lange wie möglich zu Hause leben. Nur ganz zuletzt war das stationäre Hospiz besser für ihn. Dort verbrachte er die letzten drei Tage seines Lebens. „*Er sagte immer, er möchte in ein Zimmer mit Blick auf den Garten. Wir haben einen Arzt gefunden, der genau das ermöglichte.*" So konnte Herr J. wirklich in Frieden sterben, selbstbestimmt bis zur letzten Minute.

6.8 Evaluation

Im Rahmen des Interventionsprojektes HPC Mobil werden umfassende Maßnahmen gesetzt, um Hospizkultur und Palliative Care in der Betreuung und Pflege zu Hause stärker zu integrieren. Darüber hinaus soll im Zuge des Projektes die gefühlte psychische und physische Arbeitsbelastung der MitarbeiterInnen deutlich reduziert und ihre Gesundheit positiv beeinflusst werden. Ferner sollen die gesetzten Maßnahmen als indirekte Folge zu einer verbesserten Betreuung und Pflege der schwer kranken und sterbenden Personen führen und die gefühlte psychische und physische Belastung der An- und Zugehörigen reduzieren.

Die Hauptforschungsfrage der Evaluation lautet entsprechend:

> **Fragen**
> Welche Wirkungen hat das Interventionsprojekt „Hospizkultur und Palliative Care in der Betreuung und Pflege" auf die wesentlichen Projektzielgruppen?

6.8.1 Evaluationsdesign

Als Herangehensweise wurde ein Mix aus quantitativen und qualitativen Methoden zur Erhebung der Wirkungen gewählt. Schober et al. (2013) haben grundlegende Entscheidungsmöglichkeiten, die bei der Erstellung eines Evaluationsdesigns berücksichtigt werden sollten, erarbeitet. Diese sind in der ◘ Abb. 6.1 dargestellt. Grundsätzlich sind

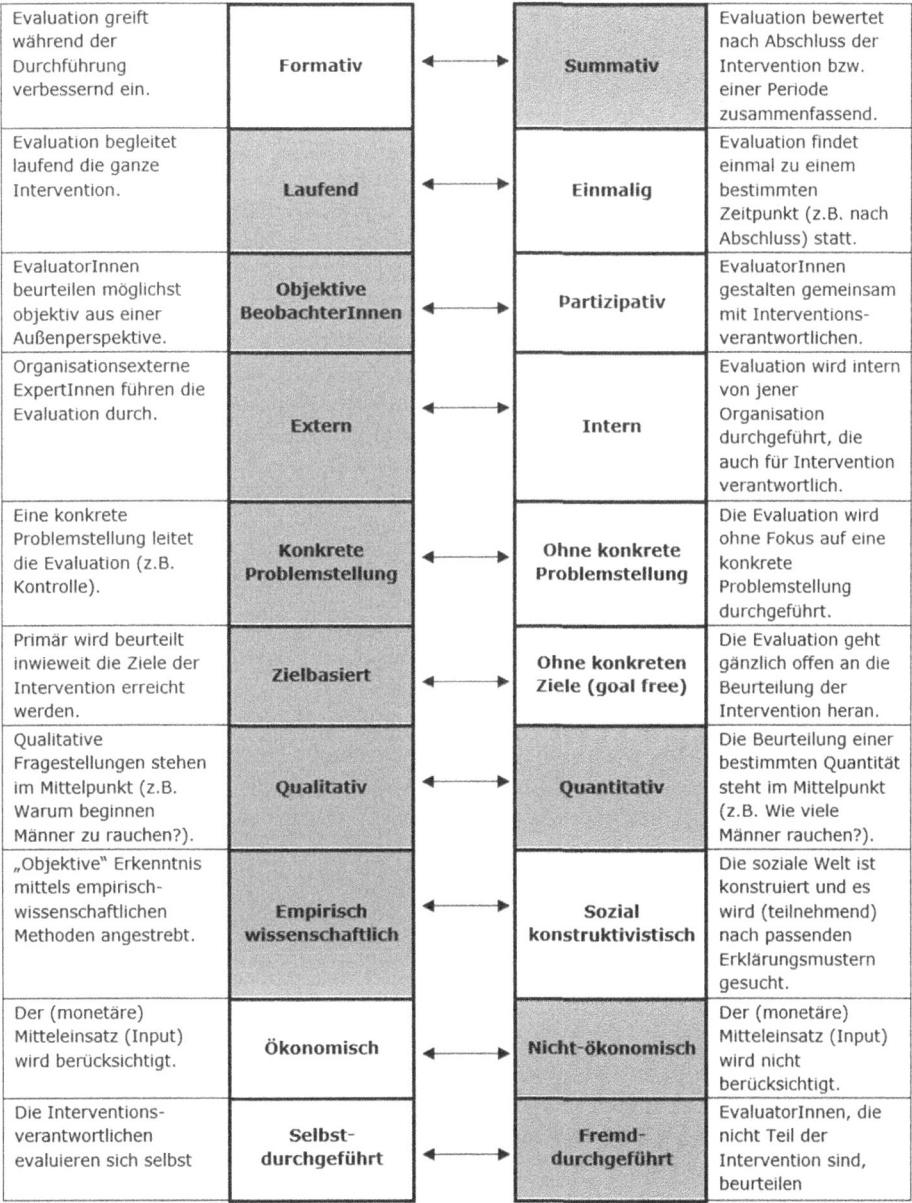

◘ Abb. 6.1 Entscheidungsdimensionen im Rahmen einer Evaluationsdesignwahl. (Schober 2013)

beliebige Kombinationen möglich, wobei gewisse Verknüpfungen sinnvoller erscheinen. Der im Rahmen der Evaluation gewählte Zugang beinhaltet die farblich grau gekennzeichneten Felder.

6.8.2 Die nächsten Schritte

Im Zuge der nächsten Schritte innerhalb der Evaluation wird der Fokus auf den Veränderungen aufgrund der gesetzten Maßnahmen liegen. Hierfür sind beispielsweise Fokusgruppen mit den unterschiedlichen Berufsgruppen, die von den Maßnahmen im Rahmen ihrer Tätigkeit profitieren sollten, geplant. Darüber hinaus werden auch Gespräche mit Dienstleistern weiterer Angebote der mobilen Betreuung (z. B. HausärztInnen, Mobile Palliativteams, Rettungsdienste, ehrenamtliche Hospizteams etc.) hinsichtlich Verbesserungen in der Zusammenarbeit geführt.

Zudem sind auch Interviews mit KlientInnen zu ihrer Wahrnehmung der Betreuung und Pflege sowie mit An- und Zugehörigen bezüglich eines sensibleren Umgangs mit dem Thema Sterben geplant. Aufgrund der sensiblen Thematik wurde im Zuge der Evaluation beschlossen, dass VertreterInnen der Trägerorganisationen, nach einer entsprechenden Einschulung, diese Gespräche führen sollen.

Gegen Ende des Projekts wird auch eine Folgebefragung unter den MitarbeiterInnen durchgeführt. Somit werden auf Basis der geführten Gespräche und Erhebungen zu Beginn der Intervention sowie nach mehr als einem Jahr die entfalteten Wirkungen bei den einzelnen Zielgruppen trägerübergreifend dargestellt.

6.8.3 Vernetzung

Im Zuge des Projektes haben sich neben den bereits zu Beginn festgesetzten Gremien und Arbeitsgruppen, wie z. B. der Steuergruppe, neue trägerübergreifende Arbeitsgruppen aufgrund des sich ergebenden Bedarfs etabliert.

Aus den bisher im Rahmen der Evaluation geführten Gesprächen wurden diese als Plattformen für den Austausch und für ein voneinander Lernen gesehen und positiv beurteilt. Vielfach wurde auch erkannt, dass durch einen gemeinsamen Auftritt nach Außen viele Ziele des Projektes erfolgreicher umgesetzt werden können.

6.8.4 Bisher gesetzte Schritte

Die bisher gesetzten Schritte im Zuge der Evaluation zielten vor allem auf das Erfassen der vorherrschenden Strukturen und Abläufe innerhalb der mobilen Betreuung und Pflege sowie die Arbeitssituation des Betreuungs- und Pflegepersonals an sich bei den teilnehmenden Trägern ab. Dies erfolgte zum einen durch Gespräche mit TrägervertreterInnen, den sogenannten Projektleitungs-Duos (PL-Duos), sowie Team- bzw. SozialstationsleiterInnen. Zum anderen wurde eine Baseline-Erhebung unter allen MitarbeiterInnen durchgeführt.

Insgesamt haben über 1400 MitarbeiterInnen an der Erhebung teilgenommen. Die Ergebnisse zeigen im Wesentlichen, dass der Umgang mit Sterben und Tod sowie die Wahrnehmung der Betreuungs- und Pflegesituation von schwer kranken und sterbenden Personen zu Hause nach den einzelnen Berufsgruppen differenzieren. Beispielsweise holen HeimhelferInnen im Vergleich zu den anderen Berufsgruppen in der Betreuung und Pflege zu Hause in sogenannten Krisensituationen, das heißt bei der Verschlechterung des Gesundheitszustandes des Klienten bzw. der Klientin am Freitagabend oder am Wochenende, mehrheitlich den Notarzt/-ärztin oder die Rettung. Zudem stellt für diese Berufsgruppe im Vergleich zu den PflegeassistentInnen die Betreuung von schwer kranken und sterbenden Personen eine größere Belastung dar. Jedoch ist der Berufsgruppe der HeimhelferInnen zum Zeitpunkt der Erhebung ein Austausch zum Thema Sterben und Tod nicht so wichtig im Vergleich zu den VertreterInnen des diplomierten Personals bzw. den PflegeassistentInnen.

6.9 Ausblick und Vision

Damit Hospizkultur und Palliative Care in der mobilen Betreuung und Pflege dauerhaft gelebt werden kann, braucht es eine Veränderung in den finanziellen und strukturellen Vorgaben. Es braucht mehr Flexibilität und mehr Freiräume. Schwer kranke und sterbende Menschen können nicht in 15, 30 oder 45 starr vorgegebenen Minuten betreut werden, denn das Sterben verläuft selten nach Plan.

Jeder Besuch ist anders, und Betreuende wissen nie, was sie erwartet. Das können Schmerzen sein, die nicht in den Griff zu bekommen sind, HausärztInnen, die keine Morphine geben wollen, übermüdete und trauernde Angehörige, die knapp vor dem Burn-out stehen, PatientInnen, die Essen und Trinken verweigern und in Ruhe gelassen werden wollen, um ihren letzten Weg gehen zu können.... In jedem Fall sind es Situationen, die alle Beteiligten fordern ihre Haltung, ihre Kompetenz, ihre Erfahrung und ihre Kraft einzubringen, um das möglich zu machen, was sich die/der KlientIn wünscht, nämlich zu Hause sterben zu können. Das braucht Zeit und Selbstverantwortung, Sicherheit bei den Betreuenden und Vertrauen in ihre Professionalität und ihre Person.

Die Betreuenden müssen ein überschaubares Team sein können, sodass die KlientInnen und ihre Angehörigen ihre Ansprechpersonen kennen und ihnen vertrauen können. Es braucht Zeit, um sich mit der/dem Hausarzt/ärztin, dem Mobilen Palliativteam, dem Hospizteam bezüglich der gemeinsamen Betreuung und Pflege absprechen zu können.

Dafür gibt es im Moment keine finanzielle Abgeltung, es ist KEINE Zeit vorgesehen für z. B. eine vorausschauende Planung. Es gibt auch keine Zeit für die Angehörigen und Vertrauenspersonen, obwohl diese in der Betreuung zu Hause eine zentrale Rolle spielen, auch Betreuungsaufgaben übernehmen und dafür entsprechende Unterweisungen und Hilfestellungen brauchen. Sie sind eine essenzielle Ressource, wenn man möchte, dass das Sterben zu Hause gelingen soll. Doch derzeit ist keine Zeit für die Zusammenarbeit mit den Angehörigen vorgesehen.

Es braucht von den Verantwortlichen das Zutrauen und das Vertrauen in die überaus tüchtigen und fähigen Betreuenden der mobilen Betreuung und Pflege zu Hause, dass sie wissen, was am allerbesten ist für ihre schwer kranken und sterbenden KlientInnen, sodass sie so lange vor Ort bleiben und jene Handlungen setzen können, die die Situation verlangt.

Die Bereitschaft aller Leitenden und Betreuenden der Träger sich mit den schwierigen Themen Sterben und Tod auseinanderzusetzen und entsprechende Handlungen zu setzen ist sehr groß. Sie wollen ihren KlientInnen ein Sterben zu Hause ermöglichen. Doch das Engagement der Träger alleine reicht nicht aus, es braucht auch Veränderungen der finanziellen und strukturellen Rahmenbedingungen in der mobilen Betreuung und Pflege zu Hause, wenn ein würdiges Sterben zu Hause gelingen soll.

Literatur

Davy, J., & Ellis, S. (2010). *Palliativ pflegen. Sterbende verstehen, beraten und begleiten* (3. Aufl.). Bern: Huber.
Feichtner, A. (2014). *Lehrbuch der Palliativpflege* (4. Aufl.). Wien: Facultas.
Grossmann, R. (2013). Perspectives of new public governance: Organizing public goods cooperatively in the health and social sector. In C. G. Worley & P. H. Mirvis (Hrsg.), *Building networks and partnerships: Bd. 3. Organizing for sustainable effectiveness*. Bingley: Emerald Group Publishing Limited.
Grossmann, R., Lobnig, H., & Scala, K. (2007). *Kooperationen im Public Management. Theorie und Praxis erfolgreicher Organisationsentwicklung in Leistungsverbünden, Netzwerken und Fusionen*. Weinheim: Juventa.
Grossmann, R., Prammer, K., & Neugebauer, C. (2010). Unterschiede in Einklang bringen. Von der Herausforderung, Kooperationen zu beraten. *Zeitschrift für Organisationsentwicklung, 2011*(2), 20–29.
Grossmann, R., Bauer, G., & Scala, K. (2015). *Einführung in die systemische Organisationsentwicklung*. Heidelberg: Carl-Auer.
Herczeg, M., Janfeld, B., Kleinen, B., Kritzenberger, H., Paul, H., & Wittstock, M. (2000). Virtuelle Teams. Erkenntnisse über die Nutzung von Video Conferencing and Application Sharing bei der Unterstützung virtueller Teams. Institut für Arbeit und Technik. ▶ http://www.iat.eu/aktuell/veroeff/ps/paul00a.pdf. Zugegriffen: 26. Juni 2018.
Schober, C., Rauscher, O., & Millner, R. (2013). Evaluation in NPOs. In R. Simsa, M. Meyer & C. Badelt (Hrsg.), *Handbuch der Nonprofit Organisationen. Strukturen und Management* (5. Aufl.). Stuttgart: Schäffer-Poeschel.
Schwänke, U. (2005). *Die Storyline-Methode: Ein innovatives Unterrichtskonzept in der Praxis*. Donauwörth: Auer.

Mischa Bahringer, Mag^a (FH), MAS (Socialmanagement)
Sozialarbeiterin; Innovationsmanagerin und Projektleiterin für Palliative Care bei der Volkshilfe Wien.

Sigrid Beyer, Mag.a Dr.in
Soziologin, Pädagogin, Projektmanagement, Autorin, Hunalehrerin; Projektleiterin und wissenschaftliche Mitarbeiterin im Dachverband Hospiz Österreich; Arbeitsschwerpunkt 2009 – 2015 Hospizkultur und Palliative Care in Alten- und Pflegeheimen; seit 2015 Hospizkultur und Palliative Care in der mobilen Pflege und Betreuung zu Hause; Genderforschung – qualitativ-empirische Studie zu „Sterbeprozesse von Frauen" (2008); 2015 in Deutsch und Englisch erschienen: ‚Poojas Geschichte' (ein indisch-britischer Roman) und ein Geschichtenband ‚Erdenengel, Botschaften für dich'.

Ursula Dickbauer, Mag.a
Soziologin, Diplomierte Gesundheits- und Krankenpflegerin; stellvertretende Pflegedienstleiterin und Projektleiterin HPC Mobil bei Sozial Global Wien.

Maria Eibel, BSc, MA
Sozialarbeiterin; Projektassistentin im Projekt Hospizkultur und Palliative Care in der mobilen Pflege und Betreuung zu Hause beim Dachverband Hospiz Österreich in Wien, Koordinatorin der Bundesarbeitsgemeinschaft Trauerbegleitung, Koordinatorin des Mobilen Hospizteams vom Hospizverein Scheibbs in Niederösterreich.

Hermine Freitag
DGKP, Leitung Betreuung beim Arbeiter-Samariter-Bund Wien, Projektleiterin und Trainerin im HPC-Projekt.

Ralph Grossmann, Dr.jur.
Professor für Organisationsentwicklung, OD-Consulting, Beratung und Forschung für Organisationsentwicklung.

Christine Hintermayer, Mag.[a] (FH)
Bereichsleitung Betreuung zu Hause CS Caritas Socialis GmbH; seit 1990 in der mobilen Pflege und Betreuung tätig, seit 2000 Bereichsleitung; 2003 Projektleitung Mobiles Palliativteam des CS Hospiz Rennweg.

Dorothea Iduemre, BSc
Diplomkrankenpflegerin und Mitarbeiterin in der Qualitätssicherung beim Arbeitersamariterbund, Projektleiterin und Trainerin im HPC-Projekt.

Selma Sprajcer, Mag.[a],
Researcherin am NPO & SE Kompetenzzentrum der Wirtschaftsuniversität Wien, Projektleitung bei der Evaluation des Projektes Hospizkultur und Palliative Care in der mobilen Pflege und Betreuung zu Hause, Forschungsschwerpunkte im Bereich Menschen mit Behinderung, Freiwilligenarbeit und Zivilgesellschaft.

Tomasz Tobolski, Mag., MSc (Palliative Care)
Palliativebeauftragter bei der Volkshilfe Wien.

Barbara Wiesbauer-Kriser, MAS
Leiterin Caritas Pflege Wien, zentrale Pflegedienstleitung.

Zukunft für alle – Armut ansprechen und überwinden

Monika Vukelic-Auer

7.1 Das Phänomen „Armut" – 108
7.1.1 Armut und Armutsgefährdung – 108
7.1.2 Armut als mehrdimensionales Konzept – 109

7.2 Das Projekt „Zukunft für alle" – 109
7.2.1 Projektidee – 109
7.2.2 Projektziele – 110
7.2.3 Projektstruktur – 111

7.3 Meilensteine in der Projektentwicklung und im Projektverlauf – 112
7.3.1 Akute Armutsbetroffenheit – 112
7.3.2 Prävention von Armut – 113
7.3.3 Öffentlichkeitsarbeit und Bewusstseinsbildung – 114
7.3.4 Armutsauswirkungen auf Kinder und Jugendliche – 114
7.3.5 Armut und Arbeit – 114
7.3.6 Ergebnisse – 115
7.3.7 Nachbetrachtung – 118

Literatur – 122

© Springer Fachmedien Wiesbaden GmbH, ein Teil von Springer Nature 2019
C. Neugebauer, S. Pawel, H. Biritz (Hrsg.), *Netzwerke und soziale Innovationen,* Schriften zur Gruppen- und Organisationsdynamik 12, https://doi.org/10.1007/978-3-658-21551-4_7

7.1 Das Phänomen „Armut"

7.1.1 Armut und Armutsgefährdung

Für eine Bestimmung, wann eine Person als arm oder armutsgefährdet bezeichnet wird, können verschiedene Indikatoren herangezogen werden. Während sich die einen Definitionsversuche ausschließlich auf einen einkommenszentrierten Ansatz beziehen, schließen andere auch Faktoren, wie z. B. Wohnverhältnisse, Zugang zu sozialen Angeboten etc., ein. Im Folgenden wird in erster Linie auf die Definition der EU-SILC (Statistics on Income and Living Conditions) Bezug genommen. Es handelt sich dabei um eine europaweite Statistik zu Lebensbedingungen, Einkommen und Armutsgefährdung von Privathaushalten (Till-Tentschert et al. 2007, S. 15, 21).

Armut und Armutsgefährdung werden zunächst am Haushaltseinkommen der Personen gemessen. 60 % des Medianäquivalenzeinkommens bilden nach europäischer Konvention die Armutsgefährdungsschwelle, das sind in Österreich gemäß EU-SILC 2015 für einen Einpersonenhaushalt 13.956 EUR pro Jahr bzw. 1163 EUR pro Monat (Göttlinger et al. 2016, S. 10).

Personen mit einem Einkommen unter dieser Grenze werden somit als armutsgefährdet bezeichnet. Ein komplexes Phänomen wie Armut kann jedoch nicht nur in dieser eindimensionalen Sichtweise über Einkommen erfasst werden. Wie viel eine Person verdient, sagt noch nichts darüber aus, ob sie mit diesem Einkommen auch grundlegende Bedürfnisse abdecken. Daher gilt es „Teilhabechancen und soziale Strukturen […] ganz unterschiedlicher Lebensführungen mit dem gleichen Einkommen" (Till-Tentschert et al. 2007, S. 34) zu vergleichen. Zu „vergleichenden Zwecken ist diese Definition jedoch sinnvoll" (Till-Tentschert et al. 2007, S. 33).

Da Einkommen in diesem Sinn nur als indirektes Maß für eine Armutslage herangezogen werden kann, wird hier auch „nur" von Armutsgefährdung gesprochen. Eine Definition von „Armut" schließt auch eine relative Teilhabe an der Gesellschaft mit ein:

> Armut wird dann angenommen, wenn die verfügbaren Ressourcen nicht ausreichen, um den in einer Gesellschaft üblichen Lebensstandard zu erreichen. Unterschiedliche Bedürfnisse (z. B. alte Menschen vs. berufstätige Menschen oder Jungfamilien), Kostenstrukturen (z. B. Stadt-Land, Ost-West) und Rahmenbedingungen (z. B. teure Mietwohnung oder Eigentum) ermöglichen aber ganz unterschiedliche Lebensführungen mit dem gleichen Einkommen […]. Armut kann daher als mangelnde Teilhabe entstehend aus mangelnden Ressourcen betrachtet werden. Eine empirische Erfassung von Armut muss daher sowohl Ressourcen wie auch den Lebensstandard berücksichtigen. Die tatsächliche Armutslage wird erreicht, wenn grundlegende Bedürfnisse nicht abgedeckt sind und nicht ausreichend Ressourcen vorhanden sind, um dieser entgegenzuwirken. Begriffe wie soziale Ausgrenzung oder Deprivation versuchen einem multidimensionalen Armutsphänomen gerecht zu werden (Till-Tentschert et al. 2007, S. 45).

Unter Deprivation ist eine primäre (wie angemessene Wohnung oder Heizmöglichkeit, Nahrung, Kleidung, Urlaub u. a.) und sekundäre (wie Verzicht auf PC, Handy, PKW, Geschirrspüler, gesundheitliche Einschränkungen, Wohnungsprobleme u. a.) Benachteiligung in wesentlichen Lebenslagen zu verstehen. Es geht dabei um „fehlende Möglichkeiten", Güter und Dienstleistungen in Anspruch nehmen und sich an

Maßnahmen und Aktivitäten des gesellschaftlichen Lebens beteiligen zu können. Diese nichtmonetären Indikatoren finden im Ansatz der akuten Armut Verwendung (Bundesministerium für soziale Sicherheit, Generationen und Konsumentenschutz 2004, S. 226–228).

Nach diesem Befund ist „Armut mehrdimensional und nicht nur als Extremform von Einkommensungleichheit zu verstehen" (Dietz 1997, S. 69). Armut kann und muss in einem weiteren Kontext somit auch als „soziale Ausgrenzung" definiert werden.

Berücksichtigt werden muss auch, ob die betroffenen Personen in den Bereichen Gesundheit, Wohnen etc. ausgegrenzt bzw. benachteiligt sind. Armutslagen können somit auch bei Menschen festgestellt werden, deren Einkommen über der Armutsgefährdungsgrenze liegt, wenn die Lebenslagen der Einzelnen mitberücksichtigt werden (wie z. B. Krankheit, Verschuldung, kleine Kinder etc.). Von manifester Armut kann dann gesprochen werden, wenn ein niedriges Einkommen und ein niedriger Lebensstandard gleichzeitig auftreten (Till-Tentschert et al. 2007, S. 16, 45 ff.).

7.1.2 Armut als mehrdimensionales Konzept

Ein ausschließlich einkommenszentriertes Verständnis von Armut und Armutsgefährdung greift daher zu kurz. Im Folgenden werden Faktoren und Dimensionen beschrieben, die in einem engen Zusammenhang mit Armut und Armutsgefährdung stehen bzw. die als Folge von Armut den Lebensalltag der Betroffenen beeinflussen können. Denn „Armut verringert die Möglichkeiten der Teilhabe am gesellschaftlichen Wohlstand." (Ansen 2006, S. 86). In folgenden Bereichen (Ansen 2006, S. 58 ff.) kann es zu einer Unterversorgung der Betroffenen kommen:
- Einkommen
- Wohnen
- Familiäre und soziale Unterstützung
- Bildung
- Gesundheit
- Persönliche Perspektiven

Diese Dimensionen sind sehr eng miteinander verbunden, wobei in erster Linie ausgehend vom Einkommen, die Wohnraumausstattung, der Zugang zu sozialen und gesundheitsbezogenen Diensten, Möglichkeiten der Bildung, Folgen für die soziale und familiäre Situation sowie die individuelle Verarbeitung der Situation beeinflusst werden.

7.2 Das Projekt „Zukunft für alle"

7.2.1 Projektidee

Für die ehemalige Bürgermeisterin der Stadt Kapfenberg zählte die Auseinandersetzung mit dem gesellschaftlichen Phänomen „Neue Armut" zu den vorrangigen Anliegen der Funktionsperiode 2005 bis 2010. Seit April 2006 wurde an diesem Thema sehr intensiv gearbeitet. Verantwortliche der kommunalen Verwaltung fanden mit rund 40 VertreterInnen sozialer regionaler Einrichtungen, Organisationen und Vereine Lösungsansätze zur Enttabuisierung des Themas und zur Verbesserung der Lebenssituation bekannter

Risikogruppen. Erfreulicherweise war das Interesse, gemeinsam an diesem Thema zu arbeiten, sehr groß.

Der Lösungsarbeit wurden statistische Daten über die Armutsgefährdung in Österreich (Till-Tentschert et al. 2009) – heruntergebrochen auf Kapfenberg – zugrunde gelegt. Davon ausgehend, dass als armutsgefährdet jene Personen bezeichnet werden können, welche ein Einkommen unter der Armutsgefährdungsschwelle von 60 % des Medianeinkommens haben, waren im Jahre 2008 12,4 % der österreichischen Bevölkerung armutsgefährdet (rund eine Million ÖsterreicherInnen und rund 142.000 Betroffene in der Steiermark). Diese Daten aus EU-SILC 2008 wurden vor dem Auftreten von Folgen der Finanz- und Wirtschaftskrise erhoben. Am stärksten gefährdet waren laut EU-SILC alleinstehende Frauen, Familien mit drei oder mehr Kindern und Alleinerziehende. Auch Menschen mit Migrationshintergrund sind von einem erhöhten Armutsrisiko betroffen (Till-Tentschert et al. 2007, S. 32 ff.).

Über einen rein einkommenszentrierten Ansatz von Armut hinausgehend zeigte die Statistik, dass bei 5 % der Bevölkerung ein niedriges Einkommen und ein niedriger Lebensstandard gleichzeitig auftreten, d. h. diese Personen gelten als manifest arm. Weitere 7 % waren zwar von Einkommensarmut, jedoch nicht von einer mangelnden Teilhabe in zentralen Lebensbereichen betroffen. Dagegen fand sich bei 21 % der Personen mit einem Einkommen über der Armutsgefährdungsschwelle eine Einschränkung in zentralen Lebensbereichen (Till-Tentschert et al. 2007, S. 16).

In fünf Arbeitskreisen wurden in regelmäßigen Treffen Maßnahmen und Projekte entwickelt. Besonders hervorzuheben ist, dass die Mitglieder der Arbeitskreise mit großem Engagement ihr fachliches Wissen, ihre Erfahrungen aus dem beruflichen Alltag und ihre persönlichen Ressourcen in die gemeinsame Arbeit einbrachten und auch immer noch einbringen.

Durch laufende Öffentlichkeitsarbeit, wie Projekte mit Schulen, theaterpädagogische Konzepte, Initiativen im öffentlichen Raum und Podiumsdiskussionen, wurden Betroffene erreicht und die Bevölkerung für das Thema sensibilisiert.

Das Innovative an dem Projekt war und ist die Vernetzung mit einschlägigen sozialen Einrichtungen und NGOs, Behörden und politischen VerantwortungsträgerInnen in Kapfenberg, die mit dem Thema „Neue Armut" direkt oder indirekt zu tun hatten und haben, mit dem Ziel KooperationspartnerInnen und MitveranstalterInnen zu gewinnen. Gemäß Projektrichtlinie der Stadtgemeinde Kapfenberg wurden auch ein Projektteam und ein Lenkungsausschuss mit ExpertInnen aus Verwaltung und Politik eingerichtet.

Im Rahmen des Projekts „Zukunft für alle" wurden Maßnahmen umgesetzt, die sich in erster Linie an die sozial schwächer gestellten Personen in Kapfenberg richteten. Das Projekt verstand „Armut" dabei nicht im Sinne eines rein einkommenszentrierten Ansatzes, sondern berücksichtigte, wie oben ausgeführt, in der Umsetzung der Maßnahmen im Sinne eines ganzheitlichen Ansatzes auch andere Bereiche, die eng mit Armutssituationen bzw. finanziell prekären Lebenslagen zusammenhängen. Familien mit Kindern und AlleinerzieherInnen zählten genauso zur Zielgruppe, wie ältere, vereinsamte Personen, MindestpensionsbezieherInnen und die Gruppe der MigrantInnen.

7.2.2 Projektziele

Mit dem Projekt wurde vorrangig das Ziel verfolgt, Maßnahmen auf kommunaler Ebene zu entwickeln, die dazu geeignet sind, die Lebenssituation von Menschen, die von Armut betroffen und gefährdet sind, zu verbessern und ihnen die Teilhabe am gesellschaftlichen Leben zu ermöglichen. Ein weiteres Ziel war, sich mit dem Thema „Neue Armut" öffentlichkeitswirksam auseinander zu setzen, um dieses zu enttabuisieren.

7.2.3 Projektstruktur

Das Projekt wurde auf Grundlage der „Richtlinie für Projektarbeit in der Stadtgemeinde Kapfenberg" umgesetzt.

- **Projektteam**

Das Projektteam bestand aus fünf Arbeitsgruppenverantwortlichen, der Projektleiterin und dem Lenkungsausschuss, dem neben der Bürgermeisterin ein Stadtrat, eine Gemeinderätin, der Stadtamtsdirektor und zwei Führungskräfte der Verwaltung angehörten.

- **Vorprojektphase**

Die Vorprojektphase beinhaltete die Projektinitiierung durch die Bürgermeisterin. Die Rahmenplanung umfasste die Beschreibung der Ausgangssituation, der Projektziele und -nutzen, die möglichen Teammitglieder, die benötigten personellen Ressourcen und Kosten sowie mögliche Projektrisiken. Diese Planung wurde von der später eingesetzten Projektleiterin durchgeführt und schließlich wurde die Projektentscheidung von der Bürgermeisterin getroffen.

- **Planungsphase**

Die Planungsphase umfasste ein Kick-off Meeting, den Projektauftrag der damaligen Bürgermeisterin und die Projektplanung mit Situationsanalyse, Projektzielsetzung, Projektstrukturplan, Meilenstein- und Terminplanung, Ressourcen- und Kostenplanung sowie Risikoanalyse. Die Verantwortung dafür oblag der Projektleiterin.

Bereits an der ersten moderierten Arbeitskreissitzung „Runder Tisch – Neue Armut" nahmen über 40 Personen aus zum Teil sehr unterschiedlichen Einrichtungen und NGOs sowie politische VerantwortungsträgerInnen teil. Nach der persönlichen Präsentation der Projektidee durch die Bürgermeisterin und einem „Kennenlernen" der TeilnehmerInnen des Arbeitskreises, setzten sich die ExpertInnen bereits in kleinen Gruppen mit dem Thema auseinander. Die Ergebnisse der Gruppenarbeiten wurden im Plenum präsentiert und dieses machte Vorschläge, wie das Thema von ExpertInnen, wenn möglich mit Betroffenen, zu konkreten Projekten weiterentwickelt bzw. wie mit den vorhandenen Ergebnissen gearbeitet werden könnte. Beim zweiten „Runden Tisch" wurden fünf Arbeitsgruppen und deren Verantwortliche festgelegt. Die Ergebnisse des ersten gemeinsamen Meetings wurden zur Weiterentwicklung und Bearbeitung den Arbeitsgruppenverantwortlichen übergeben.

- **Durchführungsphase**

In der Durchführungsphase haben die Arbeitsgruppenverantwortlichen mit ihren Teams sehr engagiert in insgesamt 13 Arbeitsgruppensitzungen die ihnen übertragenen Aufgaben behandelt. Die Ergebnisse wurden dann von der Projektleiterin entsprechend aufbereitet, mit Zahlen belegt und in Form eines Projektstatusberichtes dem Lenkungsausschuss zur Abstimmung/Genehmigung vorgelegt. Ebenso wurden die Arbeitsschritte dokumentiert und kommentiert. Erforderlichenfalls wurden nach positiven Entscheidungen im Lenkungsausschuss von der Projektleiterin Vorlagen an den Gemeinderat zur Beschlussfassung erstellt und die Beschlüsse umgesetzt. Die Meilensteine wurden der regionalen Presse in Pressekonferenzen vorgestellt.

Am Ende des Projektes wurde der Auftraggeberin und dem Lenkungsausschuss von der Projektleiterin ein umfangreicher Schluss- und Projektbericht vorgelegt.

- **Zentrale Herausforderungen**

Die Auseinandersetzung mit dem Tabuthema „Armut" auf kommunaler Ebene erforderte von der Bürgermeisterin eine große Portion Mut. Für ihre Projektidee musste sie auf politischer und Verwaltungsebene Überzeugungsarbeit leisten und politische MitstreiterInnen gewinnen. Nachdem sich durch die Einbindung von Beginn an so viele Personen aus diversen sozialen Organisationen mit dem Thema engagiert auseinandersetzten, wurde die Bürgermeisterin in ihrem Handeln gestärkt.

Es war bei diesem Projekt mit einem *negativ* besetzten Thema sehr wesentlich, einen Projekttitel mit „Zukunft für alle" bzw. Überschriften, wie „alle(s) für alle" (AktivCard) oder „Einer für alle" (sozialer Lebensmittelmarkt) zu finden, die der Bevölkerung Positives vermitteln konnten bzw. noch können.

Eine der Herausforderungen war für die Projektleiterin, die vielen interessierten und motivierten Arbeitsgruppenmitglieder während der Planungsphase am Mitgestalten und Mitarbeiten zu halten. Die Organisation und das strukturierte Arbeiten hatten dies möglich gemacht. Weitere Herausforderungen waren die Erstellung der Handlungsvorschläge/-empfehlungen an die Politik und Verwaltung, die Aufstellung bzw. Durchsetzung der Finanzierung für die entwickelten Maßnahmen sowie die Umsetzung der Öffentlichkeitsarbeit zur Enttabuisierung des Themas.

Die Finanzierung für die Umsetzung der Maßnahmen musste zu 100 % aus dem Gemeindehaushalt aufgestellt werden. Einmalige Förderungen des Bundes oder Landes waren in diesem Zusammenhang keine zu erwarten. Zudem sollte eine Finanzierung der Maßnahmen mittelfristig sichergestellt werden.

7.3 Meilensteine in der Projektentwicklung und im Projektverlauf

7.3.1 Akute Armutsbetroffenheit

Die Mitglieder der Arbeitsgruppe „Menschen, die von Armut betroffen sind" haben sich in ihren Treffen intensiv mit den Lebensformen alleinlebender Personen, AlleinerzieherInnen, Mehrkindfamilien, MigrantInnen und Mindestsicherungs- und MindestpensionsbezieherInnen auseinandergesetzt und gemeinsam nach Lösungen zur Verbesserung der Lebenslagen und Erhöhung der Teilhabechancen der genannten Zielgruppen gesucht. Dabei wurden die Ursachen und Entstehungszusammenhänge der armutsgefährdeten und von Armut betroffenen Menschen hinterfragt. Ein besonderes Augenmerk wurde auf die deprivierten Lebenssituationen, wie regelmäßige Zahlungen rechtzeitig begleichen, die Wohnung warm halten, unerwartete Ausgaben finanzieren, notwendige Arztbesuche in Anspruch nehmen, bei Bedarf neue Kleidung kaufen zu können etc., gelegt.

In Gesprächen mit Betroffenen konnte ein tiefer Einblick in ihre wirklich prekären Lebenslagen gewonnen werden. Diese Menschen fühlen sich aufgrund der ungleichen Verteilung isoliert und ausgeschlossen und sie haben häufiger das Gefühl nicht partizipieren/nicht eingreifen zu können. Durch ihre Lebenssituationen bestehen weniger Freundschaften und die Menschen erfahren wenig Anerkennung. Ihr Selbstwertgefühl und ihr Selbstbewusstsein sind sehr reduziert. Menschen in Armutslagen können nur selten auf ein tragfähiges Unterstützungsnetzwerk zurückgreifen. Bei der Entwicklung der Maßnahmen zur Verbesserung der Lebenslagen und Teilhabechancen der Zielgruppen wurden die aus den Recherchen gewonnenen Erkenntnisse sowie die Erfahrungen der Betroffenen berücksichtigt. Die Arbeitsgruppenmitglieder haben Vorschläge zur Einführung einer Sozialcard und zur Errichtung eines sozialen Lebensmittelmarktes eingebracht. In letzterem Zusammenhang hat die Gruppe einige Sozialmärkte in Österreich besichtigt und mit den Verantwortlichen Gespräche geführt.

7.3.2 Prävention von Armut

In der Arbeitsgruppe „Prävention von Armut" waren sich die ExpertInnen einig, dass es in diesem Zusammenhang vor allem SozialarbeiterInnen braucht, die im Erwachsenenbereich tätig sein können, da alleinstehende Personen und ältere bzw. alte, vereinsamte/verwahrloste Menschen aufgrund fehlender Ressourcen von den SozialarbeiterInnen der Bezirkshauptmannschaft nicht erfasst und betreut werden. Gerade diese Zielgruppe ist überdurchschnittlich hoch armutsgefährdet. Mit diesem Angebot sollten durch den niedrigschwelligen und aufsuchenden Ansatz vorrangig Personen erreicht werden, die es von selbst nicht schaffen, Unterstützungsangebote anzunehmen. Dabei sollten die Sicherung der Existenz, wie Abklärung der finanziellen Situation, Information über finanzielle Leistungen sowie Unterstützung bei der Antragstellung, Unterstützung bei der Wohnversorgung, Beratung und Unterstützung bei Mietrückständen, Heizkosten- und Stromrückständen und die Weitervermittlung an geeignete Unterstützungsangebote in der Region als Ziele verfolgt werden. Weiters sollte die präventive Sozialarbeit eine Anlaufstelle für unterschiedliche Problemlagen, wie Arbeit, Gesundheit, familiäre Probleme, interkulturelle Konflikte, Verwahrlosungen etc. sein.

Die Mitglieder dieser Arbeitsgruppe haben von Beginn an die Forderung nach SozialarbeiterInnen für die präventive Sozialarbeit gestellt. Weiters hat sich die Gruppe mit dem Aufbau eines Netzwerkes auseinandergesetzt, um armutsgefährdete und von Armut betroffene Personen in Kapfenberg zu erreichen. Betroffene sollten sich in regelmäßigen Zusammenkünften austauschen und vernetzen können, sie sollten Informationen über Unterstützungsangebote erhalten und in ihrem Können und Selbstwert gestärkt werden. Da gerade die Vernetzung mit anderen sozialen Einrichtungen in der sozialen Arbeit von zentraler Bedeutung ist, sollte Kontakt zu in Kapfenberg und im Bezirk vorhandenen HelferInnensystemen hergestellt werden.

In der Arbeitsgruppe wurde auch eine Datenerhebung von in Kapfenberg von Armut betroffenen und gefährdeten Personen eventuell in Kooperation mit einer Fachhochschule oder Universität angesprochen.

7.3.3 Öffentlichkeitsarbeit und Bewusstseinsbildung

Das Ziel der Arbeitsgruppe „Öffentlichkeitsarbeit und Bewusstseinsbildung" war es, das Armutsthema in der Öffentlichkeit zu enttabuisieren und die Bevölkerung zu sensibilisieren, um einen respektvolleren, menschenwürdigen Umgang mit der Zielgruppe zu ermöglichen. Betroffene sollten über Unterstützungsmöglichkeiten, Rechte und Ansprüche informiert werden. Ziel war es die Betroffenen dazu anzuregen, sich mit ihrer Situation auseinanderzusetzen und aktiv nach Lösungen zu suchen. Sie sollten ermutigt werden, alle bestehenden Möglichkeiten auszuschöpfen. Nachdem sich Menschen, die von Armut, Arbeitslosigkeit etc. betroffen sind, oft isolieren, wurden Möglichkeiten, die eine Netzwerkbildung von Betroffenen fördern können, überlegt. In Workshops und durch theaterpädagogische Arbeit sollten Armutsrealitäten sichtbar gemacht und mit falschen Bildern und Mythen von Armut aufgeräumt werden.

7.3.4 Armutsauswirkungen auf Kinder und Jugendliche

Die Arbeitsgruppe „Auswirkungen von Armut auf Kinder und Jugendliche" setzte sich mit dem Armutsrisiko und den Armutsverhältnissen von Kindern und Jugendlichen auseinander. In Armut lebende Kinder haben schlechtere Aussichten als nicht armutsgefährdete gleichaltrige Kinder, die Schulausbildung erfolgreich zu absolvieren, nicht straffällig zu werden, gesund zu bleiben und in den Arbeitsmarkt und die Gesellschaft integriert zu werden. So fehlt es in Haushalten vor allem auch an Geld, um Kindern abgetragene Kleidung zu ersetzen, das monatliche Essensgeld im Kindergarten und in der Schule zu bezahlen, die Anschaffungen für den Schulanfang zu tätigen, einen Computer anzuschaffen und sie an Sport- und Sprachwochen, wie auch Lernhilfen teilnehmen zu lassen. Kinder versuchen Armutsverhältnisse zu bewältigen, indem sie schwierige Situationen „mit sich selbst ausmachen" (ablenken, weggehen und darüber nachdenken), selbst soziale Unterstützungen suchen oder aber auch Anstatt-Handlungen/-Haltungen setzen und ihre Belastungen sowohl durch aggressive Verhaltensweisen, wie auch Forderungen an die Eltern und die Umwelt weitergeben (Schenk und Moser 2010, S. 43 f.).

Die Mitglieder dieser Arbeitsgruppe haben sich mit Maßnahmen auseinandergesetzt, die auf kommunaler Ebene dazu geeignet sind, die Vereinbarkeit von Beruf und Familie sowie vor allem die Teilhabechancen für Kinder und Jugendliche zu verbessern.

7.3.5 Armut und Arbeit

Für die Mitglieder der Arbeitsgruppe „Armut und Arbeit" wurde als oberstes Ziel aller Maßnahmen für die Zielgruppe ein adäquates Dienstverhältnis auf dem ersten Arbeitsmarkt definiert. Nachdem Arbeitslosigkeit nach wie vor als Hauptursache für Armut gilt, kann mit der Eingliederung in den Arbeitsmarkt Armut vermieden und bekämpft werden. Wenn eine Person ihre Arbeit verliert, verliert sie sehr oft auch ihren Status und ihre Kreditwürdigkeit, ihre Wohnung und zuletzt auch ihre sozialen Kontakte. Personen, die geringfügig beschäftigt sind, sind von Einkommensarmut besonders betroffen. Sie suchen nach Alternativen in Form eines regulären Vollzeitjobs, einer besseren Teilzeitbeschäftigung oder einer echten selbstständigen Tätigkeit. Menschen, die in prekären Billigjobs arbeiten, haben größere gesundheitliche Probleme. Viele Working Poor kommen aus ihrer schlechten Situation nicht mehr oder nur noch kaum heraus. Ein niedriges Erwerbseinkommen hat im Fall von Krankheit, Arbeitslosigkeit und Ruhestand besondere Auswirkungen auf niedrige Sozialleistungen. Personen, die über einen langen Zeitraum prekär beschäftigt sind, erhalten bei einem Jobverlust ein derart niedriges Arbeitslosengeld bzw. eine derart niedrige Notstandshilfe, dass sie davon nicht leben können (Schenk und Moser 2010, S. 120 ff.).

Die Arbeitsgruppe schlug vor, das Thema insofern zu sensibilisieren, als politische und öffentliche EntscheidungsträgerInnen sowie Verantwortliche der Wirtschaft dazu aufgerufen werden, dieser Form von Armut entgegenzuwirken. Der Zielgruppe sollten Praktika, kurz- und langfristige Dienstverhältnisse zur Verfügung gestellt werden, um somit eine Wiedereingliederung in den Arbeitsmarkt zu unterstützen bzw. zu ermöglichen. Als weiteres Ziel wurde die Projektentwicklung und Vernetzung von bestehenden Angeboten für Nischengeschäfte und brachliegende Tätigkeiten in Form einer „Drehscheibe" festgelegt. Zielgruppe sind nicht in Beschäftigung stehende Frauen und Männer, wie Langzeitarbeitslose, MindestsicherungsbezieherInnen, WiedereinsteigerInnen, „förderbare" Personen nach AMS-Richtlinien, in atypischen Beschäftigungsverhältnissen stehende Personen, geringfügig und Teilzeit-Beschäftigte. Für die Zukunft braucht es mehr sozioökonomische Unternehmen, damit Menschen nach längerer Arbeitslosigkeit und/oder Menschen mit eingeschränkten Fähigkeiten sowie gesundheitlichen Beeinträchtigungen schrittweise wieder an den Arbeitsmarkt herangeführt werden können. Da immer Menschen auf dem ersten und sogar zweiten Arbeitsmarkt keine Chance mehr haben, braucht es einen erweiterten bzw. „dritten" Arbeitsmarkt.

7.3.6 Ergebnisse

Aus den Ideen und Vorschlägen der Mitglieder der Arbeitsgruppen konnten in Abstimmung mit dem Lenkungsausschuss nach Beschlussfassung im Gemeinderat der Stadt Kapfenberg die nachstehend beschriebenen Maßnahmen in angeführter Reihenfolge umgesetzt werden.

- **AktivCard**

Die Einführung der AktivCard mit 01.01.2008 zählt zu den Meilensteinen im Projekt. Anspruch auf die Karte haben alle KapfenbergerInnen mit Hauptwohnsitz. Die Einkommensgrenzen für Einpersonen- und Mehrpersonenhaushalte orientieren sich an der Armutsgefährdungsschwelle gem. EU-SILC (Göttlinger et al. 2016).

Mit der AktivCard können zahlreiche Angebote in Kapfenberg ermäßigt genutzt werden. Beispielhaft können folgende Ermäßigungen genannt werden:
- für den Besuch von kulturellen und sportlichen Veranstaltungen
- für den Besuch des Hallen- und Freibades sowie der Sauna
- für die Kinderbetreuung in der Kinderkrippe Kapfenberg
- für Mittagessen in ganztägigen Betreuungseinrichtungen (Kinderkrippe, Kindergärten, Nachmittagsbetreuung, Ganztagsschule)
- für die mobile Versorgung mit „Essen auf Rädern"
- für den öffentlichen Personennahverkehr

- für den Einkauf im sozialen Lebensmittelmarkt „Einer für alle"
- für sportliche Aktivitäten von Kindern und Jugendlichen im Nachwuchsmodell Kapfenberg
- für Angebote im Integrierten Sozial- und Gesundheitssprengel

Aktuell sind rund 700 Personen im Besitz der AktivCard. Auf die Haushaltsmitglieder umgelegt, können rund 1800 Personen die oben genannten Ermäßigungen beanspruchen. Die AktivCard wird im Bürgerbüro der Stadtgemeinde rasch und unbürokratisch nach Vorlage der Einkommensnachweise ausgestellt und nach Ablauf eines Jahres verlängert. Die für die Ermäßigungen anfallenden Kosten werden zu 100 % aus dem Budget der Stadtgemeinde finanziert.

- **Sozialer Lebensmittelladen „Einer für alle"**

Der soziale Lebensmittelmarkt wurde 2008 als weiterer Meilenstein im Projekt in Kapfenberg eröffnet. Dieser unterscheidet sich grundlegend von den Sozialmärkten in Österreich. Mit pro mente Steiermark konnte ein erfahrener Träger für die Umsetzung gefunden werden. Alle Lebensmittel werden von der Firma Nah & Frisch geliefert. Die Stadtgemeinde unterstützt dieses Projekt durch Zuschussleistungen für Miete und Betriebskosten.

In der Umsetzung des Projekts wurde ein neuer sozialer Lösungsansatz sichtbar: Die bestehenden Sozialmärkte (SOMA) bieten grundsätzlich „Ausschussware" an und sind nur für einkommensschwache Personen zugänglich. Im Unterschied dazu ist der Lebensmittelmarkt in Kapfenberg für alle Personen erreichbar, d. h. jede/r kann dort einkaufen. Für Personen mit geringem Einkommen besteht die Möglichkeit, mit einer Chipkarte – ähnlich der KundInnenkarten – Lebensmittel (auch Sonderangebote) um bis zu 60 % günstiger einzukaufen. Zu den günstigen Einkaufskonditionen kommt ein volles Warensortiment hinzu, wodurch eine reiche Auswahl an Produkten für eine ausgewogene Ernährung zur Verfügung steht. Dieser neue Lösungsansatz im Zugang der Zielgruppe und im Angebot wirkt Stigmatisierung entgegen. Dem Lebensmittelmarkt ist auch ein Café angeschlossen, wodurch vor allem für alleinstehende Personen die Möglichkeit der Kommunikation und Vernetzung mit anderen Menschen besteht.

Eine besondere Stärke dieser Projektlösung ist auch die Kombination der Einkaufsmöglichkeit mit einem arbeitsmarktpolitischen Projekt, da pro mente Qualifizierungsmaßnahmen für Menschen anbietet, die über den zweiten Arbeitsmarkt wieder in das Berufsleben einsteigen möchten. Dieser Ansatz erhöht somit die Teilhabechancen mehrerer benachteiligter Gruppen.

- **Möbelbörse**

Seit 2009 kann der Verein Sozialkreis Kapfenberg durch die finanzielle Unterstützung der Stadtgemeinde für Adaptierung, Miet- und Betriebskosten eine Möbelbörse betreiben. Ein Team von Ehrenamtlichen vermittelt Einrichtungsgegenstände und Lebensmittel an Betroffene. Zum Teil werden Wohnungen komplett geräumt und die noch verwertbaren Einrichtungsgegenstände in den Räumlichkeiten des Vereins zwischengelagert. Diese Form der Unterstützung bewirkt vor allem auch Kosteneinsparungen im Sozialhilfebereich, da Gebrauchtes wiederverwendet wird und damit gerade zum Lebensbedarf notwendige Einrichtungsgegenstände überaus preisgünstig zur Verfügung gestellt werden können. Die Mitglieder der Möbelbörse sind mit dem Bürgerbüro der Stadtgemeinde, dem Sozialreferat der Bezirkshauptmannschaft und verschiedenen Organisationen, auch über die Gemeindegrenzen hinweg, sehr gut vernetzt.

- **Präventive Sozialarbeit**

2007 erfolgten der Aufbau und die Etablierung der präventiven Sozialarbeit mit einem eigenen Büro in unserem integrierten Sozial- und Gesundheitssprengel in Kapfenberg. Das Angebot der Erwachsenensozialarbeit ist sehr vielfältig. Die Palette reicht von Kurzberatungen bei rechtlichen und finanziellen Fragen bis hin zur Krisenintervention und langfristigen Begleitung bei persönlichen Schicksalsschlägen und existenzbedrohenden Notlagen. Für Personen mit psychischen Problemen, Suchterkrankungen oder körperlichen Beeinträchtigungen bieten die SozialarbeiterInnen auch Hausbesuche und Begleitungen zu Ämtern und Behörden an. Die Inanspruchnahme dieses Angebotes ist in den letzten Jahren rasant gestiegen, sodass eine langfristige intensive Begleitung nur in sehr schwierigen Lebensphasen und Krisen möglich ist. Oberstes Ziel ist, für alle Betroffenen eine gesicherte Existenz zu gewährleisten, Entwicklung zu ermöglichen und Perspektiven zu schaffen.

Durch die intensive Zusammenarbeit der SozialarbeiterInnen mit den Wohnungsgenossenschaften und der Stadtgemeinde können Betroffene bei Mietrückständen und bevorstehenden Delogierungen unterstützt und drohende Wohnungsverluste abgewendet werden. Zusätzlich kann bei einem Großteil der betroffenen Fälle durch mittel- und längerfristige Begleitung eine nachhaltige Existenzsicherung erreicht werden. Die Delogierungsprävention zeigt einen wirtschaftlichen Nutzen auf verschiedenen Ebenen, da nach Delogierungen Mietrückstände offen bleiben, für die neue Wohnversorgung Kosten für Kaution und Übersiedelung anfallen und in Härtefällen minderjährige Kinder zumindest vorübergehend fremd untergebracht werden müssen.

Durch die Erstellung eines Haushaltsplans und die Information sowie Unterstützung bei der Inanspruchnahme sozialer Leistungen kann ein finanzieller Rahmen geschaffen werden, der nachhaltige Existenzsicherung ermöglicht. Durch die Vermittlung und die Kooperation mit professionellen HelferInnen kann auch für Armutsgefährdete mit psychischen Erkrankungen oder Suchtproblemen eine selbstständige Existenz in den meisten Fällen gewährleistet werden.

Im Frühjahr 2012 wurde auf Initiative der präventiven Sozialarbeit der Arbeitskreis „Existenzsicherung" gegründet. Das Ziel der Treffen ist, alle MitarbeiterInnen von Sozialeinrichtungen, die mit Existenzsicherung zu tun haben, aber auch jene MitarbeiterInnen aus anderen (Verwaltungs-)Bereichen, an einen Tisch zu bringen. Ungefähr alle drei Monate trifft sich der Arbeitskreis zum professionellen Austausch. Bei Bedarf oder auch zu Schwerpunktthemen werden zusätzliche Gäste eingeladen. So kommt es nicht nur zur Bearbeitung von existenzsichernden Themen (materielle Grundsicherung, Wohnversorgung etc.), auch gesetzliche Änderungen oder Veränderungen am Wohnungsmarkt werden diskutiert. Ziel ist es, auf Bezirksebene die Kommunikation und Vernetzung unter den Einrichtungen zu fördern, aber auch Kontakte zu wichtigen EntscheidungsträgerInnen herzustellen und gemeinsam an Problemlösungen zu arbeiten.

- **Öffentlichkeitsarbeit**

Zur Bewusstseinsbildung und Enttabuisierung des Themas wurden diverse öffentlichkeitswirksame Maßnahmen umgesetzt:
- Wanderausstellung „A-Sozial" der überparteilichen ARGE Jugend gegen Gewalt und Rassismus
- Straßentheateraktionen „Am Pranger", „Aufgedeckt", „Glücksautomat" und „Wertschöpfung" sowie das interaktive Forumtheater „Kein Kies zum Kurvenkratzen" der Werkstatt für Theater und Soziokultur InterACT

- Theaterpädagogische Workshops von InterACT in den Hauptschulen und im BG und BRG Kapfenberg
- Podiumsdiskussionen „Armut vermeiden, Armut bekämpfen" und „Schulden"
- Presseinformationen der Bürgermeisterin und regionale sowie überregionale Medienberichterstattung
- Internationale Auszeichnung des Projektes mit der „SozialMarie" durch die Unruhe Privatstiftung Wien

- **Projektmodell „Arbeit + Würde"**

Dieses entwickelte Stufenmodell soll den Einstieg in die Arbeitswelt erleichtern und auch dem Ziel Nachdruck verleihen, Menschen über mehrere Stufen wieder voll in den 2. oder sogar in den 1. Arbeitsmarkt zu integrieren.

Für die TeilnehmerInnen soll es bei Bedarf auch möglich sein, bei zu hoher Belastung, z. B. vom 2. Arbeitsmarkt in den „3. Arbeitsmarkt" zu wechseln (◘ Abb. 7.1).

- **Sozialfonds**

Seit 2007 kann mit Spendengeldern von privaten Personen vorrangig Kindern und Jugendliche aus Familien in prekären Lebenssituationen die Teilnahme an Skikurs-, Schulland- und Sportwochen ermöglicht werden. Die Unterstützungen aus dem Sozialfonds erfolgen ohne schriftlichen Antrag unbürokratisch und rasch nach Vorlage und Überprüfung der Einkommensunterlagen. Die SpenderInnen werden schriftlich über die Verwendung der Spenden informiert, wobei aus Datenschutzgründen keine Namen bekannt gegeben werden.

7.3.7 Nachbetrachtung

Im Nachhinein betrachtet, trug die Einbindung der zahlreichen VertreterInnen von Institutionen, Organisationen und Vereinen aus dem Sozial- und Gesundheitsbereich maßgeblich zur erfolgreichen Umsetzung und nachhaltigen Entwicklung des Projektes bei. Durch die breite Expertise war es möglich, die unterschiedlichen Dimensionen von Armut in den Bereichen Einkommen, Wohnen, familiäre und soziale Unterstützung, Bildung, Gesundheit, Arbeit und persönliche Perspektiven zu betrachten und gemeinsam Lösungsansätze zu entwickeln. Die hohe Identifikation und Motivation der Beteiligten, sich gemeinsam mit einem wichtigen gesellschaftspolitischen, jedoch eher unpopulären Thema auseinander zu setzen, war für die Arbeit im Arbeitskreis und in den Arbeitsgruppen besonders förderlich.

Wenn der Arbeitskreis nicht so breit aufgestellt und das Interesse sowie das Engagement der Arbeitskreis- und Arbeitsgruppenmitglieder nicht so groß gewesen wären, hätte dieses Projekt keinesfalls in so einem Umfang und so erfolgreich umgesetzt werden können. Das gemeinsame Auftreten der Arbeitskreismitglieder und die aus den Arbeitsgruppen aufgestellten Forderungen und Handlungsergebnisse an den Lenkungsausschuss und die Gemeindepolitik verliehen dem Projekt einen hohen Stellenwert und entsprechende Durchsetzungskraft.

Durch die Einbindung von ExpertInnen im Sozial- und Gesundheitsbereich von Beginn des Projektes an, sowie die strukturierte Kooperation und Kommunikation der ExpertInnen im Arbeitskreis und in den Arbeitsgruppen, konnte die Bürgermeisterin

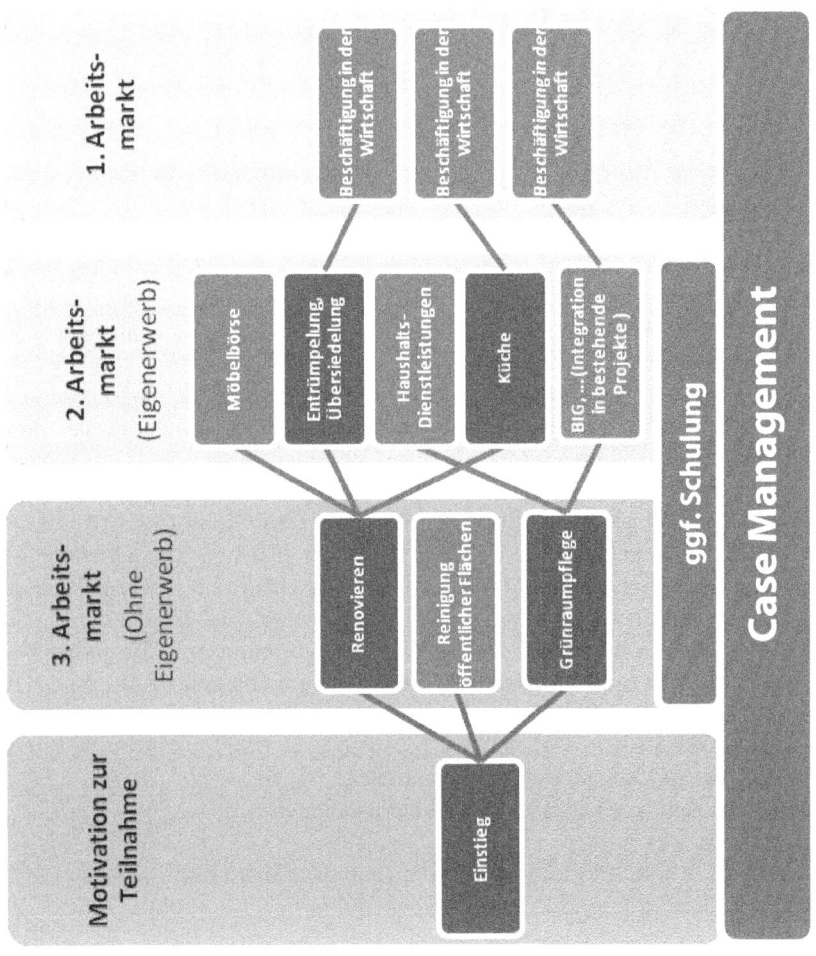

Abb. 7.1 Projektmodell „Arbeit + Würde". (Stadtgemeinde Kapfenberg 2011, S. 49)

auf immaterielle Ressourcen und Potenziale zur Bewältigung der Aufgabenstellung zurückgreifen. Diese Form der Zusammenarbeit erlaubte es, vorhandenes Wissen zu nutzen, Synergien herzustellen und Abstimmung zu erreichen. So konnten durch die Vernetzung zuvor eher isolierter Organisationen und Vereine spezifische und zeitgemäße, örtliche Lösungsvorschläge erarbeitet werden:

> » Die Koppelung zuvor isolierter Organisationseinheiten zu Netzen versetzt die Beteiligten in die Lage, variabel auf den Anstieg der Geschwindigkeit der Erneuerungszyklen des Wissens und Handelns zu reagieren. Der Informationsfluss und die Interaktion werden nach Bedarf und nicht nach einem starren Hierarchiemodell organisiert. Qualitätsvoller bearbeitet werden auch die Schnittstellen der professionellen Akteure, wenn die funktional getrennten Spezialisten der Fachbereiche bei der Anwendung des Wissens ihre gegenseitige Abhängigkeit berücksichtigen (Schubert 2008, S. 12).

Wenn Netzwerkarbeit heute öfters auch noch belächelt wird, sollte gerade bei Projekten auf kommunaler Ebene diese Form der Beteiligung (sozialräumliche Vernetzung) nicht unterschätzt und unterlassen werden. „Wenn ich nicht mehr weiter weiß, gründe ich einen Arbeitskreis" – so wird Vernetzung belächelt. Nicht selten wird Vernetzung und Kooperation als ineffektiv und die damit verbundenen Aufgaben als zusätzliche Belastung empfunden. Bei allem zusätzlichen Aufwand bleibt der Gewinn nicht selten undeutlich (Ellerbrock 2012).

Die sozialräumliche Vernetzung beschreibt die komplexe Beziehungsorganisation der unterschiedlichen Akteure eines Sozialraumgebietes. Dabei können die Beteiligten zur Wohnbevölkerung gehören, dort ehrenamtlich oder bürgerschaftlich engagiert sein, als MitarbeiterInnen von Institutionen und Einrichtungen auftreten oder öffentliche sowie zivilgesellschaftliche Institutionen einer höheren Gebietsebene (Kommune, Land, Bund) sein. Wesentlich für die Vernetzung ist, dass es sich nicht um hierarchische Beziehungen, sondern freiwillige und folglich formal gleichberechtigte Partner handelt. Allen ist gemein, dass sie an denselben Bedarfslagen arbeiten. Dabei kann ihr Handeln mehr oder weniger koordiniert sein. Die Struktur der Zusammenarbeit ist in der Regel nicht vorgegeben, sondern Gegenstand gemeinsamer Vereinbarungen. Aus einem solchen Verständnis lassen sich mehrere Merkmale von Kooperation und Vernetzung ableiten (Altena 2003, S. 3):

- die Freiwilligkeit der Kooperationsentscheidung
- die Unabhängigkeit bzw. Selbstständigkeit der Beteiligten
- die Abstimmung der Partner
- die Beziehung(sstruktur) zwischen den Kooperationspartnern und
- die bessere Zielerreichung als Zweck der Kooperation

Mit der sozialräumlichen Vernetzung soll gerade der multiprofessionelle Ansatz gestärkt werden. Dieses Vorgehen bietet einige Vorteile. So eröffnet die Nutzung unterschiedlicher Sichtweisen und Zugänge ein breiteres Spektrum an Informationen und methodischen Ansätzen. Die Voraussetzung für die freiwillige Vernetzung und Kooperation mit anderen Fachrichtungen ist die Einsicht, dass durch die Berücksichtigung der gegenseitigen Abhängigkeit eine Steigerung der Qualität der Ergebnisse erreicht werden kann. Ein unerlässlicher Faktor ist dabei die gemeinsame Vereinbarung von Zielen für das koordinierte Handeln. Auch in Bezug auf kleinteiligere Ziele ist eine solche gemeinsame

Definition ein Schlüsselfaktor. Was sich in allen Fällen aber immer wieder bestätigt, ist die zentrale Relevanz der Funktion als intermediäre Instanz – insbesondere, wenn es um die Berücksichtigung der Bedürfnisse und Interessen der Wohnbevölkerung als auch der Sichtweisen lokal tätiger AkteurInnen vor Ort geht (Ellerbrock 2012).

Das Projekt „Zukunft für alle" wurde, wie erwähnt, nach den Richtlinien für Projektarbeit in der Stadtgemeinde Kapfenberg umgesetzt. Die Projektstruktur ermöglichte trotz Vorgaben eine gute Zusammenarbeit aller AkteurInnen auf unterschiedlichen Ebenen. Alle Beteiligten des Arbeitskreises und der Arbeitsgruppen entschieden sich freiwillig zur Kooperation und brachten selbstständig ihre fachliche Expertise sowie ihre Erfahrungen in ihre Arbeit mit der Zielgruppe ein.

In einem partizipativen Prozess konnten die Vorschläge an die EntscheidungsträgerInnen mitgestaltet werden. Gerade der multiprofessionelle Ansatz war für das Projekt sehr förderlich, da seitens der ExpertInnen die unterschiedlichen Sichtweisen in den Arbeitsgruppen diskutiert und dann gemeinsam neue Lösungsansätze für die Verbesserung der schwierigen Lebenssituationen der von Armut betroffenen Risikogruppen gefunden werden konnten.

Zusätzlich war es für die Vermehrung des breiten Spektrums und in weiterer Folge für den Projekterfolg äußerst sinnvoll und hilfreich, vor allem in der Durchführungsphase des Projektes immer wieder Betroffene einzubeziehen. Das war ein wesentliches Projektelement, um auch die Sichtweisen und Lebenserfahrungen der Betroffenen in die Vorschläge für umsetzbare Maßnahmen auf kommunaler Ebene einfließen zu lassen. Geeignete Formen dieser Partizipation waren die regelmäßig durchgeführten Frühstückstreffen, interaktive Theaterveranstaltungen, Workshops und Podiumsdiskussionen.

Schlussendlich ist ein Erfolgsfaktor einer erfolgreichen Vernetzung, diese so aufzubauen, dass sie neben strukureller Verbindlichkeit, Kommunikation und klaren Entscheidungsstrukturen auch Raum für eine stimmungsvolle, persönliche Zusammenarbeit lässt (Ellerbrock 2012).

Im gegenständlichen Projekt ist der Stellenwert des Netzwerks für die soziale Innovation sehr hoch, vor allem weil die NetzwerkpartnerInnen über einen unterschiedlichen Organisationsgrad verfügen – nicht zuletzt, als sich die NetzwerkpartnerInnen aus ganz unterschiedlichen AkteurInnen zusammensetzte, wie zum Beispiel Betroffene, Träger der Jugend- und Behindertenhilfe, Familien- und MigrantInnenorganisationen, Kindergärten, Schulen, Vereine, kirchliche Organisationen, öffentliche Verwaltung und Politik. Gerade deshalb war die Bereitschaft, an Zielen und Visionen gemeinsam zu arbeiten, von Beginn des Projektes an gegeben. Es ging den NetzwerkpartnerInnen nicht um einen unverbindlichen Austausch, sondern sie brachten tatsächlich ihre persönlichen und zeitlichen Ressourcen ein und nahmen verlässlich am Arbeitskreis und an den Arbeitsgruppentreffen teil.

Netzwerke werden für die zukünftigen Entwicklungen im Bereich der sozialen Innovationen zunehmend an Bedeutung gewinnen, wenn die AuftraggeberInnen den Mehrwert eines breiten Spektrums an Informationen als auch einer sichergestellten aktiven Beteiligung der PartnerInnen erkennen. Die NetzwerkpartnerInnen sollen darin einen echten Anreiz sehen, ihre Teilnahmen an den jeweiligen Netzwerken oder Projekten freiwillig und unabhängig gestalten zu können. Die Art der Kommunikation bzw. die Formen der Sitzungen und Treffen müssen, um Erfolg zu haben, dem Anlass und Kreis der Beteiligten angemessen sein.

Literatur

Altena, H. (2003). Von sozialen Netzwerken zur institutionellen Kooperation – Über die Leichtigkeit von Begriffen und die Schwierigkeit des Handelns – Impulsreferat am 13.02.2003. ▶ http://datenbank.spinnenwerk.de/vska/fortbildung_sozialraumorientierung/doku1302.pdf. Zugegriffen: 26. Juni 2018.

Ansen, H. (2006). *Soziale Beratung bei Armut*. München: Ernst Reinhard.

Bundesministerium für soziale Sicherheit, Generationen und Konsumentenschutz. (Hrsg.). (2004). *Bericht über die soziale Lage 2003–2004. Ressortaktivitäten und Analyse*. Wien: Bundesministerium für soziale Sicherheit, Generationen und Konsumentenschutz.

Dietz, B. (1997). *Soziologie der Armut: Eine Einführung*. Frankfurt a. M.: Campus.

Ellerbrock, K.-M. (2012). Vernetzung als Ansatz zur Verbesserung sozialer Arbeit – Ein Fall für systemisches Groupwork. In: Xing, AASWG Das deutsche Chapter der Gesellschaft für Soziale Gruppenarbeit. ▶ https://www.xing.com/communities/posts/vernetzung-als-ein-ansatz-zur-verbesserung-sozialer-arbeit-ein-fall-fuer-systemisches-groupwork-1002850558. Zugegriffen: 26. Juni 2018.

Göttlinger, S., Lamei, N., Aichholzer, H., Glaser, T., Heuberger, R., Oismüller, A., Riegler, R., & Skina-Tabue Fotso, M. (2016). *Tabellenband EU-SILC 2015. Einkommen, Armut und Lebensbedingungen*. ▶ https://www.sozialministerium.at/cms/site/attachments/2/0/8/CH3434/CMS1460623165106/tabellenband_eu-silc_2015.pdf. Zugegriffen: 26. Juni 2018.

Schenk, M., & Moser, M. (2010). *Es reicht! Für alle! Wege aus der Armut*. Wien: Deuticke.

Schubert, H. (Hrsg.). (2008). *Netzwerkmanagement. Koordination von professionellen Vernetzungen – Grundlagen und Praxisbeispielen* (S. 8). Wiesbaden: VS Verlag.

Stadtgemeinde Kapfenberg. (2011). Zukunft für alle: Projektbericht 2005–2010. ▶ http://www.kapfenberg.gv.at/system/web/GetDocument.ashx?fileid=880934. Zugegriffen: 7. Juni 2018.

Till-Tentschert, U., Lamei, N., Heuberger, R., & Bönisch, M. (2007). Einkommen, Armut und Lebensbedingungen. Ergebnisse aus EU-SILC 2005. Hg.: Statistik Austria, Wien. ▶ http://daten.schule.at/dl/Einkommen,_Armut_und_Lebensbedingungen.pdf. Zugegriffen: 7. Juni 2018.

Till-Tentschert, U., Glaser, T., Heuberger, R., Kafka, E., Lamei, N., Skina, M., & Till, M. (2009). *Armutsgefährdung in Österreich, Sozialpolitische Studienreihe* (Bd. 2), Dezember 2009.

Monika Vukelic-Auer, MBA

Abteilungsleiterin für Bürgerbüro und Sozialwesen mit den Schwerpunkten Melde-, Staatsbürgerschafts-, Personenstands- und Wahlangelegenheiten, Bedarfsorientierte Mindestsicherung, Kinderbetreuungsangelegenheiten (Kinderkrippe und Kindergärten), Familien-, SeniorInnen-, Gesundheits- und Integrationsangelegenheiten; Coach im beruflichen Kontext.

Freiwilliges Engagement zur Stärkung des sozialen Zusammenhalts

Susanna Rothmayer und Nicole Sonnleitner

8.1 Bedeutung von Netzwerken und Kooperationen im Sozialbereich – 124

8.2 Entstehungsgeschichte des ULF – 125

8.3 Ziele des Unabhängigen LandesFreiwilligenzentrums – 126

8.4 ULF: Eine soziale Innovation? – 126

8.5 Die sechs Säulen des ULF – 128

8.6 Organisationsstruktur – 129

8.7 Zentralen Herausforderungen begegnen – 130

8.8 Bedeutung von Netzwerken in der Wirksamkeit des ULF – 130

8.9 Projektergebnisse 2016 – 131

8.10 Reflexion – 133
8.10.1 Meilensteine in der Projektentwicklung – 133
8.10.2 Learnings und Erfahrungen zum Weitergeben – 133
8.10.3 Empfehlungen für die Ideenentwicklung – 135
8.10.4 Einschätzung der Entwicklung sozialer Innovationen und der Stellenwert von Netzwerken – 135

Literatur – 136

© Springer Fachmedien Wiesbaden GmbH, ein Teil von Springer Nature 2019
C. Neugebauer, S. Pawel, H. Biritz (Hrsg.), *Netzwerke und soziale Innovationen*, Schriften zur Gruppen- und Organisationsdynamik 12, https://doi.org/10.1007/978-3-658-21551-4_8

Die Erhebung der Statistik Austria 2006 zu freiwilligem Engagement im Auftrag des Bundesministeriums für soziale Sicherheit und Konsumentenschutz ergab, dass Freiwilligenarbeit in Österreich einen hohen Stellenwert besitzt. So engagieren sich rund 44 % der ÖsterreicherInnen ab 15 Jahren freiwillig. Die Studie zeigte aber auch, dass das freiwillige Engagement in Österreich noch ausbaufähig ist. 58 % der Befragten, die noch nicht freiwillig engagiert waren, erklärten, auch noch nie gefragt worden zu sein (vgl. Bundesministerium für Arbeit, Soziales und Konsumentenschutz 2009). Zusätzlich bringt die demografische Entwicklung mit sich, dass Zahl und Anteil der Kinder und Jugendlichen in vielen Regionen gesunken ist, während die Bevölkerung im nicht-mehr-erwerbsfähigen Alter stark zugenommen hat. Die Bevölkerung im Haupterwerbsalter zwischen 20 und 65 ist in den letzten Jahren vor allem in den städtischen Zentren angewachsen (Statistik Austria 2017a).

In den letzten Jahrzehnten stieg die Lebenserwartung in Österreich in einem eindrucksvollen Tempo. Und die Zahl der „in sehr guter Gesundheit verbrachten Jahre" stieg ebenfalls beachtlich an. Menschen in Österreich leben also erheblich länger als in den Vorjahren und sind dabei auch länger gesund (Statistik Austria 2017b).

In o. g. Studie der Statistik Austria wird ein Wandel in der Freiwilligenarbeit attestiert. Dieser lässt sich an drei Aspekten festmachen: einerseits, dass der Begriff „Ehrenamt" durch Begriffe wie „Freiwilligenarbeit" oder „freiwilliges/bürgerschaftliches Engagement" ersetzt wird. Man bekleidet nicht mehr so sehr ein Amt (der Ehre halber), sondern die Art der Tätigkeit rückt in den Vordergrund. Weiters, dass sich die Motive der Engagierten in Richtung persönliche Entfaltung und Entwicklung verändert haben und drittens, dass sich die Bindung Freiwilliger an Organisationen verändert. Das Eingehen langjähriger, gar lebenslanger Bindungen wird von zeitlich begrenzten und projektförmigen Tätigkeiten abgelöst, Freiwilligenzentren bzw. Bürgerbüros werden bevorzugte Andockstellen (vgl. Statistik Austria 2017b).

Diese Ergebnisse und Entwicklungen führten dazu, dass das Sozialministerium und das Sozialressort des Landes Oberösterreich im Jahr 2008 das Unabhängige Landes-Freiwilligenzentrum als Modellprojekt für Österreich mit Sitz in Linz initiierten. Ziel sollte sein, die neuen Entwicklungen und neue Potenziale freiwilligen Engagements zum Nutzen der Gesellschaft aufzugreifen. Einzigartig in Österreich sollte eine unabhängige Drehscheibe für freiwilliges Engagement etabliert werden, um möglichst viele Menschen damit anzusprechen.

8.1 Bedeutung von Netzwerken und Kooperationen im Sozialbereich

Parallel zu der beschriebenen strukturellen Entwicklung im Bereich der Freiwilligenarbeit verändert sich die Bedeutung von Netzwerken in und zwischen Organisationen. Die Anforderung, Lösungen für komplexe Problemstellungen zu entwickeln, setzt den Umgang mit neuen Formen der Zusammenarbeit voraus. Mit herkömmlichen Wegen des Miteinanders lassen sich die komplexen gesellschaftlichen Herausforderungen nicht lösen. Neue Formen von Kooperationen stehen auf der Tagesordnung. Denn nur sie ermöglichen eine Bündelung von Ressourcen, eine Entfaltung des Know-hows von AkteurInnen zur Lösung aktueller gesellschaftlicher Herausforderungen (vgl. Howaldt 2016).

Netzwerke entstehen dort, wo Organisationen oder Individuen an ihre Grenzen stoßen. Sie wirken grenzüberschreitend und bündeln Kompetenzen durch die Verknüpfung verschiedener Organisationen (vgl. Bruckner 2016, S. 3). Netzwerke nehmen also in unterschiedlichen gesellschaftlichen Systemen einen immer höheren Stellenwert ein. Wie bereits festgehalten, kann die Zielsetzung des ULF nur durch das Wirken starker Netzwerke von AkteurInnen im Sozialbereich umgesetzt werden (z. B. Netzwerk von Sozialorganisationen, die Freiwilligenarbeit umsetzen bzw. weiterentwickeln wollen, Netzwerk der FreiwilligenkoordinatorInnen in Alten- und Pflegeheimen, Netzwerk der interkulturellen Freiwilligenarbeit). Der Trägerverein des ULF, der Verein für Sozial- und Gemeinwesenprojekte, ist ebenfalls in zahlreichen Netzwerken aktiv, um das eigene Wirkungsfeld zu stärken. Als Beispiele seien hier genannt: Arbeit plus (Netzwerk sozialer Unternehmen im arbeitsmarktpolitischen Bereich), Sozialwirtschaft Österreich und Sozialplattform OÖ (Arbeitgebernetzwerke), Dachverband Österreichischer Kinder- und Jugendhilfeeinrichtungen.

8.2 Entstehungsgeschichte des ULF

Im Jahr 2008 wurde das Unabhängige LandesFreiwilligenzentrum als Drehscheibe für freiwilliges Engagement für den Sozialbereich in Oberösterreich ins Leben gerufen. Bereits im Grundkonzept wird die gesellschaftsverändernde, innovative Strategie deutlich zum Ausdruck gebracht: Die Förderung freiwilligen Engagements soll die Potenziale der Menschen zur Entfaltung bringen, dadurch das Zusammenleben stärken und den sozialen Zusammenhalt unterstützen. Die Bereitschaft mit und für andere aktiv zu werden, trägt viel zum gegenseitigen Verständnis und zu gegenseitiger Unterstützung bei und fördert die soziale Qualität unseres Zusammenlebens.

ULF wurde in seiner Vision – eine unabhängige Drehscheibe für freiwilliges Engagement zu sein – vom Sozialministerium und dem Sozialressort des Landes Oberösterreich als Modellprojekt für Österreich initiiert. Bei der Gründung des ULF wurde seitens der Politik deutlich darauf hingewiesen, dass es heute in unserer Gesellschaft darum geht, die Bereitschaft zum Engagement von jedem und jeder Einzelnen aufzugreifen, um das Ziel einer menschlichen Gesellschaft zu verwirklichen und künftige Herausforderungen zu meistern. Als große Herausforderungen unserer Zeit wurden die Bereiche *Armut-Reichtum bzw. sozialer Zusammenhalt*, *Umweltbelastung bzw. die Erhaltung unserer natürlichen Lebensgrundlagen*, das *Privileg des Alterns bis 100* (und mehr), die *Urbanisierung/Verstädterung* sowie die *Migration* hervorgehoben. Vom damaligen Bundesminister Rudolf Hundstorfer wurde im Rahmen der Eröffnungsfeierlichkeiten des ULF das Ziel formuliert, dass wir die bisher erreichten Errungenschaften der sozialen Sicherheit und Ökologisierung der Gesellschaft nicht nur erhalten, sondern entfalten wollen. Dazu brauchen wir das freiwillige Engagement möglichst Vieler.

Wichtig ist zu betonen, dass seit Beginn ausdrücklich darauf hingewiesen wird, dass keinesfalls professionelle Strukturen ersetzt werden, sondern soziales Engagement nur ergänzend Nutzen stiften darf.

Der Zugang zum ULF steht allen Menschen offen. ULF motiviert Menschen unabhängig ihres Alters oder der Herkunft, sich freiwillig im Sozialbereich zu engagieren und begleitet Freiwillige und soziale Organisationen bei ihrem Zusammenwirken. Um einen ersten Eindruck der Leistungen wiederzugeben: Im ULF sind mit Jahresende

2016 1763 Freiwillige aktiv, es nahmen 320 Personen an den Qualifizierungsworkshops teil, es wurden 353 persönliche Beratungen durchgeführt und es wurde mit 399 sozialen Organisationen und Vereinen kooperiert (vgl. ULF 2017).

8.3 Ziele des Unabhängigen LandesFreiwilligenzentrums

Aus dem Konzept und dem Auftrag der InitiatorInnen und FördergeberInnen geht deutlich hervor, dass durch die Tätigkeiten des ULF das Zusammenleben in unserer Gesellschaft nachhaltig beeinflusst werden soll. Jung und Alt sollen sich gegenseitig unterstützen, Kooperationen quer durch soziale Milieus sollen entstehen und das Verständnis zwischen Menschen unterschiedlicher Ethnien soll gefördert werden. Die Stärkung des sozialen Zusammenhalts steht im Zentrum.

Als Ziele werden formuliert:
- die Solidarität und gegenseitige Unterstützung in unserer Gesellschaft zu fördern
- den Zusammenhalt zwischen den Generationen, Kulturen und sozialen Schichten zu stärken
- das Potenzial älterer Menschen in der Nachberufsphase besser zu nutzen
- verstärkt auch junge Menschen für freiwilliges Engagement zu begeistern
- formelle Freiwilligentätigkeiten auch für Personen mit Migrationsgeschichte – insbesondere für AsylwerberInnen – zugänglich zu machen
- dass freiwilliges Engagement auch als Erwerb wertvoller sozialer und fachlicher Kompetenzen wahrgenommen wird
- die Teambildung zwischen hauptamtlichen und freiwilligen Mitarbeitenden zu stärken
- die Rahmenbedingungen für freiwilliges Engagement auf breiter Ebene zu verbessern.

8.4 ULF: Eine soziale Innovation?

Freiwilliges Engagement hat in Österreich eine lange Tradition. Man denke beispielsweise nur an das Rote Kreuz oder die Freiwillige Feuerwehr. Einzelne Organisationen gesellschaftlicher Dienstleistungen haben also bisher schon viel mit Freiwilligenarbeit zu tun, sowohl konzeptionell, als auch operativ. Die Organisationen sind zweifelsohne in diesem Bereich sehr erfahren und können als ExpertInnen für ihr Feld bezeichnet werden. Das ULF wurde mit einer anderen Aufgabe betraut: Freiwilligenarbeit sollte gezielt für den Sozialbereich weiterentwickelt und ausgebaut werden.

Ausgehend von der Definition sozialer Innovation, die in einer sechs europäische Länder übergreifende Studie mit dem Titel *Theoretical, Empirical and Policy Foundations for Social Innovation in Europe* (vgl. TEPSIE 2014) erarbeitet wurden, möchten wir nachfolgend die Aspekte sozialer Innovation in der Arbeit des ULF herausarbeiten. Ein Merkmal bezieht sich auf den Neuigkeitswert der Aktivität. Demnach ist es nicht erforderlich, dass etwas gänzlich Neues vorliegt, um von einer sozialen Innovation zu sprechen. Es muss jedoch eine Aktivität in irgendeiner Weise neu angewandt werden. Das kann auch für ULF festgehalten werden. Durch die Implementierung und Etablierung des ULF wurden Zielsetzung, Richtlinien und Standards betreffend die Freiwilligenarbeit in Oberösterreich erstmalig in einem breiteren Kontext festgelegt. Bis zu diesem Zeitpunkt waren die Rahmenbedingungen der einzelnen Organisationen relevant.

Die Umsetzung einer Idee wird in der Studie als weitere Prämisse formuliert. Genau das ist bei der Implementierung von ULF geschehen. Es gab eine Idee und in der Aufgabe der operativen Umsetzung war man mit aktuellen Rahmenbedingungen konfrontiert, mit neuen Herausforderungen, mit neuen Ideen, die aus den Potenzialen der Mitarbeitenden oder aufgrund externer Kooperationen entstanden. Man musste also auf die internen und externen Umwelten reagieren bzw. proaktiv auf sie zugehen und die Entwicklung zulassen bzw. lenken (vgl. Grossmann et al. 2015, S. 25 f.).

Das angestrebte Engagement und die Mobilisierung der Betroffenen werden ebenfalls als Kriterium für soziale Innovation definiert. Sind Betroffene in die Entwicklung oder Steuerung involviert? Die Mobilisierung von freiwillig Engagierten ist eines der Kernziele des ULF. ULF setzt bei der Tatsache an, dass Menschen zunehmend älter werden, gesünder bleiben und sich damit auch länger freiwillig engagieren können und wollen. Zudem sollen auch aktiv junge Menschen angesprochen werden, denn je früher Menschen freiwilliges Engagement kennen lernen, desto länger bleiben sie auch engagiert – oft ein Leben lang. Dem gegenüber steht die Entwicklung, dass in Sozialeinrichtungen immer mehr Unterstützungsleistungen erbracht werden müssen und es immer schwieriger wird, die individuellen Bedürfnisse von KlientInnen/KundInnen zu befriedigen. Deshalb ist es wichtig, Engagierte auch in die Entwicklung neuer Angebote einzubinden, damit sie selbst Möglichkeiten finden, auf diese Bedürfnisse zu reagieren.

Betroffene sind folgendermaßen in die Entwicklung und Steuerung des ULF involviert: Im ULF haben sich entsprechend der Wünsche der AuftraggeberInnen, aktueller gesellschaftlicher Notwendigkeiten sowie der besonderen Kompetenzen und individuellen Netzwerke der Mitarbeitenden und Freiwilligen unterschiedliche Handlungsfelder wie z. B. Freiwilligenarbeit in Alten- und Pflegeheimen, in Kinderbetreuungseinrichtungen, freiwilliges Engagement im Kontext des Service Learning oder in Kooperation mit Unternehmen zur Motivation der Mitarbeitenden (z. B. mittels Social Days – ein Unternehmen ermöglicht es ihren Mitarbeitenden, sich in der Arbeitszeit freiwillig zu engagieren) entwickelt. Der interne Organisationsaufbau und die Standards der internen Arbeitsweise ermöglichen eine laufende Reflexion, Verbesserungen und das Einbringen von Ideen. Die Organisation des ULF ist getragen von dezentralen, flachen Strukturen und einer Offenheit gegenüber den Umwelten. In der Erfüllung der Teilaufgaben spielt die Selbstorganisation und das Einbringen von individuellen Ideen eine große Rolle. Als strategisch wichtig erachtet wird eine ausgeprägte Feedbackkultur, das Einholen eines Blicks von außen (z. B. mittels Evaluierung sowie Supervision) und ein regelmäßiger strukturierter interner Austausch. Auch gegenüber den Freiwilligen ist eine wertschätzende Beziehung, die Raum für Feedback und das Einbringen neuer Ideen ermöglicht, sehr wichtig. Ebenso verhält es sich mit den KooperationspartnerInnen. Auch deren Ideen werden durch die Gestaltung der Form der Zusammenarbeit wertgeschätzt und aufgenommen.

Ein abschließendes Definitionskriterium, das in der TEPSIE Studie zur Definition sozialer Innovation herangezogen wird, ist die Transformation sozialer Beziehungen. Diese Transformation geschieht primär durch die Verbesserung des Zugangs zu Ressourcen und Macht für die Zielgruppen. Wodurch wird ULF diesem Kriterium gerecht? ULF ermöglicht freiwillig Engagierten die Teilnahme an Qualifizierungs- und Reflexionsangeboten. Die eigene Rolle und die eigene Persönlichkeit in Zusammenhang mit freiwilligem Engagement stehen dabei im Zentrum. Einmal pro Monat werden kostenlose Workshops für Freiwillige angeboten und von vielen in Anspruch genommen. Diese Angebote bereichern nicht nur durch unmittelbare Kenntniserweiterung, sondern auch durch die Möglichkeit, in Kontakt und Austausch mit anderen Freiwilligen zu treten. Es entstehen neue Kontakte, neue Netzwerke, was wiederum mit einem Zugewinn an Macht einhergeht (vgl. Katzmair und Mahrer 2011, S. 88 f.).

Empowerment, die Stärkung der Persönlichkeit, die Stärkung der Position in sozialen Beziehungen und im gesellschaftlichen Gefüge zeigt sich beispielsweise auch darin, dass soziales Engagement keine Einbahnstraße ist. So wollen Asylwerbende nicht ausschließlich die Rolle als HilfeempfängerInnen einnehmen, sondern sie wollen einen aktiven Beitrag leisten, sich einbringen, sich engagieren.

Eine weitere Transformation gesellschaftlicher Beziehungen entsteht insofern, als der Zugang zum Sozialbereich, zu sozialen Organisationen und deren Zielgruppen, breiter wird, soziale Arbeit transparenter wird. Z. B. interessieren sich Profit- und Nonprofit Organisationen wie Versicherungen, Gebietskrankenkasse, Drogeriemarkt, Arbeitsmarktservice, die nicht im sozialen Feld tätig sind, immer mehr für freiwilliges Engagement und bringen sich beispielsweise in Form von *Social Days* in dieses Feld ein. Als Social Days werden Aktivitäten im Rahmen von Corporate Volunteering (Unternehmen kooperieren mit gemeinnützigen Organisationen, unterstützen die ehrenamtlichen Tätigkeiten ihrer Mitarbeitenden mit Sach- und Geldspenden oder stellen ihre Mitarbeitenden dafür vom Dienst frei) bezeichnet. Mitarbeitende aus Unternehmen engagieren sich einen Tag im Rahmen ihrer Arbeitszeit in gemeinnützigen Organisationen (Projekten). Dabei werden Plätze für soziales Engagement gesucht. ULF steht als Vermittlerin zur Verfügung, indem es die Plätze für den freiwilligen Einsatz in verschiedenen sozialen Organisationen organisiert und den Einsatz koordiniert. Die Zunahme der Kontakte mit Unternehmungen und deren Mitarbeitenden erhöht die Möglichkeit, das Wirken und die Bedeutung des Sozialbereichs transparent und einer bereiteren Zielgruppe zugänglich zu machen.

Aus den beschriebenen Einzelaspekten geht hervor: Das Unabhängige LandesFreiwilligenzentrum ist mit seinen vielfältigen Aktivitäten Initiator und Gestalter sozialer Innovation und entfaltet sowohl bei den Mitwirkenden, als auch in der Gesellschaft nachhaltige Wirkungen.

8.5 Die sechs Säulen des ULF

Im Laufe seines Bestehens entwickelte sich das ULF permanent inhaltlich weiter. Einerseits durch das Reagieren auf neue gesellschaftliche Notwendigkeiten, andererseits durch standardisiertes Feedback der freiwillig Engagierten und Organisationen, durch Rückmeldungen von kooperierenden Netzwerken und zu einem Großteil auch aufgrund der jeweiligen Kompetenzen und Ideen der eigenen MitarbeiterInnen.

2014 führte diese emergente Entwicklung mit ständig neuen Projektideen und Kooperationsvorhaben dazu, dass seitens des Fördergebers der Wunsch nach klarer Strukturierung formuliert wurde. In diesem Strukturierungsvorhaben wurden folgende *sechs Säulen des ULF* festgelegt:
1. Freiwillige (Beratung, Vermittlung an Einrichtungen, Begleitung)
2. Einrichtungen (Beratung, Begleitung bei Konzepterstellungen, Projektaufbau und -umsetzung, Schulungen von FreiwilligenkoordinatorInnen, Vermittlung von Freiwilligen, Vernetzung und Know-how-Transfer)

3. Bildungsangebote (kostenlose Workshopreihe für Freiwillige, Lehrgang für FreiwilligenkoordinatorInnen, maßgeschneiderte Weiterbildungen auf Wunsch für Organisationen zu den Themen „Gewinnung von Freiwilligen", „Chancen und Potenziale von Freiwilligen 50+", „Führen eines Teams von Freiwilligen", „Formen der Anerkennung für freiwilliges Engagement")
4. Öffentlichkeitsarbeit und Lobbying (Veranstaltungen, jährliche Freiwilligenmesse mit 70 Organisationen, Teilnahme an der Messe 50+, Website mit 68.000 Besuchen 2016, Facebook & Twitter, Newsletter 4x pro Jahr an rund 3000 Adressen, Pressearbeit, Präsentationen, Vorträge)
5. Projekte
   - Freiwilligenarbeit in Alten- und Pflegeheimen
   - FREI.SPIEL – Freiwillige für Kinder
   - GENIAL.SOZIAL – Freifach Engagement
   - Corporate Volunteering: „AFTER.WORK – Soziales Engagement" und „Social Days"
   - Service Learning: L. E. V. – Lernen.Engagement.Verantwortung
6. Freiwilliges Engagement im Flüchtlingsbereich: Projekt „ENGAGIERT.INTEGRIERT – Interkulturelle Freiwilligenarbeit" und Anlaufstelle „ZusammenHelfen in OÖ – Gemeinsam für geflüchtete Menschen"

8.6 Organisationsstruktur

Das ULF ist ein Projekt des Vereins für Sozial- und Gemeinwesenprojekte VSG, einer seit 1997 aktiven Linzer Sozialorganisation mit 6 Projekten, 4 Standorten und 70 Mitarbeitenden. Der VSG ist in den Bereich *Arbeit und Bildung, Kinder- und Jugendhilfe* und mit ULF im Bereich Freiwilliges Engagement aktiv. Im ULF sind neben einer Projektleitung 7 Mitarbeitende aktiv (in Vollzeitäquivalenten 6,3 mit Stand Mai 2017). Leitgedanke des VSG ist, dass jeder Mensch einzigartig ist und aktiver und geschätzter Teil der Gesellschaft sein möchte. Dazu ist er/sie auch bereit, sich zu engagieren. Oft fehlen aber Wege und Zugänge. Es braucht nur das passende Angebot.

Der VSG will genau diese Angebote zur Verfügung stellen: In den Programmen Berufsorientierung KICK, Produktionsschule FACTORY, Lernzentrum LEARN und in der Frauenberatung WOMAN gestaltet der VSG Beziehungsangebote für Perspektivenentwicklung und konkrete Übergänge in den Bildungsbereich, in Lehre, Ausbildung und in Arbeit. Beispielsweise haben seit dem Jahr 2000 384 junge Erwachsene ihren Pflichtschulabschluss nachgeholt und somit ihre Chancen auf eine Lehrausbildung oder weiterführenden Schulbesuch deutlich gesteigert. 2450 sozial und ökonomisch benachteiligte Frauen begannen aufgrund der Beratung eine Berufsausbildung oder fanden einen Arbeitsplatz. Etwa 2000 junge Erwachsene starteten nach der Teilnahme an unseren Angeboten mit einer Lehrausbildung (vgl. VSG 2016 und ▶ www.vsg.or.at).

Die Organisationsstruktur des VSG ist sehr flach und dezentral. Jedes Projekt, so auch das ULF, wird von einer eigenen Führungskraft geleitet, die auf Basis der Vereinsgrundlagen (Betriebsvereinbarungen, Kollektivverträge, zentrale Kompetenzen von Vorstand und Geschäftsführung, Fördervereinbarungen) für die Zielerreichung und Weiterentwicklung des Projektes zuständig ist. Die Entscheidungskompetenz umfasst sowohl die finanziellen Aktivitäten im Rahmen des Jahresbudgets, als auch alle inhaltlichen Entscheidungen im Rahmen der Gesamtstrategie. Neben den Entscheidungskompetenzen verfügt die Leitung auch über die Kompetenz, die nötige Kommunikation sowohl mit den Mitarbeitenden, als auch die Kommunikation hin zu den Anspruchsgruppen und NetzwerkpartnerInnen sowie Medien zu gestalten. Dadurch werden ein rasches Reagieren und eine klare, kontinuierliche Kommunikation im Projekt gewährleistet.

Die Grundsätze systemischen Sozialmanagements (vgl. Bauer 2013) und der systemischen Organisationsentwicklung (vgl. Grossmann et al. 2015) nehmen bei der Gestaltung der Managementprozesse und der Kommunikation nach innen und außen große Bedeutung ein. Die Organisation verfolgt das Ziel, einen Rahmen für kreative, innovative Potenzialentfaltung auf Ebene der Mitarbeitenden und auf Ebene der TeilnehmerInnen zu bieten (vgl. Rothmayer 2011, S. 76). In der Arbeit des ULF liegt die Innovationskraft einerseits in der Nutzung dieser internen Potenziale, von Leitung und Teammitarbeitenden, andererseits in der sehr wertschätzenden, Neuem aufgeschlossenen Kooperation mit den Auftraggebern Land Oberösterreich und Sozialministerium.

8.7 Zentralen Herausforderungen begegnen

Für das ULF – bei der Gründung als neue Organisation im Feld des freiwilligen Engagements – stand von Anfang an fest, dass die zentrale Herausforderung im Aufbau des Vertrauens mit langjährig tätigen Freiwilligenorganisationen besteht.

Eine zweite wesentliche Herausforderung bestand darin, Organisationen im Sozialbereich davon zu überzeugen, sich für Freiwilligenarbeit zu öffnen. Zu Beginn bestand bei manchen sozialen Akteuren Skepsis gegenüber Freiwilligenarbeit bzw. einem Unabhängigen LandesFreiwilligenzentrum. Es stand die Befürchtung im Raum, dass durch Freiwillige hauptamtliche Mitarbeitende ersetzt werden könnten und es aufgrund von Finanzierungsengpässen im Sozialbereich zu Reduzierungen von Planposten kommen könnte. ULF widmete sich in seinen ersten Jahren bewusst und engagiert der Aufgabe, diesen Vorbehalten und der Skepsis proaktiv zu begegnen, um tragfähige Kooperationsbeziehungen aufzubauen.

Die Finanzierung stellte eine weitere Herausforderung dar. Der erste Vertrag zum Aufbau des Freiwilligenzentrums war für eine Pilotphase von zwei Jahren befristet. Letztendlich führten die Zufriedenheit mit der Aufbauarbeit und die Absehbarkeit weiterer Wirkungen zu einer Fortführung der Kooperation. Eine wichtige Entscheidung betraf auch die Ausweitung der räumlichen Möglichkeiten. So wurde es durch das Anmieten eines entsprechenden Seminarraums möglich, die Bildungsangebote in eigenen Räumen durchzuführen und den Seminarraum zudem Freiwilligen kostenlos zur Verfügung zu stellen.

8.8 Bedeutung von Netzwerken in der Wirksamkeit des ULF

Die Wirksamkeit des ULF steht und fällt mit dem Aufbau und der Gestaltung von Kooperationsnetzwerken. Es sind aktuell folgende Netzwerke, die die Arbeit von ULF prägen:

- Das Netzwerk sozialer Organisationen in Linz und OÖ: nachdem die Vertrauensbasis erfolgreich hergestellt und die aktuelle Zusammenarbeit zufriedenstellend verläuft, besteht nunmehr ein aktives Netzwerk aus (Sozial-) Organisationen, das mit ULF zusammenarbeitet. Jene Organisationen, die keinen der unten angeführten Settings nutzen, erreicht das ULF über den Newsletter, soziale Netzwerke oder die Website.
- Viele NetzwerkpartnerInnen nutzen einmal im Jahr die Möglichkeit und wirken bei „FEST.ENGAGIERT – Die Freiwilligenmesse OÖ" als AusstellerInnen am Linzer Hauptplatz mit.
- Für das Projekt „ENGAGIERT.INTEGRIERT – Interkulturelle Freiwilligenarbeit" wurde 2013 das gleichnamige Netzwerk gegründet. Zweimal im Jahr werden die NetzwerkpartnerInnen zu einem Austausch eingeladen. Die Einladung wird von 20–25 VertreterInnen aktiv genützt.
- Das Netzwerk der FreiwilligenkoordinatorInnen in Alten- und Pflegeheimen ist eines der ältesten Kooperationsnetzwerke seit der Gründung von ULF. Hier finden regelmäßige Austausch- und Vernetzungstreffen statt.
- Persönliche Netzwerke der Mitarbeitenden: ULF-Mitarbeitende sind Menschen mit vielseitigen Interessen und beruflichen Erfahrungen. Somit sind alle ULF-MitarbeiterInnen in unterschiedlichen Netzwerken aktiv. Hier werden auch die persönlichen Kontaktmöglichkeiten für die Tätigkeiten des ULF genutzt, von hier entstehen neue Anregungen, die in Teambesprechungen einfließen und zu neuen Ideen, zu Verbesserungen und insgesamt zur Weiterentwicklung des ULF führen.

Das ULF arbeitet gegenwärtig (2016) mit rund 400 Einrichtungen (Vermittlungsstellen) in ganz Oberösterreich zusammen. Nicht zuletzt durch die aktive Netzwerkarbeit konnte sich das ULF seit 2008 als Plattform für freiwilliges Engagement im Sozialbereich etablieren.

8.9 Projektergebnisse 2016

Ein Rückblick auf die Aktivitäten 2016 zeigt, dass die fokussierten Aktivitäten für *Freiwillige* bewirkt haben, dass mit Dezember 2016 1763 aktive Freiwillige im ULF verortet sind. Die Beratung und Begleitung der Freiwilligen erfolgt vorwiegend persönlich, aber auf Wunsch auch via Email oder Telefon.

Eine weitere strategische Fokussierung der ULF-Aktivitäten richtet sich an die *Einrichtungen*, die bereits Freiwilligentätigkeit in ihre Angebote integriert haben oder diesen Bereich aufbauen möchten. ULF hilft bei der Konzepterstellung, bei der Umsetzung, bei der Schulung von FreiwilligenkoordinatorInnen sowie der Gewinnung von Freiwilligen. Zum Jahresende 2016 kooperierte das ULF mit 399 sozialen Organisationen/Vereinen/Projekten.

Die *Bildungsangebote* bilden die dritte Aktivitätenfokussierung. Im Jahr 2016 wurden 18 Workshops mit einer Teilnahme von 320 Personen durchgeführt, ebenso der Lehrgang für FreiwilligenkoordinatorInnen in Alten- und Pflegeheimen. Die Workshops werden einerseits für freiwillig Engagierte angeboten, aber auch für Einrichtungen und Freiwilligenprojekte. Inhaltliche Themen waren z. B. „Die Gewinnung von Freiwilligen", „Chancen und Potenziale von Freiwilligen 50+" oder „Führen eines Teams von Freiwilligen". Für einige Organisationen wurden Weiterbildungen konzipiert, die speziell auf deren interne Anforderungen zugeschnitten waren.

Die *Öffentlichkeits- und Lobbyarbeit* nimmt in der Arbeit des ULF einen großen Stellenwert ein. Die ULF-Website wurde im Jahr 2016 68.000 Mal besucht, der quartalsmäßig erscheinende Newsletter erreicht 3000 AbonnentInnen. An der Freiwilligenmesse 2016 beteiligten sich mehr als 60 Einrichtungen. ULF nimmt Einladungen zu Präsentationen zu unterschiedlichen Themen der Freiwilligenarbeit gerne an und gibt sein Know-How weiter. Das öffentliche Eintreten für gute Rahmenbedingungen der Freiwilligenarbeit wie eine Risiken abdeckende Versicherung gehört ebenso zu den ULF-Aktivitäten und gilt auch als allgemeine Sensibilisierung in diesem Themenfeld.

Die Fluchtbewegung 2015 hat einen weiteren Tätigkeitsschwerpunkt des ULF notwendig gemacht. Die Dimension zivilgesellschaftlichen Engagements stellte das ULF vor neue Herausforderungen. Binnen kürzester Zeit mussten Kooperationsmöglichkeiten zur Unterstützung der großen Zahl von Geflüchteten organisiert und für entsprechenden Informationsfluss gesorgt werden. In dieser Zeit stieß das ULF an seine organisatorischen und die Mitarbeitenden an ihre persönlichen Grenzen. Mit dieser Überforderung mussten nicht nur das ULF, sondern alle Einrichtungen der Flüchtlingshilfe ebenso wie die Politik zurechtkommen. Eine solche Dimension und Kraft der Zivilbevölkerung war neu im Freiwilligenbereich und es galt, bekannte Strukturen zu überdenken und neue Wege zu finden. In zwei Feldern ist ULF im Bereich Migration, Integration und Flucht aktiv: Einerseits mit dem Projekt „ENGAGIERT.INTEGRIERT – Interkulturelle Freiwilligenarbeit", in dem es darum geht, AsylwerberInnen und anerkannte Flüchtlinge als Freiwillige einzubinden. Mit der speziellen Workshopreihe „EngagementFIT" und den Sprachcafés bereitet ULF AsylwerberInnen auf ihr freiwilliges Engagement vor. Zudem ist das ULF seit 2016 für die Anlaufstelle „ZusammenHelfen in OÖ – Gemeinsam für geflüchtete Menschen" verantwortlich.

Neben den bereits erwähnten Aktivitäten hat ULF 2016 Projekte in verschiedenen Bereichen/für unterschiedliche Zielgruppen umgesetzt:

- *Freiwilligenarbeit in Oberösterreich. Alten- und Pflegeheimen:* Im Rahmen dieses Projekts werden gezielt Maßnahmen gesetzt, um freiwilliges Engagement in Alten- und Pflegeheimen zu forcieren (z. B. Lehrgang speziell für FreiwilligenkoordinatorInnen in Alten- und Pflegeheimen, Leitfaden und Drucksorten, Vernetzungstreffen).
- *FREI.SPIEL – Freiwillige für Kinder:* Engagierte werden als Ergänzung zu den PädagogInnen tätig und verbringen Zeit in Kindergärten oder Horten.
- Corporate Volunteering: Projekt „AFTER.WORK – Soziales Engagement" (ULF bietet für Mitarbeitende in Unternehmen unterschiedliche Angebote, um freiwilliges Engagement als Möglichkeit der sinnstiftenden Tätigkeit in der Nachberufsphase aufzuzeigen) und „Social Days" (Unternehmen ermöglichen ihren MitarbeiterInnen, sich einen Tag – meist in der Arbeitszeit – zu engagieren)
- *L. E. V. – Lernen.Engagement.Verantwortung:* In Kooperation mit der Pädagogischen Hochschule der Diözese Linz wird dieses Projekt, das auf dem Konzept von *Service Learning* beruht, umgesetzt. Fachliches Lernen soll dabei mit praktischen Lernerfahrungen (durch freiwilliges Engagement) ermöglicht werden. *Service Learning* ist eine Lern- und Lehrmethode, die das Engagement für die Gesellschaft („service" mit der Schulung fachlicher, methodischer und sozialer Kompetenzen („learning") verbindet. Im Rahmen von Service-Learning-Projekten engagieren sich Studierende in gemeinnützigen Organisationen, übernehmen soziale Verantwortung und lernen, sich mit komplexen gesellschaftlichen Problemlagen auseinander zu setzen und ihnen aktiv zu begegnen (Wirtschaftsuniversität Wien 2017).

Aus der Vielfalt dieser Projekte wird deutlich, welchen Stellenwert Innovation für das Unabhängige LandesFreiwilligenzentrum hat. Einzelne Projekte sind bis dato in dieser Form österreichweit einzigartig.

8.10 Reflexion

8.10.1 Meilensteine in der Projektentwicklung

Gefragt nach dem, was man rückblickend in einzelnen Phasen anders machen würde, gelangt man oft zu den Meilensteinen in einem Projekt – also einschneidende Phasen, die einen wesentlichen Einfluss auf die Weiterentwicklung haben.

Das ULF hat 2008 mit einer „Null-Struktur" begonnen. Es galt, etwas völlig Neues für Österreich – im Speziellen für Oberösterreich – zu schaffen. Es war klar, dass für ein solches Vorhaben – eine unabhängige Drehscheibe für freiwilliges Engagement zu etablieren – viele NetzwerkpartnerInnen erforderlich sein werden. Unabdingbar war, dass auch große etablierte Trägerorganisationen aus dem Freiwilligensektor in diesem Netzwerk vertreten sind. Das bedeutete nicht zuletzt viel an Aufbau- und Aufklärungsarbeit. Ein Meilenstein konnte verzeichnet werden, als alle großen NGOs als Vermittlungsstellen für Freiwillige unter den KooperationspartnerInnen und damit als *aktive KooperationspartnerInnen* im Boot waren.

Dieser große Erfolg war ausschlaggebend für die weitere Legitimation zur Fortführung nach Ende des Pilotzeitraumes von zwei Jahren. Die Förderung durch das Sozialressort des Landes OÖ kann deshalb als weiterer Meilenstein verbucht werden. In dieser Phase (2011) fand das *Europäische Jahr der Freiwilligentätigkeiten (EJF)* statt, in dem das ULF bei vielen Aktivitäten in den Fokus rückte und eine rasante Weiterentwicklung erfuhr. 2011 wurde unter anderem die erste *Freiwilligenmesse OÖ „FEST.ENGAGIERT"* veranstaltet – ebenfalls ein Meilenstein.

Die *Initiierung und Umsetzung eigener Projektideen* ab 2011 war ebenfalls ein bedeutender Schritt, denn damit wurde eine wichtige Säule des ULF ins Leben gerufen, der nach wie vor ein hoher Stellenwert eingeräumt wird. Mit innovativen Ideen werden vom ULF in unbürokratischer Weise Herausforderungen im Freiwilligenbereich aufgegriffen und gemeinsam mit KooperationspartnerInnen umgesetzt. Das ermöglicht ein rasches Reagieren auf aktuelle Erfordernisse. Veranschaulicht wird diese Tatsache insbesondere durch die breiten Maßnahmen des ULF in puncto „Freiwilliges Engagement für und von geflüchteten Menschen". Schon seit 2013 setzt sich das ULF proaktiv mit dem Thema interkulturelle Freiwilligenarbeit auseinander und konnte deshalb 2015 schon auf viele Erfahrungen und umfangreiches Know-how zurückgreifen.

8.10.2 Learnings und Erfahrungen zum Weitergeben

Die *Kommunikation mit den AuftraggeberInnen* ist klar definiert und zeitlich und inhaltlich gut strukturiert. Das ULF pflegt eine kontinuierliche Kommunikation, z. B. in Form von mindestens jährlich stattfindenden und anlassbezogenen Reflexions- und Strategiebesprechungen. Die Angebotsentwicklung und Öffentlichkeitsarbeit wird mit den AuftraggeberInnen eng abgestimmt und gemeinsam festgelegt.

Die öffentliche Präsenz setzt sich aus jährlich wiederkehrenden Fixpunkten zusammen. Die „Dankeschön"-Veranstaltung zum Internationalen Tag der Freiwilligen am 5. Dezember, die Freiwilligenmesse OÖ im Juni und die Konferenz ZusammenHelfen in OÖ im Herbst finden jedes Jahr statt. Diese eingeführten Formate in der Öffentlichkeitsarbeit ermöglichen einerseits eine gute interne Vorbereitung und Planung, andererseits auch eine gute Planbarkeit für die AuftraggeberInnen, externen PartnerInnen, die Freiwilligen, Medien und generell die interessierte Öffentlichkeit.

Der Newsletter stellt ein weiteres wichtiges Instrument für die Informations- und Kommunikationsstrategie des ULF dar. Er erscheint einmal im Quartal und wird an rund 3000 Adressen versandt. Wesentlich in punkto Kommunikation ist auch die Website. Diese bietet umfassende Informationen zu Einsatzfeldern und Kontaktpersonen für freiwilliges Engagement. Sie kündigt Workshops und Veranstaltungen an. Auch Facebook wird als soziales Netzwerk zur Gewinnung neuer Freiwilliger und zur Kontaktpflege genutzt.

Neben der Öffentlichkeitsarbeit haben sich standardisierte, regelmäßige *Evaluierungen der Veranstaltungen und Kooperationen* (z. B. der Workshops, Veranstaltungen, der Social Days) bewährt. Sie ermöglichen transparente Einschätzungen und sind Teil der Qualitätsentwicklung des ULF.

Seit dem Start 2008 wurde konsequent eine *Fachexpertise* zum Thema freiwilliges Engagement aufgebaut. Einladungen von externen Organisationen werden soweit als möglich angenommen, um das ULF zu präsentieren und damit Erfahrungen und Wissen weiterzugeben. Zudem erfolgt eine laufende Kompetenzerweiterung der MitarbeiterInnen im Rahmen von Weiterbildungen, Recherchen sowie dem Besuch von Fachtagungen.

Die große Bedeutung von *Netzwerken* und deren „Aufbau und Pflege" ist dem Team allgegenwärtig. Man engagiert sich konsequent, das Netzwerk zu erweitern und weitere PartnerInnen für die Zusammenarbeit zu gewinnen. Die Erweiterung des Netzwerks ermöglicht es, das Spektrum an Einsatzmöglichkeiten für Freiwillige in Organisationen zu erhöhen sowie die eigene Position zu stärken. Je größer das Netzwerk ist, umso präsenter wird das Thema freiwilliges Engagement in unserer Gesellschaft.

Das Team des ULF besteht aus sehr gut *qualifizierten MitarbeiterInnen*. Es ist wichtig, dass die richtige Person mit der für sie passenden Aufgabe betraut ist. Qualitätsbewusste Führungsarbeit gekoppelt mit förderlichen Kommunikations- und Kooperationsstrukturen ermöglichen ein hohes Maß an Selbstentfaltung und Eigenverantwortung. Das ist ein unerlässliches Kriterium, um innovative Ideen, die in einem hohen Maß auf Motivation und Engagement beruhen, gelingend umsetzen zu können.

Das Entwickeln und Einhalten von *Standards* zieht sich durch sämtliche Bereiche des ULF. Zum Beispiel vermittelt das ULF Freiwillige nur in jene Organisationen und Projekte, die bestimmte Rahmenbedingungen erfüllen. Diese Mindestanforderungen betreffen die Begleitung und den Versicherungsschutz von Freiwilligen sowie Anerkennungsinstrumente für Freiwillige. Das ULF bietet bei Konzeptidee und -umsetzung Unterstützung.

Abschließend der wichtigste Punkt, der die Arbeit des ULF prägt: *Wertschätzung* gegenüber den Menschen, mit denen das ULF zusammenarbeitet. Diese Wertschätzung äußert sich zum Beispiel darin, dass sich die MitarbeiterInnen *Zeit* für die Gespräche mit Interessierten, mit Organisationen, für Kontaktpflege und einen fundierten inhaltlichen Austausch nehmen. Bei den Gesprächen mit Interessierten kommt es stark darauf an, die

Interessen, Stärken, zeitlichen und persönlichen Ressourcen gut herauszuarbeiten und aus dem Pool an Einsatzmöglichkeiten herauszufinden, welche Tätigkeit für die jeweilige Person die richtige sein kann. Wertschätzung und Zeit sind wohl die wesentlichsten Erfolgsfaktoren des ULF und genau das sollen Engagierte auch im Rahmen ihres Engagements erfahren.

8.10.3 Empfehlungen für die Ideenentwicklung

Rückblickend ist das Entscheidende – gerade wenn es um freiwilliges Engagement geht –, dass man sich darüber klar wird, inwieweit man bereit ist, in eine Idee zu investieren. Soziale Innovationen bedeuten meist ein Stück mehr als eine To-do-Liste abzuarbeiten. Es geht um *Identifikation, Motivation, Ausdauer, Flexibilität, Mut, Offenheit, Überzeugungsarbeit, Fortschritte, Rückschritte* u. v. m. Aufgrund dieser langen Liste an Grundvoraussetzungen für eine gelingende Umsetzung ist es notwendig, eine genaue Analyse respektive persönliche Standortbestimmung durchzuführen bevor man zur Planung und Umsetzung gelangt.

Das ULF zeichnet gerade die starke persönliche Identifikation aller Teammitglieder mit dem Thema und mit der Philosophie des ULF aus. Soziale Innovationen müssen von allen getragen werden, damit – und das sollte das Ziel sozialer Innovationen sein – eine nachhaltige, gesellschaftspolitische Wirkung erzielt werden kann.

Auch Flexibilität, Ausdauer, Offenheit und Mut sind wichtige Kriterien – neue Ideen gleichen oft einem Experiment. Man darf sich nicht von einem ersten Rückschritt beirren lassen.

Aus Sicht des ULF waren und sind die genannten Kriterien unumgänglich, um sich von einem kleinen Pilotprojekt zu einer landesweiten Drehscheibe zu entwickeln und sich einen ExpertInnenstatus in einem gewissen Fachbereich zu erarbeiten.

8.10.4 Einschätzung der Entwicklung sozialer Innovationen und der Stellenwert von Netzwerken

Die gesellschaftspolitische Entwicklung und die daraus resultierenden Herausforderungen zeigen die enorme Bedeutung sozialer Innovation auf. Offensichtlich können bekannte, tradierte Strukturen und Lösungsansätze oftmals den aktuellen Erfordernissen nicht mehr Rechnung tragen. Es braucht neue Wege und Lösungsansätze. Das versucht das ULF für den Freiwilligensektor ernst zu nehmen und umzusetzen. Um mehr bewegen zu können und damit einen Mehrwert für unsere Gesellschaft zu erbringen, ist es notwendig, dass es funktionierende, fach- und hierarchieübergreifende Netzwerke gibt. Es geht darum, Synergien zu identifizieren und diese nutzbar zu machen. Damit kann der Komplexität vieler Fragestellungen begegnet werden.

Literatur

Bauer, G. (2013). *Einführung in das systemische Sozialmanagement*. Heidelberg: Carl-Auer.
Biritz, H., Neugebauer, C., & Pawel, S. (2016). *Netzwerke und soziale Innovationen. Engagement – Partizipation – Professionalität*. Klagenfurt: Alpen-Adria-Universität Klagenfurt.
Bruckner E. (2016). *Netzwerken zwischen Organisation und Interaktion*. i-komp Lehrgangsskriptum.
Bundesministerium für Arbeit, Soziales und Konsumentenschutz. (Hrsg.). (2009). Freiwilliges Engagement in Österreich. 1. Freiwilligenbericht. Büro Service Stelle A des BMASK, Wien.
Grossmann, R., Bauer, G., & Scala, K. (2015). *Einführung in die systemische Organisationsentwicklung*. Heidelberg: Carl-Auer.
Howaldt, J. (2016). Das Potenzial sozialer Innovationen entfalten – Trends und Konzepte im internationalen Diskurs. Präsentation am Kongress "Innovation für die Gesellschaft" 20. September 2016, Berlin. ► http://sfs.tu-dortmund.de/cms/innovationskongress/de/ergebnisse/keynote/Howaldt_Keynote_Das_Potenzial_Sozialer_Innovationen_entfalten.pdf. Zugegriffen: 7. Juni 2018.
Katzmair, H., & Mahrer, H. (2011). *Die Formel der Macht*. Salzburg: Ecowin.
Rothmayer, S. (2011). Organisationsentwicklung als Methode zur Entfaltung interner Potentiale. In R. Grossmann & K. Mayer (Hrsg.), *Organisationsentwicklung konkret: 14 Fallbeispiele für betriebliche Veränderungsprojekte*. Heidelberg: Springer.
TEPSIE. (2014). Social Innovation Theory and Research: A Guide for Researchers. ► https://iupe.files.wordpress.com/2015/11/tepsie-research_report_final_web.pdf. Zugegriffen: 8. Dez. 2016.
Statistik Austria. (2017a). Bevölkerung nach Alter und Geschlecht. ► www.statistik.at/web_de/statistiken/menschen_und_gesellschaft/bevoelkerung/bevoelkerungsstruktur/bevoelkerung_nach_alter_geschlecht/index.html. Zugegriffen: 26. Juni 2018.
Statistik Austria. (2017b). Lebenserwartung in Gesundheit. ► www.statistik.at/web_de/statistiken/menschen_und_gesellschaft/gesundheit/gesundheitszustand/lebenserwartung_in_gesundheit/index.html. Zugegriffen: 26. Juni 2018.
ULF. (2017). *Jahresbericht 2016 des Unabhängigen Landesfreiwilligenzentrums*. Linz.
VSG. (2017). Verein für Sozial- und Gemeinwesenarbeit, Jahresbericht 2016. ► http://www.vsg.or.at/wp-content/uploads/2015/12/Jahresbericht-VSG-2016.pdf. Zugegriffen: 26. Juni 2018.
Wirtschaftsuniversität Wien. (2017). Service-Learning. ► https://www.wu.ac.at/mitarbeitende/infos-fuer-lehrende/data-reports/servicelearn/. Zugegriffen: 9. Juli 2017.

Susanna Rothmayer, Mag.[a], Dr.[in], MSc
ist Geschäftsführerin der Nonprofit-Organisation VSG in Linz. Sie hat Sozialwirtschaft an der JKU in Linz und Organisationsentwicklung an der AAU Klagenfurt studiert. Ihr Arbeitsschwerpunkt liegt in der Gestaltung bestmöglicher organisationaler Rahmenbedingungen für die Erbringung sozialer Dienstleistungen.

Nicole Sonnleitner, Mag.[a]
ist seit 2008 Leiterin des Unabhängigen LandesFreiwilligenzentrums. Sie ist diplomierte Gesundheits- und Krankenschwester und hat 2007 das Studium der Sozialwirtschaft an der JKU in Linz abgeschlossen. Am Institut für Erwachsenenbildung in Linz ist sie als Auditorin für das Qualitätssiegel für Erwachsenenbildungseinrichtungen in OÖ tätig.

Reflexion

Inhaltsverzeichnis

Kapitel 9   Finanzierung sozialer Innovationen – Theorie und Praxis am Beispiel von Ennovent – 139
Wolfgang Spiess-Knafl und Harald Langer

Kapitel 10 Freiwilligenarbeit – Zwischen Engagement und Ausbeutung – 153
Ruth Simsa und Paul Rameder

Kapitel 11 Social Open Innovation: Potenziale und Limits für Open Innovation zur Förderung sozialer Innovation – 179
Doris Wilhelmer und Petra Wagner

Finanzierung sozialer Innovationen – Theorie und Praxis am Beispiel von Ennovent

Wolfgang Spiess-Knafl und Harald Langer

9.1 **Einleitung – 140**

9.2 **Finanzierung – 140**
9.2.1 Einkommensmöglichkeiten – 141
9.2.2 Finanzierungsinstrumente – 141

9.3 **Sozialer Kapitalmarkt – 144**
9.3.1 Venture-Philanthropy-Fonds – 145
9.3.2 Stiftungen – 146
9.3.3 Sozial-ethische Banken – 146
9.3.4 Crowdfunding-Plattformen – 146

9.4 **Relevanz von Netzwerken – 147**
9.4.1 Kontext – 147
9.4.2 Ennovent – 148

9.5 **Fazit – 150**

Literatur – 151

© Springer Fachmedien Wiesbaden GmbH, ein Teil von Springer Nature 2019
C. Neugebauer, S. Pawel, H. Biritz (Hrsg.), *Netzwerke und soziale Innovationen*, Schriften zur Gruppen- und Organisationsdynamik 12, https://doi.org/10.1007/978-3-658-21551-4_9

9.1 Einleitung

Soziale Innovationen brauchen für ihren Erfolg nicht nur Kapital, sondern auch Netzwerke. Dieser Beitrag soll zeigen, welche Möglichkeiten der Finanzierung es gibt und wie sich ein eigener sozialer Kapitalmarkt entwickelt hat, der nicht nur Social-Venture-Capital-Fonds, sondern auch sozial-ethische Banken und sog. Impact-Investoren kennt. Dieser Beitrag wird ebenfalls skizzieren, welche Rolle Netzwerke bei der Identifikation, Finanzierung und Skalierung von sozialen Innovationen spielen können.

Hinter den neuesten Entwicklungen in der Finanzierung steht die Idee, dass es möglich ist, soziale und finanzielle Renditen gleichzeitig zu verfolgen. Die Keimzelle der Entwicklung sind dabei Sozialunternehmen.

Die meisten Definitionen drehen sich dabei um das Verfolgen eines sozialen Ziels und den Innovationsgrad des Sozialunternehmens (Schmitz und Scheuerle 2012). In Europa hat sich die Definition der Europäischen Union weitgehend etabliert, die Sozialunternehmen so versteht, dass sie vorrangig ein soziales Ziel verfolgen, ihre Gewinne in erster Linie zur Erreichung dieses Ziels einsetzen und dabei entweder Dienstleistungen oder Produkte mit sozialem Wert zur Verfügung stellen oder eine Produktionsmethode verwenden, die das jeweilige soziale Ziel integriert (Official Journal of the European Union 2013).

Als soziale Innovation verstehen wir im Rahmen des Artikels weniger die Änderung sozialer Praktiken, sondern die Entwicklung eines sozialunternehmerischen Geschäftsmodells, das rund um die Lösung eines sozialen Problems etabliert wird (vgl. etwa Spiess-Knafl et al. 2015; Rüede und Lurtz 2012).

Netzwerke sind dabei ein wichtiges Element bei der Identifikation, Skalierung und Diffusion sozialer Innovationen. Netzwerke können eher informeller Natur sein und vom lokalen Netzwerk des Sozialunternehmers profitieren (Zahra et al. 2009). Kania und Kramer (2011) haben Collective-Impact-Initiativen als eine formalere intersektorale Variante identifiziert, in der mehrere AkteurInnen gemeinsam ein Ziel verfolgen und ihre Vorgehensweise abstimmen. Abschließend bleiben noch Netzwerke, die insbesondere mit dem Ziel gegründet worden sind, soziale Innovationen zu identifizieren, zu finanzieren und somit zur Skalierung zu verhelfen. Darauf fokussiert sich dieser Beitrag und dieser Ansatz wird mithilfe von Ennovent, einem österreichischen „Technical Assistance Provider", der mit Hilfe von Netzwerkansätzen in Bhutan, Indien und Nepal arbeitet, vorgestellt und die Implikationen diskutiert.

Der Beitrag schließt mit einem Ausblick und den Möglichkeiten der Übernahme von bestehenden Ideen für andere AkteurInnen.

9.2 Finanzierung

Zur Finanzierung sozialer Innovationen gibt es eine Reihe verschiedener Möglichkeiten. Die Finanzierung hängt dabei von mehreren Faktoren ab.

Die Innenfinanzierung bildet dabei im Wesentlichen alle Möglichkeiten ab, Gelder zu erwirtschaften, um die laufenden Kosten zu decken. Die Außenfinanzierung ist die Finanzierung über externe GeldgeberInnen, um Investitionen zu tätigen oder Anlaufverluste auszugleichen. Der folgende Überblick gibt auch interessierten Sozialunternehmen einen Überblick über die verfügbaren Finanzierungsmöglichkeiten.

9.2.1 Einkommensmöglichkeiten

Die Innenfinanzierung wird wesentlich von der Einkommensstruktur abhängen. Je nach Art der Einkommensstruktur können Sozialunternehmen auf unterschiedliche Quellen zurückgreifen.

Staatliche Gelder in Form von Leistungsentgelten oder Zuschüssen werden dann eine Rolle spielen, wenn das Sozialunternehmen eine Dienstleistung erbringt, für die es entweder eine gesetzliche Grundlage oder entsprechende Förderprogramme gibt. Umsätze mit der Zielgruppe werden dann erzielt, wenn es eine entsprechende marktliche Monetarisierungsmöglichkeit gibt. Beispiele sind etwa die Verkaufserlöse von Werkstätten für behinderte Menschen, Provisionen nach der Qualifizierung und Vermittlung langzeitarbeitsloser Menschen oder Museumseintritte wie es etwa bei Dialog im Dunkeln der Fall ist. Dazu kommen noch philanthropische Beiträge in Form von Spenden, Stiftungsbeiträgen oder Mitgliedsbeiträgen.

Sozialunternehmen können durch ihre soziale Ausrichtung auch Strategien verfolgen, die ausschließlich profitorientierten Unternehmen verschlossen bleiben. Sie können Preisdiskriminierungsstrategien durchsetzen, da sie über die notwendige Legitimität und das Vertrauen der Kunden verfügen. So kann etwa eine Kundengruppe den Konsum einer anderen Kundengruppe mitfinanzieren, wie es beispielsweise im Kulturbereich oder bei einigen medizinischen Angeboten zu beobachten ist.[1]

Sozialunternehmen haben aber auch die Möglichkeit, nicht-marktliche Ressourcen Dritter einzubinden. Ehrenamtliches Engagement ermöglicht in vielen Fällen erst die Erbringung der entsprechenden Leistung, während Sachzuwendungen Upcycling-Konzepte möglich machen.

Auf der Datenbasis von 208 deutschen Sozialunternehmen konnte die Einnahmenverteilung erhoben werden. Dabei ist es bemerkenswert, dass die Einnahmenverteilung sowohl über die Altersverteilung als auch über das Themenfeld unterschiedlich ist. So benötigen Sozialunternehmen für die Akquise öffentlicher Gelder erst die entsprechende Antragsinfrastruktur und setzen gerade am Anfang eher auf philanthropische Mittel und eigene Einnahmen. Für die Skalierung braucht es aber eine Differenzierung der Einnahmequellen (Scheuerle et al. 2015).

Die ◘ Tab. 9.1 zeigt die Einnahmenverteilung in vier Themenfeldern. Während im Bereich der Bildung und Wissenschaft mehr als 37 % der gesamten Einnahmen aus Spenden, Stiftungsbeiträgen oder Sponsoring kommen, sind es im Bereich der Arbeitsmarktintegration nur 3,3 %.

9.2.2 Finanzierungsinstrumente

Die Finanzierungsinstrumente sind Teil der Außenfinanzierung. Die Verfügbarkeit von Finanzierungsinstrumenten hängt von der Rechtsform ab. Gemeinnützige Rechtsformen ermöglichen etwa keine Eigenkapitalfinanzierungen, während gewinnorientierte

---

1 Diese Möglichkeiten führen auch dazu, dass es unterschiedliche Modelle der Querfinanzierung und verschiedene Unternehmensmodelle gibt. So kann etwa eine Non-Profit-Einheit Eigentümerin einer profitorientierten Tochtergesellschaft sein, um die Gewinne für eine andere Tätigkeit zu nutzen.

Tab. 9.1 Einnahmenverteilung je Themenfeld. (Quelle: Spiess-Knafl 2012)

Primäres Themenfeld	Leistungs-entgelte (%)	Ziel-gruppe (%)	Zuschüsse (%)	Spenden (%)	Stiftungsbeiträge (%)	Sponsoring (%)	Mitglieds-beiträge (%)	Andere (%)
Bildung und Wissenschaft	20,7	16,8	14,7	9,8	10,7	16,8	2,9	7,6
Arbeitsmarkt-integration	24,2	36,9	15,8	2,3	0,7	0,3	0,1	19,6
Gesellschaftliche Inklusion	24,9	14,1	17,7	5,4	9,1	1,6	9,6	17,8
Soziale Dienste	27,7	7,9	20,0	10,8	10,7	10,5	3,7	8,7
Gesamt	20,8	21,0	15,4	10,3	7,1	8,0	5,0	12,6

Rechtsformen in der Regel keine Spenden bekommen werden (Achleitner et al. 2007). Sozialunternehmen können fünf unterschiedliche Finanzierungsinstrumente nutzen.

Die Finanzierungsinstrumente können dabei gleichzeitig oder versetzt genutzt werden, jedoch können sich durch die unterschiedlichen Renditeerwartungen der KapitalgeberInnen Finanzierungskonflikte ergeben (Achleitner et al. 2014b; Milligan und Schöning 2011). Solche hybriden Finanzierungsmodelle werden im deutschsprachigen Raum etwa von der Finanzierungsagentur für Social Entrepreneurship (FASE) strukturiert.

- **Eigenkapital**

Eigenkapital wird insbesondere dann infrage kommen, wenn es absehbar ist, dass das Unternehmen zumindest langfristig Gewinne erarbeiten kann. Eigenkapital bedeutet aber auch immer eine Abgabe von Kontroll- und Stimmrechten im Gegenzug für das Kapital. Manche sprechen hier auch von „red lines", die bei den Verhandlungen immer ausgelotet werden müssen.

Eigenkapital steht dem Unternehmen unbegrenzt zur Verfügung und gibt der KapitalgeberIn einen proportionalen Anspruch am Gewinn des Unternehmens. Eine Ausnahme ist „patient capital", das dem Unternehmen ohne kurz- oder mittelfriste Erwartung von Dividenden oder Ausschüttungen gewährt wird.

Eigenkapital wird etwa von Social-Venture-Capital-Fonds, Social Business Angels oder Privatpersonen aus dem Bekannten- und Freundeskreis oder Crowdfunding-Plattformen zur Verfügung gestellt.

- **Fremdkapital**

Fremdkapital steht dem Unternehmen für einen bestimmten Zeitraum zur Verfügung und muss zurückgezahlt werden. Dazu kommen in der Regel noch periodische Zinszahlungen, sofern es sich nicht um ein zinsfreies Darlehen handelt.

Die Charakteristika von Fremdkapital bedingen aber auch planbare und stabile Umsätze. Insofern ist es nur für solche Sozialunternehmen eine Option, die schon über ein etabliertes Geschäftsmodell verfügen. Fremdkapital wird in der Regel von Banken oder auch Privatpersonen zur Verfügung gestellt.

- **Mezzaninkapital**

Mezzaninkapital ist eine Kombination aus Eigen- und Fremdkapital. Es muss ebenso wie Fremdkapital zurückgezahlt werden, aber ermöglicht wie Eigenkapital Anteile am Unternehmensgewinn. Der hohe Grad an Strukturierungsmöglichkeiten macht es insbesondere für InvestorInnen interessant, die an der Rückzahlung, aber auch an einer Beteiligung am Gewinn interessiert sind. Diese Strukturierungsmöglichkeiten erklären auch, wieso es eher von institutionellen Kapitalgebern genutzt wird.

- **Hybridkapital**

Gerade die Finanzierung sozialer Innovationen hat selber einen hohen Grad an Finanzierungsinnovationen hervorgebracht (Achleitner et al. 2015).

Umsatzbeteiligungsmodelle sind solche Modelle, bei denen gegen eine Beteiligung am Unternehmensumsatz Kapital zur Verfügung gestellt wird. Die Orientierung am Unternehmensumsatz ermöglicht somit eine variable Kostenstruktur, die ein Teil des Risikos dem/der InvestorIn überträgt.

Convertible grants sind ein weiteres Finanzierungsinstrument. Es hat seinen Ursprung in der Finanzierung von Sozialunternehmen, aber hat wegen der schnellen Umsetzung auch schon Interesse bei großen börsennotierten Unternehmen gefunden. Dabei wird Unternehmen in Branchen, die langfristig großes Potenzial haben könnten, eine Spende oder Zuschuss gewährt, der bei Erfolg in eine Unternehmensbeteiligung gewandelt wird. Manche Industrien wie etwa die Solarindustrie oder die Mikrofinanzindustrie hatten lange Vorlaufzeiten bis sie die heutigen Umsätze erreichen konnten. In der Mikrofinanzindustrie kann man feststellen, dass viele der Institute einen Ursprung im Non-Profit-Bereich haben.

Forgivable loans kennt man vor allem aus dem Bereich der Bildungsfinanzierung. Das nutzen Unternehmen, die ihren MitarbeiterInnen eine Ausbildung finanzieren und den Betrag als Ausbildungskredit jährlich erlassen. Diese Milestone-Finanzierung ist auch für KapitalgeberInnen interessant, die die „social mission" festschreiben wollen. So wird der Kredit nur dann erlassen, wenn etwa bestimmte soziale Ziele erreicht werden.

- **Spenden**

Spenden sind immer noch eine sehr gebräuchliche Währung im Sozialsektor. Da sie nicht rückzahlbar sind, keine regelmäßigen Ausschüttungen vorsehen und zumindest formal keine Mitspracherechte einräumen, sind sie beliebt. Im Prinzip kann man davon sprechen, dass es für viele Sozialunternehmen immer noch eine Präferenz für Spenden oder andere philanthropische Leistungen gibt, auch wenn es zulasten der unternehmerischen Flexibilität geht.

Spenden können entweder von Einzelpersonen oder von Stiftungen gewährt werden. In Österreich beträgt das jährliche Spendenvolumen € 600 Mio. (Fundraising Verband Austria 2015). In Deutschland betrug das gesamte private Spendenvolumen € 5,5 Mrd. (GfK 2016) Zwar sind immer noch die über 70-jährigen die Gruppe, die für die größten Spendeneinnahmen verantwortlich sind, aber der Bereich der Mikrospenden als auch der Online-Spenden wächst stetig. Mikrospenden werden etwa an Supermarktkassen geleistet, wenn man etwa den Rechnungsbetrag aufrunden kann. Onlinespenden werden auch beliebter, da Organisationen insbesondere über Social Media eine hohe Reichweite für die Aktivierung möglicher SpenderInnen erzielen können. Das zeigt sich etwa bei Crowdfunding-Plattformen, die einen starken Fokus auf die Mobilisierung über soziale Netzwerke legen.

9.3 Sozialer Kapitalmarkt

Zur Finanzierung dieser sozialen Innovationen hat sich ein eigener Kapitalmarkt entwickelt, der auch von staatlicher Seite unterstützt wird (Cohen 2011). Er grenzt sich dabei allerdings von dem Markt ethisch nachhaltiger Anlagemöglichkeiten ab, der sich hauptsächlich darauf bezieht, gewisse Aktien aus dem möglichen Investitionsspektrum auszuschließen.[2]

---

2 So werden etwa Unternehmen, die mehr als 40 % ihres Umsatzes mit Energieerzeugung durch Kohleverbrennung generieren oder durch systemische Korruption aufgefallen sind, aus dem Anlageuniversum ausgeschlossen.

Wie in jedem Markt geht es auch bei dem Markt der Finanzierung sozialer Innovationen um ein Zusammenführen von Angebot und Nachfrage. Es lässt sich aber festhalten, dass es noch ein gewisses Missverhältnis zwischen Angebot und Nachfrage gibt (Spiess-Knafl und Jansen 2013).

Auf der Nachfrageseite sind es vor allem Sozialunternehmen, die Kapital benötigen. Wenn man hier von Problemen spricht, ist es in der Regel die fehlende „Investment-Readiness" (Gregory et al. 2012). Darunter versteht man etwa ein fehlendes Verständnis der Finanzierungsinstrumente und Governance-Strukturen als auch fehlende Business-Pläne und Impact Assessments.[3]

Um diese Investment-Readiness herzustellen, gibt es schon eine ganze Reihe von Inkubatoren und Accelerators. In fast allen europäischen Ländern gibt es mittlerweile Investment-Readiness-Programme, die in einzelnen Modulen mit Sozialunternehmen an der Entwicklung von Businessplänen, Präsentationsunterlagen und Markteintrittsstrategien arbeiten. Dazu zählen etwa die Impact Hubs, die es in den größeren europäischen Städten gibt, aber auch universitäre Einrichtungen wie die Münchner Social Entrepreneurship Akademie, die Qualifizierungsprogramme anbietet, oder eigens gegründete Einrichtungen wie Zavod Viva in Slowenien.

Auf der Angebotsseite gibt es eine ganze Reihe von AkteurInnen, die unterschiedliche Segmente, Risikogruppen und Finanzierungsgrößen ansprechen. Die folgenden AkteurInnen werden in diesem Beitrag näher vorgestellt[4]:

- Venture-Philanthropy-Fonds
- Stiftungen
- Sozial-ethische Banken
- Crowdfunding-Plattformen

9.3.1 Venture-Philanthropy-Fonds

Letts et al. (1997) beschreiben die Idee, dass Stiftungen die Ansätze von Venture-Capital-Fonds übernehmen könnten. Statt einer Vielzahl von kleinen Projekten nach dem Gießkannenprinzip zu fördern, sollten sich Stiftungen an der Arbeit von Venture-Capital-Fonds orientieren und Projekten eine passgenaue Finanzierung zukommen lassen und auch mehrstufige Auswahlprozesse einsetzen (Heister 2010). Daraus erklärt sich auch der Name „Venture Philanthropy".

In Europa sind diese Fonds mittlerweile in der European Venture Philanthropy Association (EVPA) zusammengeschlossen. Laut Zahlen der EVPA haben die europäischen Mitglieder seit dem Beginn 6,5 Mrd. € investiert (Boiardi und Gianoncelli 2016). Für den deutschsprachigen Raum sind die bekanntesten Fonds BonVenture, Ananda Social Venture Fund und Auridis und europaweit Noaber, oltre ventures und Bridges Ventures.

---

3 Generell befinden sich Social Reporting Standards und Impact-Assessment-Methoden gerade erst in der Entwicklung (Roder 2011).
4 Andere AkteurInnen wie etwa Social Business Angels oder staatliche Förderagenturen und Banken werden nicht explizit vorgestellt.

9.3.2 Stiftungen

Während es in Deutschland mehr als 20.000 gemeinnützige Stiftungen gibt, sind es in Österreich nur 200 rein gemeinnützige Stiftungen (Verband Österreichischer Privatstiftungen 2016; Bundesverband Deutscher Stiftungen 2016). Das zeigt schon, dass Stiftungen in unterschiedlichen Jurisdiktionen unterschiedliche Rollen ausfüllen.

Zu einem guten Teil kann man es auch mit unterschiedlichen Philanthropie-Traditionen begründen. Dafür reicht ein Blick in die ehemals kommunistisch geprägten Länder Osteuropas oder nach Nordamerika.

Generell verfügen Stiftungen über ein Anlagevermögen, das sie dermaßen anlegen, dass sie aus den Ausschüttungen den Stiftungszweck unterstützen können. Die anhaltende Niedrigzinsphase veranlasst momentan Stiftungen, vermehrt darüber nachzudenken, auch das Stiftungskapital für soziale Zwecke einzusetzen (sog. „Mission Investments").

9.3.3 Sozial-ethische Banken

Sozial-ethische Banken haben in den letzten Jahren ein stetes Wachstum erlebt. Insbesondere nach der Finanzkrise haben sie von der Vertrauenskrise profitieren können, da sie AnlegerInnen und KreditnehmerInnen transparente Entscheidungsprozesse garantieren und Kredite in der Regel an Unternehmen mit einer sozialen, kulturellen oder ökologischen Zielsetzung vergeben.

Weltweit sind diese Banken in der Global Alliance for Banking on Values (GABV) vertreten. Die 36 Finanzinstitutionen haben zusammen eine Bilanzsumme von 110 Mrd. US$ und haben zusammen 24 Mio. Kunden und 42.000 Mitarbeiter (Global Alliance for Banking on Values 2017). In Österreich wird an der Gründung der Bank für Gemeinwohl gearbeitet. In Deutschland ist insbesondere die GLS Gemeinschaftsbank als Pionier in diesem Bereich zu nennen.

9.3.4 Crowdfunding-Plattformen

Crowdfunding-Plattformen sind die demokratischste Form der Finanzierung. Sie ermöglichen die Finanzierung durch eine große Zahl einzelner Personen (die sog. Crowd) mit Hilfe von Investments, Spenden oder Umsätzen. Ein Investment erfolgt meistens in Form von partiarischem Nachrangdarlehen, die sowohl Zinsen als auch eine Beteiligung am Unternehmenserfolg ermöglichen.[5] Die Zahlen sind schwer zu eruieren. Nach den letzten Zahlen der (Wirtschaftskammer 2016) haben diese Plattformen bisher € 25 Mio. Euro an Projektfinanzierung aufstellen können. In Österreich sind Conda, Green Rocket und Lion Rocket die bekanntesten Plattformen.

Davon abzugrenzen sind Plattformen wie kickstarter, die sich eher auf die Vorfinanzierung von Projekten fokussieren. Dabei wird durch den Kauf eines Produktes erst die Entwicklung des jeweiligen Produktes ermöglicht.

---

5 Mikrokreditplattformen wie Kiva ermöglichen die Kreditvergabe an Kleinstunternehmen und Privatpersonen in Entwicklungsländern.

Dazu gibt es noch Spenden-Plattformen, auf denen man Projekte unterstützen kann. In Deutschland ist Betterplace ein Pionier, während in Österreich vor allem respekt.net bekannt ist.

9.4 Relevanz von Netzwerken

9.4.1 Kontext

Aus den bisherigen Ausführungen wird ersichtlich, dass der soziale Kapitalmarkt unter sehr hohen Transaktionskosten leidet. Das erklärt sich unter anderem durch geringe Investmentgrößen und einen hohen Aufwand bei der Durchführung der Due Diligence. Es müssen nämlich sowohl finanzielle als auch soziale Kriterien analysiert und bewertet werden.[6] Dazu kommen noch Suchkosten für die Identifikation attraktiver Investment-Ziele in einem fragmentierten und unübersichtlichen Markt.

Außerdem ist die Zusammenarbeit zwischen den AkteurInnen des sozialen Kapitalmarkts noch nicht sonderlich ausgeprägt. So gibt es zwar einige Leitkonferenzen, die die AkteurInnen zusammenbringen, aber zwischen philanthropischen und renditeorientierten InvestorInnen gibt es fast keine Zusammenarbeit, obwohl eine Lifecycle-Finanzierung durchaus sinnvoll wäre. Bei dieser Lifecycle-Finanzierung übernehmen philanthropisch orientierte KapitalgeberInnen die Finanzierung der riskanten Anfangsphase im Wissen, dass die kostenintensive Skalierung von Mainstream-Investoren übernommen werden kann.[7]

Netzwerke können diese Rolle als Mittler zwischen Angebot und Nachfrage gut ausfüllen und auch die Zugänge zu Expertise ermöglichen. Gegebenenfalls können noch soziale Innovationen sichtbar gemacht und Synergieeffekte innerhalb des Netzwerkes genutzt werden.

Weltweit gibt es einige Netzwerke, die sich solchermaßen positionieren. Man kann sie also nach der Rolle ihrer Vernetzungstätigkeiten definieren. So gibt es Netzwerke, die ausschließlich auf der Angebots- oder der Nachfrageseite agieren und andere, die wiederum versuchen, Angebot und Nachfrage zu vernetzen.

Die European Venture Philanthropy Association (EVPA) hat hauptsächlich zum Ziel, europäische Venture-Philanthropy-Fonds zu vernetzen und zu einem Austausch beizutragen. Neben regelmäßigen Studien und Workshops ist vor allem die jährlich stattfindende Konferenz ein wichtiges Kontaktforum des Sektors. Dazu kommen noch Organisationen, die daran arbeiten, den möglichen Dealflow aufzubereiten und auch mehreren InvestorInnen zur Verfügung zu stellen (◘ Abb. 9.1).

Die Verbindung von Sozialunternehmen stellen etwa Schwab Foundation for Social Entrepreruship, Ashoka oder das Skoll Forum for Social Entrepreneurship her.

---

6 Bei der Analyse des sozialen Angebotes geht es beispielsweise um den Zugang zur Zielgruppe, Kooperationen mit anderen AkteurInnen oder die persönlichen Eigenschaften des Sozialunternehmers/der Sozialunternehmerin (Achleitner et al. 2014b).

7 Die Vielfältigkeit des Sektors lässt sich an diesem Beispiel sehr gut illustrieren. Es geht bei solchen Übergaben beispielsweise um den Erhalt der Wirkungsorientierung, gemeinsame Standards für Wirkung und dessen Messung und die unterschiedlichen Anforderungen, denen KapitalgeberInnen unterliegen.

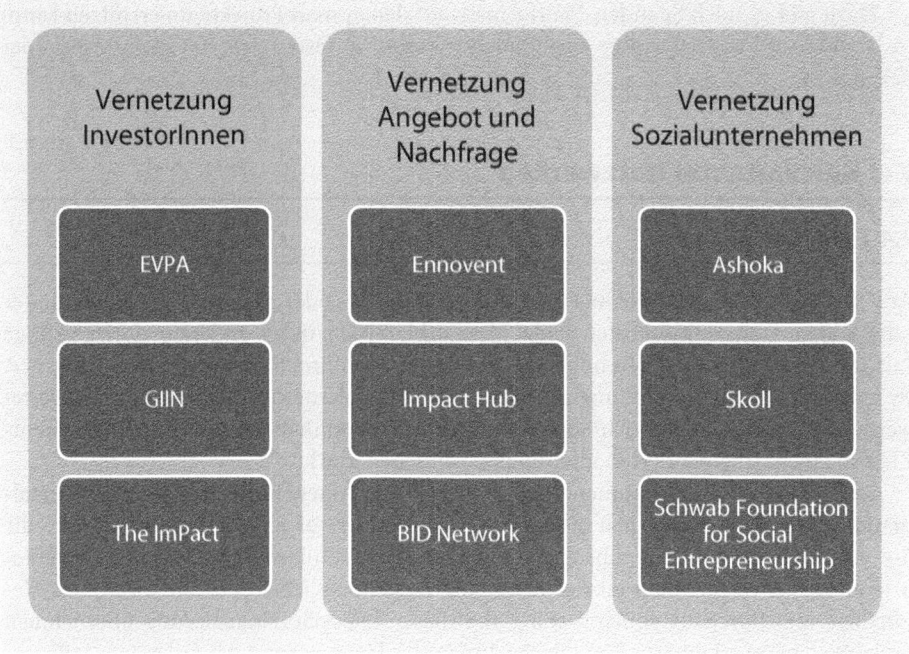

◘ Abb. 9.1 Beispiele für Netzwerke

Dabei werden jedes Jahr eine bestimmte Anzahl von SozialunternehmerInnen als Fellow ausgewählt und durch diese Auszeichnung auch sichtbar gemacht. Im Rahmen eines Fellowship-Programms bekommen sie Zugang zu Netzwerken, Veranstaltungen und Pro-Bono-Leistungen.

An der Schnittstelle zwischen Angebot und Nachfrage gibt es einige Netzwerke, die unterschiedlich starke Verankerungen haben. Als Beispiel für ein Netzwerk, das zwischen der Angebots- und Nachfrageseite angesiedelt ist, dient Ennovent[8].

9.4.2 Ennovent

Ennovent wurde 2008 von Peter Scheuch gegründet. Aufbauend auf seiner Erfahrung bei internationalen NGOs in Afrika und Asien wollte er ein Unternehmen gründen, das eine ähnliche Wirkung wie seine früheren ArbeitgeberInnen hat, doch ohne dabei von Spenden abhängig zu sein. Es war somit wichtig, ein Geschäftsmodell zu finden, das die Basis einer finanziellen Unabhängigkeit sein kann.

Gleichzeitig sollten die Dienstleistungen des Unternehmens den einkommensschwächsten Schichten in Entwicklungsländern zugutekommen. Die Vision war und bleibt innovative Geschäftsideen zu finden und für eine breite Anwendung vorzubereiten.

---

8 Es gibt auch Organisationen, die eine Vernetzung eben dieser Anbieter anbieten. Darunter fallen beispielsweise der Inclusive Business Hub oder das Aspen Network of Development Entrepreneurs (ANDE).

Die Lösung schien somit die Identifikation und Skalierung von sozialen Unternehmen in Entwicklungsländern zu sein.

Die Familienstiftung war bereit, Investitionskapital in Höhe von zwei Millionen Euro zur Verfügung zu stellen, das durch eine Fondstruktur in innovative soziale Unternehmen in Südasien (d. h. Indien) investiert werden sollte. Ennovent wurde somit zum Fonds-Manager und fing an mit der Suche nach investierbaren Unternehmen.

Die Identifikation von interessanten Investments erwies sich jedoch als schwierig. Aufgrund des relativ kleinen Fonds und der notwendigen Stückelung zur Risikostreuung, kamen nur Start-Ups mit notwendigem Kapitalbedarf unter € 300.000 infrage.

Das hatte zur Folge, dass Ennovent in die gleiche Position wie viele Business Angels geriet. Es genügte nicht, Kapital zur Verfügung zu stellen. Unternehmen, die sich in der Start-Up-Phase befinden, brauchen nämlich viel mehr. Sie müssen noch ihr Geschäftsmodell sowie den Finanzplan entwickeln, das Produkt bzw. die Dienstleistung der Nachfrage und den Wünschen von KundInnen anpassen, Kontakte mit LieferantInnen und Vertriebsunternehmen knüpfen oder ein Team aufbauen. Ohne Capacity Building konnten also keine Investments getätigt werden.

Die Tatsache, dass die Unternehmen, in die investiert werden sollte, zusätzliche Wirkungskriterien erfüllen mussten, erschwerte die Sucharbeit. In vielen Fällen gab es ja zudem einen Mangel an Referenzwerten. Der Ansatz von Social Business war und ist noch immer neu. Ennovent hatte außerdem die zusätzliche Anforderung innovative Geschäftsmodelle zu fördern. Es war somit klar, dass Profitabilität nicht im Vordergrund stand, sondern der Impact.

Das bedeutete jedoch auch, dass Ennovent gezwungen war, sein Geschäftsmodell als Fonds-Manager zu überdenken. Die hohen Transaktionskosten, die mit dem Sourcing der investierbaren Unternehmen verbunden waren, konnten nicht alleine durch die Fonds-Manager-Fees abgedeckt werden. Die GründerInnen mussten zusätzliche Einkommensquellen finden, um die Strukturen von Ennovent zu finanzieren. Somit wurde Ennovent zum Dienstleistungsanbieter für ähnliche Investoren wie Ennovent.

Heutzutage definiert sich Ennovent als „Business Innovations Catalyst". Ennovent ist also ein Katalysator im Ökosystem von Impact Investing und Social Entrepreneurship für die Förderung von innovativen Unternehmenskonzepten. Die Absicht des Unternehmens ist es, systemische Probleme in Niedrigeinkommensmärkten durch innovative unternehmerische Lösungen zu beheben. Dazu gehören unterschiedliche Phasen und Aufgaben, die im Rahmen eines Projektes durchgeführt werden.

Angefangen wird immer mit der Analyse des Problems und der Identifikation des Ursprungs der Marktlücke bzw. der mangelnden Lösung. Dem folgt die Sourcing-Phase, in der durch unterschiedliche Methoden eine möglichst breite Auswahl an Lösungen gefunden wird, die dann mithilfe einer Expertenjury wieder zu einer Shortlist gefiltert wird. In der letzten Phase findet das technische Capacity-Building statt, in dem die Lösungsansätze in Unternehmensform institutionalisiert werden. Das erfolgt mit erprobten Produkten und Dienstleistungen, um sie bis zum Ready-to-Scale-Punkt zu begleiten.

Ein Beispiel für ein solches Projekt ist Barefoot Power, das Ennovent durch die Anpassung des Geschäftsmodells an indische Marktgegebenheiten sowie durch Eigenmittel aus dem Fonds unterstützt hat. Barefoot Power ist ein australisches Unternehmen, das Solarenergie-Lösungen an Niedrigeinkommenshaushalte in Entwicklungsländern anbietet. Als Ennovent nach Investitionen im nachhaltigen Energiebereich suchte und hierzu eine „Challenge" durchführte, bewarb sich Barefoot Power mit der bewussten

Absicht die angebotene Unterstützung, in den indischen Markt zu expandieren, anzunehmen.

Für die Formulierung von Problemen, die durch unternehmerische Ansätze zu lösen wären, oder die Analyse von Geschäftsmodellen, ist Ennovent auf externe PartnerInnen angewiesen. Somit ist die Einbindung in ein funktionierendes Netzwerk an MentorInnen, ExpertInnen, InvestorInnen und anderen DienstleistungsanbieterInnen ein strategisch kritischer Faktor für das Unternehmen. Es ist dermaßen wichtig, dass Ennovent sogar eine Zeit lang ein eigenes Online-System entwickelte und aufrechterhielt. Die Kosten waren auf Dauer nicht tragbar, wodurch das Unternehmen nur noch traditionelle Social-Media-Tools wie Facebook, LinkedIn oder Twitter verwendet. Im Hintergrund verwaltet ein/e MitarbeiterIn der Marketing-Abteilung die Liste der Community, wie sie bei Ennovent benannt wird. Mit den InvestorInnen in der Community werden Deal Flows, Term Sheets und dergleichen geteilt. Mitglieder dieser Gruppe sind Business Angels, Venture Capitalists und Privatpersonen, die Interesse an sozialen Unternehmen in Indien haben.

Ennovent bedient sich auch externer Netzwerke. Zu diesen zählen vor allem Aspen Network of Development Entrepreneurship (ANDE) und Asian Venture Philanthropy Network (AVPN), aber es werden auch Events der European Venture Philanthropy Association (EVPA), Social Capital Markets (SOCAP) und Sankalp besucht. Organisationen mit eigenen Netzwerken wie Impact Hub sind ebenfalls wertvolle Partner bei der Gestaltung und Ausführung von Projekten.

9.5 Fazit

Finanzierung, Innovationen und Netzwerke sind eng miteinander verwoben. Im Rahmen des Beitrags haben wir gezeigt, dass der soziale Kapitalmarkt bestimmte Herausforderungen mit sich bringt, die mit Hilfe von Netzwerken gelöst werden könnten. Für SozialunternehmerInnen haben wir einen ersten Überblick über die Möglichkeiten der sozialen Finanzierung gegeben.[9] Der soziale Kapitalmarkt ist ein imperfekter Markt, in dem noch nicht alle Marktmechanismen ausgebildet sind und manche AkteurInnen noch kein etabliertes Geschäftsmodell haben. Es erinnert dabei an andere Ökosysteme, in denen alle AkteurInnen von den Erfolgen der anderen profitieren. Beispiele dafür wären Sportligen oder Tourismusressorts.

Interessanterweise gibt es für traditionelle Unternehmen weniger allgemeine Netzwerke. Netzwerke bilden sich dort eher als ethnische Netzwerke, Frauennetzwerke, Nachwuchsführungskräftenetzwerke, Familienunternehmensnetzwerke oder über die Industrie, Handels- oder Wirtschaftskammern. Alternativ gibt es einen Fokus auf bestimmte Industriesegmente. Eine weiterführende Forschungsfrage wäre also, wie sich Netzwerke im Social-Finance-Bereich von Netzwerken in traditionellen Bereichen oder auch Clustern im Juwelen- oder Bankenbereich unterscheiden.

Auch das Innovationsmanagement hat schon an anderen Beispielen gezeigt, wie wichtig Netzwerke und ein offener Zugang dafür sind (z. B. Gassmann und Enkel 2006). Netzwerke haben natürlich auch Grenzen, wie man es am Beispiel von Ennovent gesehen

---

9 Als Einstieg seien etwa Achleitner et al. 2011, 2015 empfohlen.

hat. An manchen Schnittstellen gibt es keine PartnerInnen und man muss gegebenenfalls selber den Markt vorbereiten.

Abschließend kann man festhalten, dass Netzwerke in entstehenden Industrien und Marktsegmenten eine besondere Rolle spielen. Sie tragen durch die Vernetzung von AkteurInnen zu einer positiven Entwicklung bei und fördern somit eine notwendige Senkung von Transaktionskosten.

Literatur

Achleitner, A.-K., Pöllath, R., & Stahl, E. (2007). *Finanzierung von Sozialunternehmern*. Stuttgart: Schäffer-Poeschel.

Achleitner, A.-K., Heinecke, A., Noble, A., Schöning, M., & Spiess-Knafl, W. (2011). Social investment manual: An introduction for social entrepreneurs. ▶ http://papers.ssrn.com/sol3/papers.cfm?abstract_id=1884338. Zugegriffen: 23. Juli 2017.

Achleitner, A.-K., Heister, P., & Spiess-Knafl, W. (2014a). What really matters: A theoretical model for the assessment of social enterprise performance. In: P. H. Phan, J. Kickul, S. Bacq, & M. Nordqvist (Hrsg.), *Theory and empirical research in social entrepreneurship*. Cheltenham: Elgar.

Achleitner, A.-K., Spiess-Knafl, W., & Volk, S. (2014b). The financing structure of social enterprises: Conflicts and implications. *International Journal of Entrepreneurial Venturing 6*(1), 85–99.

Achleitner, A.-K., Heister, P., & Spiess-Knafl, W. (2015). Kapitaleinwerbung aus Sicht eines Sozialunternehmens. In J. Freiling & T. Kollmann (Hrsg.), *Entrepreneurial Marketing*. Wiesbaden: Springer.

Boiardi, P., & Gianoncelli, A. (2016). *The State of Venture Philanthropy and Social Investment (VP/SI) in Europe – The EVPA Survey 2015/2016*. Brüssel: European Venture Philanthropy Association.

Bundesverband Deutscher Stiftungen. (2016). Stiftungen in Zahlen. ▶ https://www.tag-der-stiftungen.de/de/informieren/stiftungen-in-deutschland/stiftungen-in-zahlen.html. Zugegriffen: 23. Juli 2017.

Cohen, R. (2011). Harnessing social entrepreneurship and investment to bridge the social divide. In EU conference on the social economy, Band 18.

Fundraising Verband Austria. (2015). Spendenbericht 2015. ▶ http://www.fundraising.at/LinkClick.aspx?fileticket=LWj63CMPXVo%3d&tabid=421&language=de-DE. Zugegriffen: 30. Juli 2017.

Gassmann O., & Enkel E. (2006). Open innovation. *Zeitschrift Führung + Organisation 75*(3), 132–138.

GfK. (2016). Spendenjahr 2016 – Trends und Prognosen. ▶ http://www.spendenrat.de/wp-content/uploads/2016/11/Trends_und_Prognosen_2016.pdf. Zugegriffen: 30. Juli 2017.

Global Alliance for Banking on Values. (2017). Members. Global alliance – For banking on values. ▶ http://www.gabv.org/the-community/members. Zugegriffen: 30. Juli 2017.

Gregory D., Hill K., Joy I., & Keen S. (2012). Investment readiness in the UK. ▶ https://www.biglotteryfund.org.uk/global-content/research/uk-wide/investment-readiness-in-the-uk. Zugegriffen: 30. Juli. 2017.

Heister, P. (2010). *Finanzierung von social entrepreneurship durch venture philanthropy und social venture capital*. Wiesbaden: Springer.

Kania, J., & Kramer, M. R. (2011). Collective impact. *Stanford Social Innovation Review, 9*(1), 36–41.

Letts, C. W., Ryan, W., & Grossman, A. (1997). Virtuous capital: What foundations can learn from venture capitalists. *Harvard Business Review, 75*, 36–50.

Milligan, K. & Schöning, M. (2011). Taking a realistic approach to impact investing: Observations from the world economic forum's global agenda council on social innovation. Innovations *6*(3), 155–166.

Official Journal of the European Union. (2013). Regulation (EU) No 1296/2013 of the European Parliament and of the Council of 11 December 2013 on a European Union Programme for Employment and Social Innovation (EaSI). ▶ http://eur-lex.europa.eu/legal-content/EN/TXT/?uri=CELEX%3A32013R1296. Zugegriffen: 30. Juli 2017.

Roder, B. (2011). *Reporting im Social Entrepreneurship: Konzeption einer externen Unternehmensberichterstattung für soziale Unternehmer*. Wiesbaden: Springer.

Rüede, D., & Lurtz, K. (2012). Mapping the various meanings of social innovation: Towards a differentiated understanding of an emerging concept. EBS Business School Research Paper, Nr. 12–03. ▶ http://papers.ssrn.com/sol3/papers.cfm?abstract_id=2091039.

Scheuerle, T., Schmitz, B., Spiess-Knafl, W., Schües, R., & Richter, S. (2015). Mapping social entrepreneurship in Germany-a quantitative analysis. *International Journal of Social Entrepreneurship and Innovation*, 3(6), 484–511.

Schmitz, B., & Scheuerle, T. (2012). Founding or transforming? Social intrapreneurship in three German Christian-based NPOs. *ACRN Journal of Entrepreneurship Perspectives*, 1(1), 13–36.

Spiess-Knafl, W. (2012). Finanzierung von Sozialunternehmen: Eine theoretische und empirische Analyse. München, Technische Universität München, Diss., 2012.

Spiess-Knafl, W., & Jansen, S. A. (2013). Imperfections in the social investment market and options on how to address them. Ex-Ante Evaluation for the European Commission. Zeppelin Universität, Deutschland.

Spiess-Knafl, W., Mast, C., & Jansen, S. (2015). On the nature of social business model innovation. *Social Business*, 5(2), 113–130.

Verband Österreichischer Privatstiftungen. (2016). Facts & Figures - österreichische Privatstiftungen. ▸ http://www.stiftungsverband.at/pages/facts-figures/die-oesterreichische-privatstiftung.php. Zugegriffen: 24. Sept. 2016.

Wirtschaftskammer. (2016). Statistik der Crowd-Investing-Plattfomen. ▸ https://www.wko.at/branchen/information-consulting/finanzdienstleister/Statistik-Crowdinvesting-PF-Juli-2016.pdf. Zugegriffen: 6. Aug. 2017.

Zahra, S. A., Gedajlovic, E., Neubaum, D. O., & Shulman, J. M. (2009). A typology of social entrepreneurs: Motives, search processes and ethical challenges. *Journal of Business Venturing*, 24(5), 519–532.

Wolfgang Spiess-Knafl

ist Geschäftsführer von Next Generation Impact, einer Beratungs- und Beteiligungsgesellschaft mit Schwerpunkt auf Social-Impact-Strategien mit Sitz in Wien, und Mitglied der Fakultät für Wirtschaftswissenschaft der Universität Witten/Herdecke. Nach dem Studium an der TU Wien arbeitete er als M&A-Analyst bei Morgan Stanley, als wissenschaftlicher Mitarbeiter an der TU München (TUM) und als Post-Doctoral Research Fellow an der Zeppelin Universität (ZU) in Friedrichshafen.

Harald Langer, Mag. MA

arbeitet zur Zeit als selbständiger Ökonom für die Financial Times Gruppe an Thought-Leadership-Projekten zu den Themen Open Banking und Impact Investing. Bis Ende Juli 2017 war er Global Director bei Ennovent, einem Finanzintermediär in Indien und Nepal mit Fokus auf innovative und nachhaltige Unternehmenskonzepte. Davor hat er in Brüssel als Public-Policy-Consultant bei Covington & Burlington sowie in London als Analyst bei The Economist Intelligence Unit gearbeitet. Er hat einen MA in internationale Beziehungen und internationale VWL von der Johns Hopkins University – SAIS und einen Magister in internationale BWL von der WU Wien.

Freiwilligenarbeit – Zwischen Engagement und Ausbeutung

Ruth Simsa und Paul Rameder

10.1 Einleitung – 155

10.2 Unbezahlte Arbeit: Unterschiedliche Ausprägungen und Entwicklungen – 156
10.2.1 Zivilgesellschaftliche Freiwilligenarbeit – 156
10.2.2 Rahmenbedingungen der Freiwilligenarbeit – 159
10.2.3 Selbstbedienungsgesellschaft und Generation Praktikum: Versteckte unbezahlte Arbeit – 160

10.3 Ungleiche Zugangschancen und die Reproduktion von Ungleichheiten – 160
10.3.1 Geschlechtsspezifische Aufgabenteilung und hierarchische Strukturierung in den unterschiedlichen Bereichen der Freiwilligenarbeit – 161

10.4 Freiwilligenarbeit in der Flüchtlingshilfe – Die Übernahme staatlicher Aufgaben durch unbezahlt Arbeitende – 165
10.4.1 Belastungen der Freiwilligen – 168
10.4.2 Einschätzung – 170

© Springer Fachmedien Wiesbaden GmbH, ein Teil von Springer Nature 2019
C. Neugebauer, S. Pawel, H. Biritz (Hrsg.), *Netzwerke und soziale Innovationen*, Schriften zur Gruppen- und Organisationsdynamik 12, https://doi.org/10.1007/978-3-658-21551-4_10

10.5	**Weniger freiwillig, und oft versteckt – Unbezahlte Arbeit zugunsten gewinnorientierter Unternehmen – 171**
10.5.1	Social Entrepreneurship und Social Business – 172
10.6	**Zusammenfassung – The dark side of Volunteering – 175**
	Literatur – 175

10.1 Einleitung

Die Bedeutung von unbezahlter Arbeit nimmt in vielen Bereichen zu. Dies kann positiv interpretiert werden, als Zunahme zivilgesellschaftlichen Engagements, als selbstbestimmtes Tätigwerden jenseits der Sphären von Entfremdung und Zwang – nicht umsonst wird ehrenamtliche Tätigkeit meist als „Freiwilligenarbeit" bezeichnet. Freiwilligenarbeit leistet wesentliche Beiträge für die Gesellschaft, für sozialen Zusammenhalt, Vielfalt, Lebensqualität etc. Die Zunahme unbezahlter Arbeit kann aber auch kritisch interpretiert werden, als Ausdruck gesellschaftlicher Prekarisierung und neuer Ausbeutungs- und Selbstausbeutungsverhältnisse.

Gerade in Zusammenhang mit unterschiedlichen Exklusions- und Krisenphänomenen werden sowohl von der Politik als auch vonseiten der Wissenschaft starke Hoffnungen auf freiwilliges Engagement im Rahmen der Zivilgesellschaft gesetzt. Gleichzeitig birgt diese Arbeitsform auch Risiken auf persönlicher und gesellschaftlicher Ebene. Gesellschaftlich ist es prekär, wenn staatliche Aufgaben der sozialen Absicherung, Integration, Bildung etc. dem Wollen und Können zivilgesellschaftlicher AkteurInnen überlassen werden. Zunehmend, und oft unbemerkt, dient Freiwilligenarbeit auch partikulären Interessen und Zielen von gewinnorientierten (sozialen) Unternehmen. Im Rahmen von Konsumarbeit, Praktika und Freiwilligenarbeit für Social Enterprises, Social Business oder Social Start-Ups wird häufig in mehr oder weniger freiwilliger – und mehr oder weniger sichtbarer – Form unbezahlte Arbeit zugunsten von Wirtschaftsunternehmen geleistet. Für die unbezahlt Arbeitenden selbst kann dies problematisch sein, wenn es im Rahmen dieser Tätigkeit viel Druck bei wenig Absicherung und Zukunftschancen gibt.

Im Folgenden werden zunächst unterschiedliche Facetten, und damit auch unterschiedliche Begriffe von unbezahlter Arbeit erläutert und versucht, Klarheit in ein Feld von verschwimmenden Grenzen zu bringen. Es werden quantitative und qualitative Entwicklungen von zivilgesellschaftlicher Freiwilligenarbeit und auch in Bezug auf unbezahlte Arbeit im gewinnorientierten Bereich Im Folgenden wird gezeigt, dass Freiwilligenarbeit sozial ungleiche Verhältnisse reproduziert Am Beispiel der zivilgesellschaftlichen Beiträge zur Bewältigung der sogenannten Flüchtlingskrise des Jahres 2015/2016 wird argumentiert, dass Freiwilligenarbeit oft dazu dient, wohlfahrtsstaatliche Arbeiten zu erfüllen, und welche Konsequenzen dies für die unbezahlt Arbeitenden hat. Mit der Diskussion von verschiedenen Aspekten der unbezahlten Arbeit zugunsten von Wirtschaftsunternehmen wird ein oft vernachlässigtes Thema aufgegriffen. Abschließend wird die Bedeutung verschiedener Aspekte unbezahlter Arbeit zusammengefasst in Bezug auf die Gesellschaft und die engagierten Menschen diskutiert.

Dieser Beitrag fokussiert auf unbezahlte Arbeit außerhalb des eigenen Haushaltes zugunsten von Personen, die nicht im eigenen Haushalt leben. Damit wird ein wichtiger Bereich unbezahlter Arbeit nicht thematisiert, nämlich Reproduktionsarbeit, die Arbeit im Rahmen von Kindererziehung und Hausarbeit. Es ist gut dokumentiert, dass diese immer noch vorrangig von Frauen geleistet wird[1]. Diese Form von Arbeit leisten Frauen für Kinder, Haushalt, Pflege und Ehrenamt. Insgesamt erledigen Frauen täglich 52 % mehr Reproduktionsarbeit als Männer. Gesellschaftliche Hintergründe und vielfältige Konsequenzen dieser ungleichen Arbeitsteilung sind an anderer Stelle analysiert.

---

1 ▶ http://www.zeit.de/gesellschaft/2017-03/gleichstellung-frauen-maenner-unbezahlte-arbeit-gutachten (Zugriff am 26.06.2018).

10.2 Unbezahlte Arbeit: Unterschiedliche Ausprägungen und Entwicklungen

Unbezahlte Arbeit kann verschiedenste Formen annehmen und wird mit unterschiedlichen Begriffen bezeichnet. Neben formeller und informeller zivilgesellschaftlicher Freiwilligenarbeit gibt es auch eine Vielzahl an unbezahlter Arbeit, die nichts oder wenig mit freiwilligem Engagement für soziale oder gesellschaftspolitische Ziele zu tun hat. Zu diesem gehören unbezahlte Praktika, unbezahlte Mehrarbeit im Rahmen von Beschäftigungsverhältnissen, aber auch kreative Tätigkeiten und Konsumarbeit. Im Folgenden werden Definitionen und Entwicklungen unterschiedlichen Formen unbezahlter Arbeit dargestellt.

10.2.1 Zivilgesellschaftliche Freiwilligenarbeit

Häufig wird unbezahlte Arbeit in Zusammenhang mit zivilgesellschaftlichen Tätigkeiten gebracht, dies dann unter den Begriffen ehrenamtliche Arbeit oder Freiwilligenarbeit. Mit **Zivilgesellschaft** ist der Bereich zwischen Staat, Wirtschaft und der Privatsphäre gemeint, in dem Menschen ihre Anliegen gemeinsam definieren und durchsetzen. Häufig wird Zivilgesellschaft mit Ideen von Partizipation, Demokratie und sozialer Gerechtigkeit assoziiert (Edwards 2009; Pollack 2004; Ruth Simsa 2013a; Zimmer und Priller 2007). Der Begriff des **Ehrenamts** hat seine Wurzeln einerseits in den administrativ-politischen Ehrenämtern und andererseits in der humanitären und karitativ-christlichen Hilfstätigkeit gegenüber Armen (More-Hollerweger und Rameder 2013). Der Begriff „**Freiwilligenarbeit**" hat sich innerhalb der Europäischen Union etabliert und entspricht der wörtlichen Übersetzung des englischen Ausdrucks „**voluntary work**" bzw. „**volunteer labour**" (Olk 1992). In Deutschland ist häufig auch der Begriff „**bürgerschaftliches Engagement**" zu finden, der stark mit politischer Partizipation, Demokratiewahrnehmung und- stärkung verbunden ist (Priller et al. 2011, S. 11). Der Begriff, der am weitesten gefasst ist, ist **zivilgesellschaftliches Engagement** oder **civic engagement**, dies umfasst Aktivitäten wie Protest, Advocacy, Selbsthilfe und Freiwilligenarbeit zum Wohle Anderer (Mackerle-Bixa et al. 2009).

In internationalen Definitionen wird v. a. auf den Begriff der Freiwilligentätigkeit Bezug genommen. Die UN heben drei Charakteristika hervor, nämlich den freien Willen, unter dem die Tätigkeit ausgeübt wird, den fehlenden monetären Gegenfluss, sowie Dritte, denen die Tätigkeit vordergründig zugutekommen soll (United Nations 2003). Die International Labor Association definiert Freiwilligenarbeit als „activities or work that some people willingly do without pay to promote a cause or help someone outside of their household or immediate family" (ILO 2008). In Definitionen der EU wird v. a. der Dienstleistungscharakter der Freiwilligentätigkeit betont (Europäische Union 2006). An dieser Definition orientiert sich auch der erste Freiwilligenbericht für Österreich (BMASK 2009). Demnach wird Freiwilligenarbeit folgendermaßen definiert: 1) Als eine Tätigkeit, die unentgeltlich, freiwillig und zugunsten Dritter außerhalb des eigenen Haushaltes ausgeübt wird, wird sie von bezahlter Erwerbsarbeit abgegrenzt. 2) Des Weiteren wird sie von der Hausarbeit oder Kindererziehung unterschieden, die der eigenen Familie zu Gute kommt. 3) Darüber hinaus werden freiwillige Aktivitäten von unbezahlten Praktika, die im Rahmen von Ausbildungen etc. absolviert werden müssen sowie 4) von konsumtiven Freizeitaktivitäten wie persönlichen Hobbys abgegrenzt (More-Hollerweger et al. 2009, S. 9).

Die Definitionen inkludieren keine motivationalen Aspekte, meist ist Freiwilligenarbeit aber assoziiert mit altruistischem Verhalten. Cnaan et al. (1996) definieren Volunteering entlang eines Kontinuums: „In all cases the higher the net costs and the purer [i.e., more altruistic] the volunteer act, the higher the person will be ranked as a volunteer" (Cnaan et al. 1996, S. 381).

Neben der **formellen Freiwilligenarbeit,** die in Organisationen eingebunden ist, gibt es zahlreiche **informelle Tätigkeiten,** die außerhalb von Organisationen im Rahmen von Netzwerken geleistet werden, die aus NachbarInnen, FreundInnen und Bekannten bestehen.

Eine aktuelle Typologie „of Volunteering as Unpaid Work" ist insofern interessant, als sie zum einen den Charakter von Arbeit betont und zum Anderen auch die nicht ganz so freiwilligen Aspekte von Freiwilligenarbeit aufzeigt (Kelemen et al. 2017). Es wird argumentiert, dass Freiwilligenarbeit nicht nur auf freier und persönlicher Wahl beruht, sondern auch durch soziale Beziehungen und Strukturen bedingt ist. Basierend auf einer qualitativen Erhebung werden folgende Bedingungszusammenhänge und Formen von Freiwilligenarbeit unterschieden (siehe ◘ Abb. 10.1). Klassische Freiwilligenarbeit **(altruistic volunteering)** basiert auf dem Wunsch anderen zu helfen und einen Beitrag für die Gemeinschaft oder Gesellschaft zu leisten. Es geht entweder darum, etwas zurück zu geben, oder auf selbstlose Art etwas beizutragen. Als eine weitere Form wird Freiwilligenarbeit in Zusammenhang mit politischem Aktivismus **(militant volunteering)**

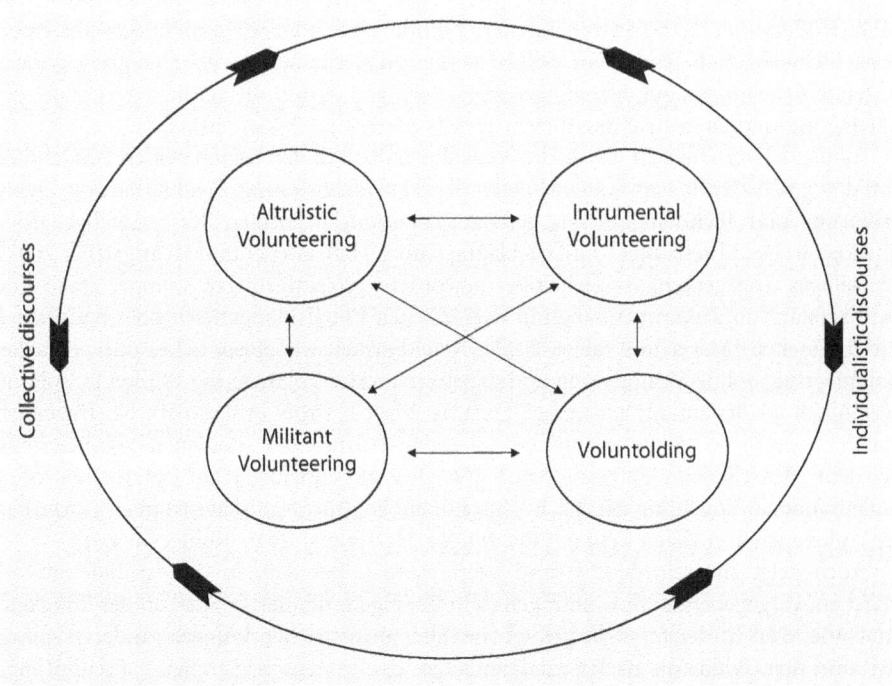

◘ Abb. 10.1 Typologie von Freiwilligenarbeit. (Kelemen et al. 2017: 13)

genannt. Hier kann es darum gehen, unmittelbare politische Ziele zu erreichen oder gesellschaftliche Meinungen zu beeinflussen. Bei instrumenteller Freiwilligenarbeit (**instrumental volunteering**) geht es stärker auch um eigene Vorteile, wie z. B. zu lernen, die Erhöhung der eigenen Chancen am Arbeitsmarkt, die Bewältigung eigener Krisen oder das Gewinnen von Kontakten und FreundInnen. Angesichts von schwierigen Arbeitsmarktbedingungen wird es v. a. für junge Menschen immer wichtiger, über Freiwilligenarbeit Zugang zu bezahlter Beschäftigung zu finden: „Recognising the realities of the job market, many young people are willing and eager to volunteer and work for free in order to enhance their CVs and increase their chances of employment." (Kelemen et al. 2017, S. 8). Noch weniger freiwillig ist erzwungenes volunteering (**voluntolding**). Dazu gehört unbezahlte Arbeit, die im Auftrag des Arbeitgebers/der Arbeitgeberin gemacht werden muss, aber auch Arbeit für die Gemeinschaft als Alternative zu Gefängnisstrafen.

Insgesamt hat zivilgesellschaftliche Freiwilligenarbeit eine hohe wirtschaftliche Bedeutung sowie auch große Wirkungen in Bezug auf gesellschaftliche Integration, Sozialkapital und die Erreichung inhaltlicher Ziele in Politik, Kultur, Sport, Sozialem etc. In Österreich wurden im Jahr 2006 wöchentlich knapp 14,7 Mio. Arbeitsstunden geleistet. Umgerechnet in Vollzeitäquivalente, entspricht dies einem Arbeitsvolumen von rund 425.000 Vollzeiterwerbstätigen bzw. 13 % der unselbstständig Erwerbstätigen in Österreich. Fast die Hälfte (43,8 %) der österreichischen Gesamtbevölkerung ab 15 Jahren, d. h. knapp über 3 Mio. Personen, leistet formelle und/oder informelle Freiwilligenarbeit (Simsa und Schober 2012).

Freiwilliges Engagement hat sich in den letzten Jahren verändert. Quantitative Änderungen (Anstieg/Rückgang) der Freiwilligenarbeit lassen sich in Österreich mangels Längsschnitterhebungen sowie der erhebungstechnischen Unterschiede bisheriger Befragungen (Badelt und Hollerweger 2001; BMASK 2013; Rameder und More-Hollerweger 2009) betreffend der Methode und der Stichprobenauswahl empirisch nicht abgesichert ableiten. Selbst in den Niederlande, die über mehrere parallel laufende Erhebungen zur Freiwilligenarbeit verfügen, lassen die zeitlichen Verläufe der Beteiligungsquoten keine einheitlichen Trends erkennen (Dekker 2011).

In qualitativer Hinsicht wurde die Freiwilligenarbeit in den letzten beiden Jahrzehnten von den gesellschaftlichen Entwicklungen der Individualisierung, Flexibilisierung, Dynamisierung und Technologisierung geprägt. Traditionelle Formen der Freiwilligenarbeit und klassische „Ehrenämter" sind rückläufig (More-Hollerweger und Heimgartner 2009). Freiwilliges Engagement ist vielfältiger geworden, projektförmiger, weniger stabil und wird verstärkt in Zusammenhang mit persönlichen Entwicklungszielen oder beruflichen Zielen gesehen (Meyer und Simsa 2013). Neue Formen wie episodisches oder virtuelles Volunteering, online Volunteering und selbstorientiertes Volunteering werden in Zukunft vermutlich an Bedeutung gewinnen (Hustinx 2010; Hustinx et al. 2010). Noch weniger Stabilität zeigen die an Bedeutung gewinnenden Formen des spontanen Volunteerings, bei dem Menschen im Rahmen von NPOs spontan und ungeplant mitarbeiten, ohne organisationale Zugehörigkeit, oft in Zusammenhang mit Naturkatastrophen (Erdbeben etc.) oder auch in sozialen Krisen (Flüchtlinge) (Harris et al. 2016; Kulik et al. 2016).

Auch zeigt sich ein Motiv- und Wertewandel. Bei den, in den großen Surveys üblichen, vorgegebenen Motivabfragen steht der eigenorientierte „Spaß an der Tätigkeit" zunehmend an vorderster Stelle gefolgt vom eher altruistischen Wunsch „anderen zu helfen" und dem Bedürfnis nach Sozialkontakten, d. h. „Menschen treffen", „FreundInnen gewinnen" und „gemeinsam etwas bewegen" (BMASK 2009; Gensicke und Geiss 2010; Stadelmann-Steffen et al. 2010). Die Bedeutung des Engagements für die individuelle Lebensqualität und die eigene Biografie werden stärker wahrgenommen. Dass dies nicht nur „freiwillige" Aspekte inkludiert, wurde oben bereits erwähnt.

10.2.2 Rahmenbedingungen der Freiwilligenarbeit

Für die Arbeitsbedingungen der formellen Freiwilligenarbeit, ist auch die Situation von NPOs entscheidend. Da der öffentliche Sektor in den deutschsprachigen Ländern wichtigster Auftrag- und Geldgeber für NPOs ist, sind damit wohlfahrtsstaatliche Politik und das Verhältnis der öffentlichen Hand zu NPOs eine wesentliche Rahmenbedingung für Freiwilligenarbeit. Bezüglich der Finanzierung durch die öffentliche Hand gab es in den letzten Jahren eine eindeutige Entwicklung: Einem höheren Bedarf an Leistungen des Sektors stehen gleichbleibende bzw. rückläufige Finanzierungen durch die öffentliche Hand gegenüber. Zusätzlich werden Zahlungen bzw. Vertragszusagen deutlich ungewisser, kurzfristiger und weniger planbar. Der Nonprofit-Sektor – und damit auch die Freiwilligen – bekommt die Folgen der Sparpolitik, der leeren öffentlichen Kassen und einer Ideologie, die Markt und Eigennutz über Gemeinwohl und Solidarität stellt, zu spüren. Die Finanzierung durch die öffentliche Hand, durch Bund, Länder oder Gemeinden wird tendenziell unsicherer, im Verhältnis zu den geforderten Leistungen geringer und für die Organisationen aufwändiger. Zahlungen bzw. Vertragszusagen wurden deutlich ungewisser, kurzfristiger und weniger planbar. Die Wirtschaftskrise hat zu einer drastischen Verschärfung der Finanzengpässe der öffentlichen Hand geführt, begleitet von einer rhetorischen Verunglimpfung des Sozialstaates. Wohlfahrtsstaatliche Absicherung und Solidarität verlieren also an Bedeutung zugunsten von Eigenverantwortung und privatem Engagement. Diese Entwicklung steht in Zusammenhang mit einem gesellschaftlichen Trend zur Ökonomisierung. Von diesem ist auch der NPO-Sektor in Europa betroffen (Zimmer und Simsa 2014).

Eine qualitative und quantitative Erhebung in Österreich zeigte deutlich, dass ein großer Teil der NPOs unter starkem Ökonomisierungsdruck steht (Simsa 2015). Viele Organisationen reagieren darauf u. a. mit Strategien, die sich unter „Reduktion und Verdichtung" subsumieren lassen: Reduktion der Anzahl der MitarbeiterInnen, Reduktion des Angebots und Verdichtung von Arbeit. Insgesamt hat die Zahl der unbezahlten Mitarbeiterinnen anteilsmäßig zugenommen (Simsa und More-Hollerweger 2013). Auch wenn diese Erhebung nicht statistisch aussagekräftig ist, kann davon ausgegangen werden, dass insgesamt in den letzten Jahren Arbeit im NPO-Sektor für alle darin Arbeitenden insgesamt verdichtet wurde, und dass zum anderen bezahlte Beschäftigte teilweise von unbezahlten verdrängt wurden.

Auch **Organisationsfaktoren** jener Nonprofit-Organisationen, die Freiwillige einsetzen, beeinflussen die Freiwilligentätigkeit. Studer und Schnurbein (2012) identifizieren diesbezüglich drei Aspekte. Erstens spielt das Freiwilligenmanagement eine wichtige Rolle. Zweitens sind Einstellungen gegenüber Freiwilligen und Erwartungen an deren Rolle wichtig, z. B. das Verhältnis zwischen bezahlten MitarbeiterInnen und Freiwilligen, klare Aufgabenbeschreibungen, und die strategische Bedeutung der Freiwilligen für die Organisation. Drittens sind organisatorische Merkmale wie Mission, Tätigkeitsbereich, Flexibilität und Professionalisierungsgrad bedeutend für das Engagement von Freiwilligen (Studer und Schnurbein 2012, siehe auch Meyer et al. 2009).

10.2.3 Selbstbedienungsgesellschaft und Generation Praktikum: Versteckte unbezahlte Arbeit

Ein weiterer Aspekt ist unbezahlte Arbeit zugunsten von Wirtschaftsorganisationen. Dazu gehört zum einen **Konsumarbeit**. Diese bezeichnet jene Tätigkeiten, die Voraussetzung für den Konsum eines Produkts oder einer Dienstleistung sind. Mikl-Horke bezeichnet sie als Gratisarbeit für das System (2007).

Unbezahlte Arbeit wird auch in Zusammenhang mit **„Prosumption"** geleistet, in der KonsumentInnen oder NutzerInnen eines Produkts, meist InternetnutzerInnen, in den Prozess der Wertschöpfung einbezogen werden (O'Neil und Fraysse 2015). Einen Graubereich zwischen Ausbildung und unbezahlter Arbeit bilden auch **Praktika** (Eichmann und Saupe 2011). In der gesamten EU sind mehrere Millionen junger Menschen in solchen Arbeitsformen beschäftigt. In vielen EU-Staaten hat sich ein regelrechter „PraktikantInnen-Arbeitsmarkt" entwickelt.[2]

Im Folgenden werden kritische Aspekte unbezahlter Arbeit diskutiert. Zunächst wird gezeigt, dass und wie Freiwilligenarbeit sozial ungleiche Verhältnisse reproduziert, daraufhin wird die Bedeutung von Freiwilligenarbeit in Zusammenhang mit Flüchtlingshilfe beschrieben und danach unbezahlte Arbeit zugunsten von gewinnorientierten Unternehmen aufgezeigt.

10.3 Ungleiche Zugangschancen und die Reproduktion von Ungleichheiten

Bei allen beobachtbaren Veränderungen bleibt ein Charakteristikum der Freiwilligenarbeit gleich: Diese ist grundsätzlich über alle Bevölkerungsgruppen verteilt, generell partizipieren allerdings jene Bevölkerungsgruppen mehr, die sozial bessergestellt und über andere Aktivitäten bereits in soziale Netzwerke eingebunden sind (Rameder 2015; Simsa 2013b).

Eine besonders wichtige Rolle spielen dabei die Erwerbsarbeit und der Bildungsgrad (Rameder und More-Hollerweger 2009). Der Zusammenhang zwischen Bildungsgrad und Beteiligungsquote findet sich fortlaufend in aktuellen nationalen wie internationalen Erhebungen bestätigt (BMASK 2015; Freitag et al. 2016; Simonson et al. 2017). Diese Befunde sind auch für Österreich gültig. Im Jahr 2012 hatten neben Personen in Ausbildung (36 %) Erwerbstätige mit 28 % die zweithöchste Beteiligungsquote. Personen, deren höchste Ausbildung ein Pflichtschulabschluss darstellt, hatten 2012 mit 19 % die niedrigste Beteiligungsquote, AbsolventInnen von Hochschulen o. ä. hatten hingegen mit 45 % eine mehr als doppelt so hohe Beteiligungsquote (BMASK 2013, S. 15).

Mit dem beruflichen Status eng gekoppelt beeinflusst das Haushaltseinkommen ebenfalls die Freiwilligenarbeit. Personen mit einem Haushaltseinkommen von über 3000 EUR weisen mit 40 % eine mehr als doppelt so hohe Beteiligungsquote auf als Personen mit einem Mindesteinkommen von unter 900 EUR (BMASK 2013, S. 18). Neben dem Bildungsgrad, dem Erwerbsstatus und dem Haushaltseinkommen sind Geschlecht,

---

[2] ▶ http://www.arbeit-wirtschaft.at/servlet/ContentServer?pagename=X03/Page/Index&n=X03_0.a&cid=1376635118805 (Zugriff am 26.06.2018).

Alter und die soziale Herkunft für den Zugang und die Positionsbesetzung im Feld der Freiwilligenarbeit zentrale Einflussfaktoren. Somit bestehen analog zur Erwerbsarbeit in der Freiwilligenarbeit zahlreiche explizite wie implizite Zugangsbarrieren, die an soziale und ökonomische Merkmale gekoppelt sind. Die Felder und Organisationen der Freiwilligenarbeit sind somit nicht frei von Mechanismen sozialer und organisationaler Schließung, Strukturierung, Hierarchisierung und Ausbeutung (Rameder 2015).

Vielfach verschleiert und unbemerkt kommt es so auch in der Freiwilligenarbeit zu einer Reproduktion sozialer Ungleichheiten. Vor allem der Zugang zu Positionen, die mit Macht und Prestige ausgestattet sind, folgt dabei nahezu den gleichen „Zugangsregeln" wie in der Erwerbsarbeit. Rotolo und Wilson (2007) zeigen anhand ihrer umfangreichen empirischen Analysen in den USA, dass sich die geschlechterbezogene Ungleichbehandlung beim Zugang zu Führungspositionen im Beruf auch in der Freiwilligenarbeit fortsetzt.

In Österreich folgt die Positionsbesetzung in der Freiwilligenarbeit den klassischen Mustern der Hierarchisierung:

> Frauen haben eine um fast die Hälfte geringere Chance in ehrenamtliche Leitungspositionen zu kommen. Der Bildungsgrad, eine Erwerbstätigkeit und dabei in besonderem Maße eine leitende Funktion, sind von zentraler Bedeutung für den Zugang zu leitenden Positionen im Ehrenamt. So haben beispielsweise in der Freiwilligenarbeit Angehörige der bildungsfernsten Schichten sowie Arbeitslose kaum die Möglichkeit Leitungs- bzw. Führungserfahrungen zu sammeln (Rameder 2015, S. 205 f.).

Daraus lässt sich schließen, dass auch die Freiwilligenarbeit potenziell zu einer ungleichen Akkumulation z. B. von symbolischen, sozialen und kulturellen Kapitalien beiträgt (Bourdieu 1983). Das nachfolgende Modell (siehe ◘ Abb. 10.2) bietet einen Überblick, wie ausgehend von bestehenden Ungleichheiten (z. B. in den Dimensionen der Bildung, des materiellen Wohlstands etc.) sowie zugeschriebenen (askriptiven) personenbezogenen Merkmalen, via den Mechanismen der sozialen Schließung, Hierarchisierung und Ausbeutung wiederum zu einem ungleichen Zugang zur Freiwilligenarbeit und zu einer ungleichen Positions- und Funktionsbesetzung kommt. Dieser ungleiche Zugang zur Freiwilligenarbeit und dessen hierarchischen Positionen zieht u. a. unterschiedliche Handlungsmöglichkeiten und die Akkumulation von Prestige, Macht sowie sozialen Kontakten und Netzwerken nach sich.

10.3.1 Geschlechtsspezifische Aufgabenteilung und hierarchische Strukturierung in den unterschiedlichen Bereichen der Freiwilligenarbeit

Im Sozial und Gesundheitsbereich (z. B. Sozial- bzw. Hilfsorganisationen, Jugendzentren bzw. -gruppen, Seniorenorganisationen, Selbsthilfegruppen sowie Besuchs- oder Begleitdienste), mit einem Frauenanteil von rund 55 %, ist für den Zugang vor allem der Bildungsgrad entscheidend, eine Erwerbstätigkeit hingegen ist hinderlich (Rameder 2015, S. 193). Damit weist dieser Bereich betreffend des Zugangs eine vergleichsweise lose Kopplung mit dem Feld der Erwerbsarbeit auf. Betrachtet man allerdings die interne Verteilung der Funktionen und Positionen, wandelt sich das Bild. „Sehr gut ausgebildete Männer mittleren bis höheren Alters werden mit Leitungsfunktionen betraut,

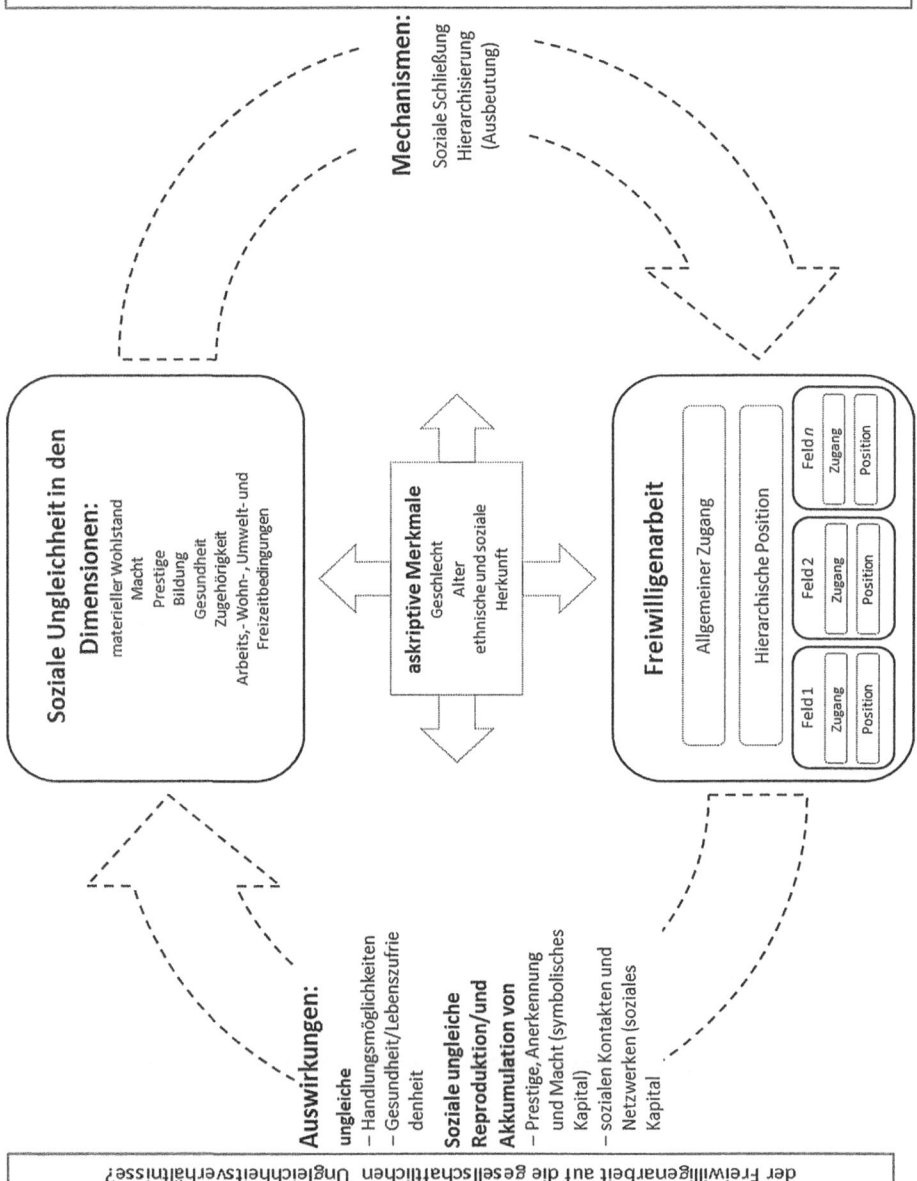

Abb. 10.2 Modell der Reproduktion sozialer Ungleichheit in der Freiwilligenarbeit. (Rameder 2015, S. 81)

die Kernaufgaben sowie die administrativen Aufgaben übernehmen überproportional häufig Frauen mit mittlerer Ausstattung an kulturellem Kapital (berufsbildende mittlere Schule oder Matura)" (Rameder 2015, S. 193).

Im Bereich der kirchlichen und religiösen Freiwilligenarbeit (Pfarrgemeinderäte, Gremien von Religionsgemeinschaften, religiöse Kinder- oder Jugendgruppen bzw. Frauen und Männerbewegungen) finden sich ähnliche Befunde. Der allgemeine Frauenanteil von rund 66 % reduziert sich bei den leitenden Positionen auf 56 %, wobei vor allem die administrativen Aufgaben von den Frauen im Alter von 50 bis 64 Jahren mit mittleren bis unteren Bildungsabschlüssen übernommen werden (Rameder 2015, S. 197). Neben der Reproduktion geschlechterspezifischen Stereotypen folgt die Aufgabenverteilung in diesem Bereich auch dem Senioritätsprinzip. Die Gruppe der 15- bis 29-Jährigen (Männer wie Frauen) sind überdurchschnittlich häufig mit Aufgaben betraut, die weder zu den Kernaufgaben zählen, noch leitender oder administrativer Natur sind, sondern der Residualkategorie der sonstigen, anzunehmender Weise mit geringem Status behafteten, Aufgaben zugeordnet werden können (Rameder 2015, S. 197).

Im Feld des Sports (Sport- oder Turnvereine, Fachverbände oder sonstige Sportorganisationen, Bewegungsgruppen) sind die Bedingungen und Auswirkungen der Freiwilligenarbeit bis dato am umfangreichsten erforscht worden (Baur und Braun 2003; Hartmann-Tews und Combrink 2006). In Österreich sinkt der Frauenanteil unter den Freiwilligen im Sport ausgehend von 31 %, auf unter 17 % bei den Positionen mit Leitungsfunktion (Rameder 2015, S. 199). Konkret reichte die Bandbreite des Anteils von Frauen in den Präsidien der drei österreichischen Sportdachverbände im Jahr 2014 von rund 39 % bei der UNION bis zu lediglich 8 % beim ASVÖ (◘ Tab. 10.1).

Daraus lässt sich u. a. schließen, dass es im Feld des Sports mitunter sogar zu einer Verstärkung sozial ungleicher Macht- und Handlungsspielräume kommt. Die Ursache lässt sich analog zum Wirtschafts- wie Wissenschaftssystem wie folgt beschreiben: „Unter dem Deckmantel der Chancengleichheit und der Leistungsgerechtigkeit, die durch den Wettkampf (im Sport wie am freien Markt) abgesichert und objektiviert wird, haben ungleichheitsgenerierende Prozesse [...] freie Hand und sind nur durch eine bewusst gestaltete Regeländerung (wie z. B. durch Quotenregelungen) veränderbar" (Rameder 2015, S. 199).

Die Freiwilligenarbeit im Bereich der Katastrophenhilfs- und Rettungsdienste (Freiwillige Feuerwehren, Rettungsdienste, Bergrettung, humanitäre Hilfsorganisationen) ist ebenfalls männerdominiert. Mit einem allgemeinen Frauenanteil von 17 % und einem Anteil von rund 8 % unter den leitenden Positionen bilden die Katastrophenhilfs- und Rettungsdienste diesbezüglich das Schlusslicht unter den Engagementbereichen.

> » Die vergleichsweise wenigen Frauen im Feld sind erwartungsgemäß überdurchschnittlich oft mit administrativen Aufgaben betraut. Sowohl leitende Funktionen als auch Kernaufgaben werden primär von Männern ausgeführt. Leitende Funktionen korrespondieren mit Männern im Alter zwischen 30 und 49 Jahren, die selbstständig oder in einem Angestelltenverhältnis tätig sind, und über mittlere bis hohe Bildungsabschlüsse verfügen (Rameder 2015, S. 202).

Geschlechterstereotypen und die Strukturierung und Hierarchisierung des Erwerbsarbeitsfeldes nach Bildungstiteln werden hier in besonderem Maße reproduziert und mitunter auch wechselseitig verstärkt.

Tab. 10.1 Geschlechterverteilung in den Leitungsgremien der österreichischen Sportdachverbände. (Quellen: ▲ http://www.askoe.at; ▲ http://www.asvoe.at; ▲ http://sportunion.at; Stand Mai 2017)

	ASKÖ			ASVÖ			UNION		
	N	Frauen-Anteil (%)	AkademikerInnen-anteil (%)	N	Frauen-Anteil (%)	AkademikerInnen-anteil (%)	N	Frauen-Anteil (%)	AkademikerInnen-anteil (%)
Präsidium	22	18	36	24	8	42	13	23	39
Vorstand	5	20	80	5	0	80	4	50	50
Sportausschuss	15	13	27	10	0	30	k. A.	k. A.	k. A.

Gesamt betrachtet, ist die soziale Selektivität, d. h. der Zugang in den Bereichen der Freiwilligenarbeit unterschiedlich ausgestaltet. Hingegen folgt die Hierarchisierung selbst in den sozial weniger selektiven Feldern wie dem Sozial- und Gesundheitsbereich, den stereotypen Hierarchisierungsmustern der Erwerbsarbeit: Männer, mittleren bis höheren Alters in Führungsfunktionen, Frauen betraut mit unterstützenden und administrierenden Aufgaben. Auf Basis der aktuellen Befunde kommt es, mehr als bisher angenommen, in der Freiwilligenarbeit zum überwiegenden Teil in verschleierter bzw. nicht explizit wahrgenommener Form zur Reproduktion sozialer Ungleichheit.

10.4 Freiwilligenarbeit in der Flüchtlingshilfe – Die Übernahme staatlicher Aufgaben durch unbezahlt Arbeitende

> » Gäbe es die Zivilgesellschaft nicht, wäre das gesamte Asylsystem mittlerweile zusammengebrochen. [...] Im Moment habe ich das Gefühl, ganz Österreich ist Zivilgesellschaft (I 17).

Die im Jahr 2015 virulent gewordene Flüchtlingskrise hat besonders deutlich gezeigt, dass die Zivilgesellschaft und die mit ihr verbundene Freiwilligenarbeit eine wichtige Rolle in der Bewältigung gesellschaftlicher Herausforderungen spielen.

Im Herbst 2015 kam es in vielen Ländern zu einem sprunghaften Anstieg der Zahl der Flüchtlinge v. a. aus dem Mittleren Osten. Österreich war stark betroffen, sowohl als Transit- als auch als Zielland. Zwischen 5. September und Mitte Dezember durchquerten mehr als 600.000 Flüchtlinge Österreich. Die Asylstatistik des Bundesministeriums für Inneres gibt für das Jahr 2015 eine vorläufige Zahl von insgesamt ca. 89.689 Asylanträgen an.[3] Der Andrang war im vorhandenen Ausmaß nicht vorhergesehen worden. Öffentliche Institutionen waren stark gefordert bis überfordert und das dadurch entstehende humanitäre Vakuum wurde, wie auch schon oft in anderen Ländern und Situationen (Lindenberg 1999) – durch zivilgesellschaftliche Aktivitäten gefüllt. Die Zivilgesellschaft hat hohe Beiträge zur Bewältigung der damit entstehenden Anforderungen geleistet, sei es in der Erstversorgung, in der Organisation von Flüchtlingsunterkünften, in weiterführenden Integrationsmaßnahmen und in der Unterstützung und Koordination freiwilliger HelferInnen. Zudem haben zivilgesellschaftliche AkteurInnen auch die öffentliche Meinung mitgeprägt und die Vernetzung von Freiwilligen befördert.

Im Folgenden werden Ergebnisse einer Analyse der Leistungen unterschiedlicher zivilgesellschaftlicher AkteurInnen zu den Beiträgen der Zivilgesellschaft zur Bewältigung der Flüchtlingskrise dargestellt. Die empirische Erhebung wurde von Oktober 2015 bis Ende Februar 2016 im Raum Wien durchgeführt. Insgesamt wurden 56 problemzentrierte Interviews mit Freiwilligen, mit VertreterInnen von Einsatz- und Hilfsorganisationen und basisorientierten, neueren NPOs, mit involvierten Instanzen des Bundes oder der Gemeinde Wien oder in deren Nahebereich (Fonds Soziales Wien, Bundesbahnen, Bundesministerium für Inneres), sowie mit syrischen Flüchtlingen durchgeführt (Simsa et al. 2016).

---

3 Asylstatistik Oktober 2015 des Innenministeriums (BMI), verfügbar unter: ▶ http://www.bmi.gv.at/cms/BMI_Asylwesen/statistik/files/Asylstatistik_Oktober_2015.pdf (Zugriff am 26.06.2018).

Die Bereitschaft zu freiwilligem Engagement nahm im Herbst 2015 ein in Österreich noch nie da gewesenes Ausmaß an. Eine langjährige Führungskraft einer Sozialorganisation meint dazu: „Sehr gut funktioniert hat das; also ich hab es in meiner Karriere noch nicht erlebt, dass so viele Menschen sich freiwillig engagieren wollen und auch froh sind, wenn es zu einer Koordination kommt, wie auch immer" (I 1). Eine der etablierten österreichischen NPOs schätzt beispielsweise, dass alleine am Westbahnhof in Wien im Jahr 2015 ca. 70.000 h freiwilliger Arbeit geleistet wurden. Freiwillige haben verschiedenste Tätigkeiten ausgeübt und dies in sehr unterschiedlichen Kontexten getan. Viele wurden selbstorganisiert und spontan tätig, ein Großteil allerdings half im Rahmen bestehender NPOs oder neu gegründeter Vereine. Für die zivilgesellschaftlichen Organisationen war die Mitarbeit dieser vielen Menschen absolut notwendig, um das hohe Leistungsniveau zu erreichen und aufrecht zu halten. Mit viel Einsatz und Empathie wurde nicht nur ein hohes Maß an Hilfe geleistet, sondern damit auch ein politisches Zeichen für Menschlichkeit und Toleranz gesetzt. Gleichzeitig standen sowohl die Freiwilligen selbst als auch das Management zivilgesellschaftlicher Organisationen vor enormen Herausforderungen und Belastungen.

Freiwillige haben sich in nahezu allen Bereichen der Flüchtlingsarbeit engagiert. Das Spektrum der angebotenen Leistungen war extrem breit. Während zunächst Erstversorgung und Akuthilfe im Vordergrund standen, gewannen zunehmend Tätigkeiten, die Integration der im Land verbleibenden AsylwerberInnen bzw. Asylberechtigten unterstützen, an Bedeutung. Diese weiterführenden Tätigkeiten umfassen die Organisation von Wohnraum, Weiterbildungen oder Freizeitgestaltung, Kinderbetreuung, Übersetzungsarbeit, Rechtsberatung, Unterstützung bei Behördenwegen, gesundheitliche Versorgung und vieles mehr. Die Zivilgesellschaft war und ist in beiden Aufgabenfeldern aktiv. Ein wichtiger, beide Tätigkeiten umfassender Beitrag war die Generierung und Verteilung von Spenden, wie etwa Lebensmitteln, Medikamenten, Hygieneartikeln, Kleidung, Infrastruktur wie PCs oder Räumen, aber auch Geldspenden. Einher ging dies mit einem – oft wenig beachteten – logistischen Aufwand: Spenden müssen geordnet, aussortiert und verteilt werden. Es entstanden Depots und neue Initiativen, die sich auf die Sammlung und Verteilung spezialisierten. Die Spendenbereitschaft war groß, nicht selten wurde von Hilfsorganisationen informiert, dass gerade keine Sachspenden angenommen werden konnten. Sachspenden waren für viele Einzelpersonen auch ein (niederschwelliger) Start ins Engagement. Auch Übersetzungsarbeit wurde in beiden Bereichen auf freiwilliger Basis geleistet, neben professionellen DolmetscherInnen vor allem von Personen mit Migrationshintergrund, zunächst v. a. von selbst-organisierten Freiwilligen; in weiterer Folge häufig im Rahmen von NPOs. Auch Rechtsberatung wurde von etablierten NPOs wie auch freiwilligen RechtsberaterInnen angeboten.

Mit der Schaffung von Unterkünften waren vor allem etablierte NPOs betraut, hier wurden oft binnen kürzester Zeit Notunterkünfte für mehrere Hundert Ankommende geschaffen, zumeist in Verbindung mit wichtiger Betreuungsarbeit. Dies wurde meist im Auftrag der öffentlichen Hand, aber unter hoher finanzieller Unsicherheit getan. Oft wurden Quartiere spontan, ohne klare Vereinbarungen beauftragt und durch NPOs eröffnet – ohne Klarheit, welches Geld in welcher Höhe und zu welchem Zeitpunkt dafür zur Verfügung stehen würde:

> » Aber es ist nie gesagt worden, was wir von der Republik Österreich bekommen […] Es hat geheißen mach da ein Quartier und dort ein Quartier. Und dann haben wir die Menschen bekommen, haben sie betreut, hatten keine Verträge – immer nur auf Abruf (I 10).

Bei der Etablierung und Betreuung der Unterkünfte waren Freiwillige maßgeblich beteiligt:

> Letztlich haben wir eine bestehende Bereichsleiterin (…) freigestellt von dieser Funktion und haben gesagt, bitte baue eine Struktur auf, die sehr rasch reagierend Unterbringungsmöglichkeiten schafft und Sachspendenmanagement (…) etablieren kann. Sie hat dann halt sich MitarbeiterInnen gesucht (…) und hat in einer kurzen Zeit ein paar Hundert DolmetscherInnen, die freiwillig sind, 3500 Menschen die sich freiwillig engagieren und an die 20 hauptamtliche MitarbeiterInnen, die sich auch zum Teil aus diesen Freiwilligen generieren, angestellt! (I1, 06).

Die Verantwortlichen der NPOs waren z. T. überrascht von der hohen Bereitschaft zu Freiwilligenarbeit. Ein Zuständiger beschreibt eine Situation, in der innerhalb von 2 Tagen eine Transitunterkunft für 900 Menschen und eine für 2500 Menschen aufgemacht werden sollte:

> Dort haben wir mit Facebook gearbeitet – mit 6 MA (…) sind wir hinunter gefahren mit Equipment mit Betten etc. um die Halle bezugsfertig zu machen. (…) auf FB haben wir dann einen Aufruf gemacht. Und am ersten Abend waren 480 Helfer da. Zivilgesellschaft (I 10).

Es entwickelten sich auch neue Initiativen – v. a. die relativ bekannt gewordene Train of Hope, die die Versorgung der Ankommenden am Wiener Hauptbahnhof zur Gänze auf freiwilliger Basis abwickelte.

Einige Notunterkünfte wurden auch über mehrere Monate hinweg (fast) ausschließlich von Freiwilligen betreut und organisiert. In einem offenen Brief schrieben die dort Tätigen:

> Es braucht einen Plan. Und weiterhin die Zivilgesellschaft zu missbrauchen, ist keiner. […] Es ist in Ordnung und verständlich, dass dieser Zustand ein paar Tage, vielleicht Wochen anhält. Aber wir haben Dezember. Es ist nun fast ein Vierteljahr und wir sind noch immer da. Obwohl das [Quartier] schon lang kein Transit-Quartier mehr ist. Obwohl die Grundversorgung von Asylsuchenden wirklich mehr als deutlich der offiziellen Seite gehört. Obwohl die Rechte unserer BewohnerInnen mit Füssen getreten werden. Obwohl man uns in unserer Arbeit weder ausreichend respektiert noch unterstützt. Im Gegenteil. Man legt uns Steine in den Weg und lässt uns mit untragbaren Situationen allein (O 7).

Viele befragte Freiwillige nennen als wesentliches Motiv für ihre Beteiligung die Enttäuschung über den Staat Österreich im Umgang mit der Flüchtlingskrise. Den Verantwortlichen wurde vorgeworfen, sie ruhten sich auf dem Engagement der Freiwilligen aus. Es wird scharfe Kritik geäußert:

> Der Staat lässt aus (I 2)
> Man kann dem Staat nicht mehr vertrauen, man weiß, sie werden nicht versorgt. Sie werden nicht untergebracht (I 33)
> Die Menschen, also die Flüchtlinge und die Helfer, mehr im Stich lassen, als es diese Regierung gemacht hat und immer noch tut, kann man gar nicht (I 14).

Kritische Stimmen erntete also generell das Krisenmanagement der Regierung. Es ginge nicht darum eine Lösung zu finden, sondern Politik zu machen. Nach wie vor gehe es um *„Abschreckungsphantasien"*, d. h. die Absicht, es den Flüchtlingen so unangenehm wie möglich zu machen und sie damit abzuschrecken (I 17).

10.4.1 Belastungen der Freiwilligen

Das Management der vielen Freiwilligen war unter den gegebenen dynamischen Rahmenbedingungen eine Herausforderung. So war eine vorausschauende Bedarfsplanung aufgrund externer Faktoren, wie der Öffnung bzw. Schließung von Grenzen oder der Bereitstellung von Unterkünften und Transportmöglichkeiten, kaum möglich.

» Wieso steht in den Doodle-Listen immer noch drin ‚Wir brauchen 30 Leute von 7-12 und wir brauchen dann wieder 30 Leute von 12-5' oder so, weil das ist einfach nicht notwendig, glaube ich. Und das frustriert die Menschen halt eher, wenn sie nur dann rumstehen nichts machen, als wenn sie wirklich gefordert würden oder beschäftigt wären. Aber das hätte man ja irgendwie anpassen können (I 37: 69; Freiwillige, Studentin, 23 Jahre).

» Man weiß eigentlich nie, wo man am nächsten Tag ist. Weil am Sonntag oder diesmal war's am Samstagnachmittag kommt das große SMS wir brauchen auch nächste Woche wieder deine Hilfe, wenn du Zeit hast registriere dich, wann, und dann schreibt man halt so denen grob was man für Zeiten hat, was man zur Verfügung stellen kann und meistens […] und meistens kriegst dann am gleichen Tag oder am Tag vorher den Anruf (I 7: 62; Freiwillige).

Die Mobilisierung und Gewinnung von HelferInnen hat über alle Organisationen hinweg größtenteils gut, schnell und unbürokratisch funktioniert, u. a. mittels intensiver und effektiver Nutzung von Social-Media Kanälen und mobilen Applikationen. Aufgrund des hohen und schwer planbaren Bedarfs wurden breite, unspezifische Maßnahmen zur Mobilisierung gesetzt. Dadurch konnten ausreichend Freiwillige gewonnen werden, vielfach kam es zwar zu temporären Überangeboten, dafür konnte aber auch der Rückgang der Engagementbereitschaft im Laufe des Winters kompensiert werden.

In der akuten Phase gab es oft nur eingeschränkte Möglichkeiten zur Selektion von Freiwilligen und auch die Möglichkeiten zur Orientierung und Einschulung waren begrenzt, sodass es mitunter zu einem Mismatch zwischen Tätigkeiten und Ansprüchen der HelferInnen kam. Zu Beginn fehlten oft klare Kompetenzaufteilungen zwischen Haupt- und Ehrenamtlichen. Andererseits entstanden daraus große Spielräume für die Freiwilligen, die sich vielfach selbst organisierten und Strukturen aufbauten. Häufig waren diese Spielräume Ausgangspunkt für die Gründung neuer Initiativen.

» Was ein bisschen abgegangen ist, was mir dann gefehlt hat, ist wie man mit diesen Menschen umgeht. Das haben wir nie wirklich gelernt. Was heißt Flüchtlingsbetreuung? Was haben diese Menschen alles erlebt? Wie geht man jetzt vorsichtig damit um? Warum kann man jemandem nicht einfach Nein sagen? Also ein Empathie-Lehrgang, gewaltfreie Kommunikation. Das gab es dann einfach gar nicht (I 40: 40).

> Einschulung. Also eigentlich haben die Freiwilligen die Freiwilligen eingeschult. (…) Wir haben relativ schnell gecheckt, wie das laufen muss und uns dann auch überlegt, wie das System am Laufen gehalten werden kann. Bei den Kleidern gab es auch immer ein, zwei Freiwillige, die immer da waren und gezeigt haben wie das funktioniert (I 40: 40).

Die Übertragung von Verantwortung an die Freiwilligen funktionierte v. a. dann gut, wenn Organisationen klare Ziele und Ansprechpersonen definierten und Aufmerksamkeit auf gute Information, Feedback-Kanäle und die Einbindung der Freiwilligen in die Gestaltung der Tätigkeit legten. War dies nicht gegeben, kam es zu Überforderung, Frustrationen oder auch Konflikten. Eine weitere Herausforderung stellte die hohe Fluktuation sowohl unter Freiwilligen als auch z. T. unter den hauptamtlichen KoordinatorInnen dar. Diese erschwerte die Etablierung von strukturierten Kommunikationskanälen. Resultat waren mitunter Ineffizienzen in der Ablauforganisation und Ärger bei manchen Freiwilligen.

> Wo wir uns sehr schwer getan haben und bis heute sehr schwer tun ist, wie wir Freiwillige, die gar keinen Background eigentlich haben, auch wirklich gut koordinieren (I 1; Führungskraft).

Wenngleich die zivilgesellschaftliche Arbeit von Vielen als sehr befriedigend wahrgenommen wurde, so war sie auch extrem belastend. Es gab Freiwillige, die für den Einsatz ihren Job gekündigt oder ihr Studium aufgegeben haben. Im „Notfallmodus" gab es für sie kaum eine *work-life*-Balance, vielmehr wurde auf persönlicher Ebene am Limit gearbeitet. Engagement im Ausmaß von 15 h oder mehr pro Tag war keine Seltenheit. Bisweilen war das aber nicht nur der Notwendigkeit, sondern der Gesamtdynamik der Situation geschuldet – die zu positiven Verstärkungen, aber auch zu hohen Belastungen führte. V. a. im Rahmen der Erstversorgung kam es vielfach zu Überlastung bis hin zu totaler Erschöpfung, da hier viele HelferInnen nicht in organisationale Strukturen mit beschränkten Arbeitsstunden, Supervisionsangeboten und psychologischer Betreuung eingebunden waren.

> Es gab ein paar Extrembeispiele, die haben sogar in der Notschlafstelle geschlafen, auf Feldbetten neben Flüchtlingen, sind aufgewacht nach zwei bis drei Stunden und haben weitergemacht 16 Stunden. Das war echt verrückt, das war diese Extremphase. Und da war's weniger, dass es notwendig war, sondern weil sie es auch geil fanden, sich aufzuopfern für irgendwas. Und das hätte nicht so heroisiert und glorifiziert werden dürfen, diese Selbstaufgabe. Das ist nämlich gefährlich auch (I 40).

Auch seelische Belastungen wurden von fast allen wahrgenommen, deutlich mehr allerdings von jenen Personen, die für diese Art von Tätigkeit nicht ausgebildet waren. Die Konfrontation mit den harten menschlichen Schicksalen der Flüchtlinge war für viele eine Herausforderung, auch dies betraf nicht ausgebildete Personen und individuell arbeitende Freiwillige stärker.

> Da war ein freiwilliger Helfer. […] Der war naja ungefähr meine Statur, knapp 1,90 Meter groß, wahrscheinlich um die 90, 100 Kilo – ein Hüne. Der tränenüberströmt zusammengebrochen ist, weil er das einfach nicht ausgehalten hat. Versteh ich – ist mir zum Teil auch so gegangen, dass ich mir gedacht hab: ‚So, ich dreh mich jetzt um und geh. Wenn ich mir das noch drei Minuten länger anschaue, breche ich selber zusammen (I 29).

Viele empfanden auch gesellschaftliche Rahmenbedingungen der freiwilligen Tätigkeit als belastend. Geringe Klarheit, sich laufend ändernde Rahmenbedingungen und mangelnde Informationsweitergabe vonseiten der öffentlichen Hand wurden als belastend beschrieben. Eine Herausforderung war auch der gesellschaftliche Stimmungsumschwung im Zuge des Herbsts, hin zu stärker geäußerter Fremdenfeindlichkeit und damit auch Vorwürfen an die Freiwilligen.

> Also einerseits wurden die Schutzsuchenden selber angegriffen von radikalisierten Gruppen, andererseits auch die Helfer […] Und so erfährt man natürlich auch für eine soziale Tätigkeit unter Umständen viel Kritik. Was wir nicht gewohnt waren (I 31, 07).

Lange Zeit wurden die Freiwilligen nicht ausreichend begleitet. Insbesondere Maßnahmen gegen Überbelastungen und Supervisionsangebote fehlten zu Beginn des Beobachtungszeitraums vielfach, wurden allerdings sukzessive eingeführt, oft ebenfalls von Freiwilligen geleistet.

> Unsere Helfer sind uns Gold wert und wir achten immer darauf, dass wir alle gut drauf sind, wenn wir sehen, dass da jemand nicht gut drauf ist, schauen wir, dass wir sie austauschen oder holen sie auf die Seite und reden mit ihnen, ob eh alles passt, wir schauen eigentlich auf alles (I 11).

> Die psychische Betreuung ist dann schon langsam ins Rennen gekommen. Es hat dann verschiedene SupervisorInnen und PsychotherapeutInnen gegeben, die einfach Angebote für die Helfenden gemacht haben. Das war sehr notwendig (I 8).

10.4.2 Einschätzung

Internationale Befunde zeigen, dass angesichts einer tendenziellen Abnahme wohlfahrtsstaatlicher Absicherung bei gleichzeitigem Vorhandensein vielfältiger Krisen zivilgesellschaftliche AkteurInnen an Bedeutung gewinnen (Dacin et al. 2011; Valentinov et al. 2015; Waele und Hustinx 2014). Sie zeigen weiters, dass europaweit Regierungen entweder nicht in der Lage oder nicht Willens waren, adäquate Maßnahmen zur Bewältigung der Flüchtlingskrise zu treffen (Carrera et al. 2015; Selanec 2015). Dies war auch in Österreich beobachtbar. Die Zivilgesellschaft hat im Beobachtungszeitraum in einem nie da gewesenen Ausmaß Erstversorgung und Integrationsarbeit geleistet. Dies hatte positive und kritische Effekte.

Positive Effekte lagen v. a. in der Bedeutungszunahme der Zivilgesellschaft. Neben Effekten für etablierte NPOs gab es einen erheblichen Impetus für freiwilliges Engagement und die Entstehung neuer Basisinitiativen. Neben Belastungen, die im obigen Text im Vordergrund standen, berichten zudem viele Freiwillige auch von sehr befriedigenden Erlebnissen, wie z. B. dem Gefühl, helfen zu können, etwas zurückgeben zu können, bereichernden Kontakten mit Personen aus fremden Kulturen oder auch der Gemeinschaft unter den Helfenden.

Das zivilgesellschaftliche Engagement hat damit bedeutende Effekte des *community building*. Durch persönliche Kontakte werden Schranken abgebaut, wird der „Flüchtlingsstrom" personalisiert und das persönliche Ohnmachtsgefühl, das nicht selten in Aggression umschlagen kann, durch praktisches Tätigwerden vermindert. Zivilgesellschaftliches Engagement hat somit eine „doppelte Wirkung" – für AsylwerberInnen wie für die lokale Bevölkerung (Becker et al. 2016).

Kritisch ist v. a. zu beurteilen, dass hier im Rahmen freiwilligen Engagements staatliche Aufgaben, wie die Erstversorgung von Asylsuchenden, dem zivilgesellschaftlichen Engagement überlassen wurden und die Zivilgesellschaft damit zum „Lückenbüßer" wurde (Schlager und Staritz 2015). Damit in Zusammenhang gab es eine Privatisierung von Kosten und Verantwortung (Ataç 2015). Dies ist nicht nur rechtlich problematisch. Zudem werden quantitative und qualitative Standards dem Wollen und Können privater AkteurInnen überlassen und sie sind daher kaum steuer- oder kontrollierbar. Auch die skizzierten Belastungen von Freiwilligen sind ein Effekt dieser Funktionalisierung der Zivilgesellschaft. Flüchtlingshilfe ist ein „ständiges Prekarium" (Schenk 2016, S. 177).

Es wäre günstig, wenn die öffentliche Hand die Grundversorgung der aufgenommenen Asylsuchenden ausreichend und menschenwürdig gewährleisten würde, in enger Kooperation mit und bei ausreichender Finanzierung von gemeinnützigen Einsatz- und Hilfsorganisationen. Darüber hinausgehende Aufgaben könnten sinnvollerweise von freiwilligen AkteurInnen wahrgenommen werden. Integration braucht ein engmaschiges Netz von direkten Kontakten zwischen den Zugewanderten und der lokalen Bevölkerung, und dieses kann sinnvollerweise durch die Zivilgesellschaft ermöglicht und unterstützt werden.

10.5 Weniger freiwillig, und oft versteckt – Unbezahlte Arbeit zugunsten gewinnorientierter Unternehmen

Ein ganz anderer Bereich unbezahlter Arbeit findet zugunsten gewinnorientierter Unternehmen statt. Dies hat mehrere Facetten, auf die hier kurz eingegangen werden soll.

Ein Aspekt ist die zunehmende Konsumarbeit. Im Zuge einer grundlegenden Umgestaltung der Arbeitswelt kommt es gegenwärtig zu verschwimmenden Grenzen von bezahlter und unbezahlter Arbeit, insbesondere durch zunehmende Auslagerung von Arbeitsschritten an KonsumentInnen. Dies wird begünstigt durch den Prozess der fortschreitenden Automatisierung und Digitalisierung in der Arbeitswelt, der oft unter das Schlagwort „Arbeit 4.0" subsumiert wird, das eine vierte industrielle Revolution behauptet. „Je weiter die Rationalisierung in den Unternehmen voranschreitet und je leichter einzelne Arbeitsschritte aus ganzen Aufgaben herausgelöst und auch räumlich verschoben werden können, umso durchlässiger wird auch die Grenze zwischen der bezahlten Arbeit von Beschäftigten und der unbezahlten Arbeit von KonsumentInnen" (Flecker et al. 2016, S. 25 f.). KonsumentInnen werden im Rahmen von erweiterter Selbstbedienung zunehmend als unbezahlte Arbeitskräfte eingesetzt. Wichtige Aspekte dabei sind die mit dem Trend zur Selbstbedienungsgesellschaft zusammenhängende Verbreitung von Tele- oder Internetbanking, oder auch der zunehmenden Übernahme von Aufgaben wie Recherche, Dateneingabe und Abwicklung der Bezahlung in der Tourismusbranche. Zunehmend werden in Supermärkten nicht nur, wie gewohnt, die Waren von KonsumentInnen selbst gesucht, sondern auch die Bezahlung erfolgt an der Selbstbedienungskasse durch Selbsteinscannen der gekauften Lebensmittel. Im Rahmen des elektronischen Versandhandels recherchieren KonsumentInnen selbst, statt sich beraten zu lassen, und sie wickeln die Administration des Einkaufs selbst ab. „Im Zusammenhang mit der zunehmenden Abwicklung von Geschäften über das Internet wird Druck auf die KonsumentInnen ausgeübt, einen immer größeren Teil der Arbeit zu übernehmen. Doch das ist nicht leicht erkennbar, weil die Übergänge zwischen bezahlter

Arbeit, Automation und unbezahlter Arbeit durch die Digitalisierung fließend geworden sind" (Flecker et al. 2016, S. 26).

Auch Prosumtion, also aktive, unbezahlte Beiträge der NutzerInnen an der Wertschöpfung, nimmt zu, etwa im Bereich der Beiträge zu Wissensdatenbanken wie Wikipedia (Gears 2012). Der Begriff Prosumer wurde bereits 1960 von Alvin Toffler geprägt, gegenwärtig allerdings nehmen unbezahlte Beiträge ungeahnte Ausmaße an:

> But it would be wrong to conclude that in the realm of digital labor there is nothing new under the sun. On the contrary, each rollout of online tools has offered ever more ingenious ways of extracting cheaper discount work from users and participants. The transition from web 1.0 to social web was a quantum leap in this regard. The youthful zeal that went into the first generation of web designs was bought with cappuccinos and beaming admiration from clueless elders. Building the pioneer environment of the web was like a massive barn raising, largely dependent on uncoordinated volunteer effort (Ross 2013, S. 15).

Versteckte unbezahlte Arbeit zugunsten von Wirtschaftsorganisationen findet auch zunehmend statt in Zusammenhang mit dem Aufbau sozialer Netzwerke, der Einspeisung persönlicher Daten und der Generierung von Aufmerksamkeit mittels Plattformen wie z. B. Facebook.

> Today, we can see the resurgence of such a culture based on the cultivation of social capital, whether for those in search of breakthrough or blockbuster attention in the reputation stakes (in Twitter trending and top viral links) or in the more low-hanging circuits of Internet self-exposure. In some quarters, this affective currency has replaced the wages of industrialization, especially for professionals who used to earn a structured living from paid content and who now disseminate their by-lines far and wide in hopes of securing a niche livelihood from name recognition (Ross 2013, S. 19).

10.5.1 Social Entrepreneurship und Social Business

Während in den genannten Bereichen die Grenzen zwischen bezahlter und unbezahlter Arbeit verschwimmen, könnte auch die zunehmende Unklarheit zwischen den Grenzen von NPOs und gewinnorientierten Unternehmen Auswirkungen auf Freiwilligenarbeit haben, insbesondere in Zusammenhang mit den gegenwärtig populären aber sehr unklaren Begriffen Social Entrepreneurship und Social Business. Der Unterschied zwischen gemeinnützigen und gewinnorientierten Unternehmen wird zunehmend, v. a. durch Definitionen der EU (European Commission 2011b – zit. in Dimmel) – verwischt. Während es weithin klar ist, was gemeinnützige Organisationen ausmacht, wird der „social entrepreneur", Dimmel zufolge, „quasi heiliggesprochen" (Dimmel 2016, S. 91), wobei der Begriff höchst unklar ist. Dementsprechend sind viele unterschiedliche Definitionen im Umlauf. „Mal ist es ein gewinnorientiertes Projekt innerhalb einer gemeinnützigen Unternehmung (profit center), mal eine gewinnorientierte Unternehmung, die profitabel soziale Probleme löst, mal ein Unternehmen, welches soziale Probleme innovativ löst (…)". Die Funktion der Betonung von Social Business liegt u. a. darin, „das Sozialwesen als Sozialmarkt, Sozialdienstleister als Unternehmen, Hilfebedürftige als KundInnen und soziale Problemlösungen als Produkte zu verstehen." (Dimmel 2016, S. 99). Dies führt zu weiterer Ökonomisierung und Verbetriebswirtschaftlichung, allerdings unter dem Deckmantel einer sozialen Orientierung.

Während NPOs sämtliche Gewinne für den Organisationszweck reinvestieren müssen, ist das bei sozialen Unternehmen meist nicht gegeben. Letztlich folgt der/die (Social) EntrepreneurIn einem rechnerischen Nutzenkalkül. Wenn hier, motiviert durch soziale, ökologische oder politische Ziele, Freiwilligenarbeit geleistet oder auch freiwillige Spenden im Rahmen von Crowdfunding getätigt werden, wird im Erfolgsfall mit Unterstützung von Freiwilligen, ein gewinnorientiertes Unternehmen aufgebaut, dessen Nutzen den EigentümerInnen zugutekommt. Auch wenn im Rahmen von sozialen Unternehmen viele innovative, engagierte und erfolgreiche Projekte entstehen, so werden im Rahmen einer stärkeren Marktorientierung und Privatisierung, in der Hoffnung, „dass BusinesssamariterInnen nunmehr die sozialen Probleme beseitigen" (Hartmann 2012, S. 253) zunehmend „Profite mit den Ärmsten" gemacht (Hartmann 2012, S. 251). Beschäftigungsbedingungen in diesen Bereichen sind prekär, aber Daten dazu sind lückenhaft (Hartmann 2012, S. 100), noch weniger weiß man über Freiwilligenarbeit, es gibt ein hohes Maß an „informellen, illegalen (unbezahlte Überstunden) bzw. Praktiken im legalen Graubereich" (Dimmel 2016, S. 101).

Einen ersten empirischen Einblick in die Beschäftigungsstruktur und den Anteil an unbezahlten Arbeitskräften, in dem sich neu entwickelten Feld des sozialen Unternehmertums (Social Entrepreneurship, Social Business etc.), bietet aktuell eine seit 2011, in über 25 Ländern durchgeführte Mitgliederbefragung des Impact Hub (n = 2456 Organisationen/Mitglieder) (Vandor 2016). Der Impact Hub selbst versteht sich als Inkubator und Unterstützungsgemeinschaft, der wirkungsorientierten, sozialen UnternehmerInnen und Organisationen, zur Erreichung ihrer jeweiligen sozialen und wirtschaftlichen Ziele, ein Ökosystem mit Ressourcen, Inspirationen und Möglichkeiten zur Zusammenarbeit zur Verfügung stellt[4].

Mit Stand Mai 2017 hatte der Impact Hub weltweit rund 15.000 Mitglieder, 500 davon alleine in Österreich. Die Auswertung zur Arbeitsleistung[5] (n = 1496) hat für das Jahr 2015 ergeben, dass weltweit im Durchschnitt rund 20 % der erbrachten Arbeitsstunden von unbezahlten MitarbeiterInnen geleistet wurden (siehe ◘ Tab. 10.2). 42 % dieser unbezahlten Arbeitsleistungen haben MitarbeiterInnen geleistet, die weniger als 10 h pro Woche tätig waren. Die länderspezifische Detailauswertung zeigt, dass in Österreich (n = 112) mit rund 31 %, ein höherer Anteil der Arbeitsleistung von unbezahlten MitarbeiterInnen erbracht wird als dies im internationalen Durchschnitt mit 20 % der Fall ist.

Auch der Anteil an den unbezahlten Personen, die weniger als 10 h tätig waren, ist mit 48 % um 6 Prozentpunkte höher als in der weltweiten Gesamtstichprobe mit 42 %. Das geringe Tätigkeitsausmaß von weniger als 10 h pro Woche bei den unbezahlten MitarbeiterInnen lässt schließen, dass es sich hier weniger um Praktika, als vielmehr um eine Art der Freiwilligenarbeit handelt. Bezogen auf das oben diskutierte Spannungsfeld zwischen Engagement und Ausbeutung ist dabei insbesondere bedeutsam, dass rund ein Viertel der befragten Organisationen weltweit und rund ein Fünftel in Österreich angeben, sofern vorhanden, ihre erwirtschafteten Gewinne überwiegend oder gänzlich an die EigentümerInnen bzw. Shareholder ausschütten. Um einen genaueren Einblick in die Voraussetzungen, Bedingungen, Dynamiken und Auswirkungen des unbezahlten Engagements für soziale und zugleich gewinnorientierte Unternehmen zu bekommen, sind weitere Forschungsarbeiten auf nationaler wie internationaler Ebene nötig.

---

4 ▸ http://www.impacthub.net/ (Zugriff am 26.06.2018).
5 Das Subsample besteht aus befragten Führungskräften betreffend ihrer MitarbeiterInnenstruktur.

Tab. 10.2 Arbeitsleistungen von bezahlten und unbezahlten MitarbeiterInnen in den Mitgliederorganisationen des Impact Hubs 2015. (Quelle: Vandor, Peter (2016). Impact Hub Global Analysis 2015, umpublished dataset)

Anteil der Arbeitsleistung von… an der Gesamtarbeitsleistung	Impact Hub weltweit (25 Länder)		Österreich	
	…bezahlten MitarbeiterInnen…	…unbezahlten MitarbeiterInnen…	…bezahlten MitarbeiterInnen…	…unbezahlten MitarbeiterInnen…
Gesamt (100 %)	80 %	20 %	69 %	31 %
Aufgeteilt nach Beschäftigungsausmaß				
35 h pro Woche oder mehr	87 %	15 %	62 %	14 %
10 bis 35 h pro Woche	11 %	43 %	32 %	38 %
Weniger als 10 h pro Woche	3 %	42 %	6 %	48 %
Gesamt	100 %	100 %	100 %	100 %
n	1496		112	

10.6 Zusammenfassung – The dark side of Volunteering

In diesem Beitrag wurden kritische Aspekte der Freiwilligenarbeit betont. Es ist unbestritten, dass Freiwilligenarbeit wesentliche Beiträge für den sozialen Zusammenhalt und die Lebensqualität einer Gesellschaft leistet, und auch hoch befriedigend für die Freiwilligen sein kann. Im Rahmen einer zunehmenden Orientierung aller gesellschaftlichen Bereiche an der Logik des Wirtschaftssystems, der weltweit beobachtbaren Präferenz für Marktlösungen auch für öffentliche und soziale Probleme (Wijkström und Zimmer 2011) und des Bedeutungsverlusts von wohlfahrtsstaatlicher Absicherung und Solidarität zugunsten von Eigenverantwortung und privatem Engagement, ist unbezahlte Arbeit aber auch kritisch zu sehen. Wenn sie ergänzend zu einem Netz an gut ausgebauter, öffentlicher sozialer Absicherung im Rahmen von klar gemeinnützigen Organisationen getätigt wird, dann ist sie bereichernd für jede Gesellschaft. Wenn sie zum Lückenbüßer für unzureichende staatliche Absicherung wird oder zunehmend in versteckter Form zur Zuarbeit für (soziale) UnternehmerInnen wird, dann bedeutet sie unregulierte Ausbeutung.

Literatur

Ataç, I. (2015). Freiwilligenarbeit als Notnagel oder Neuformierung von Zivilgesellschaft? *Kurswechsel, 4*, 80–86.
Badelt, C., & Hollerweger, E. (2001). Das Volumen ehrenamtlicher Arbeit in Österreich: Ergebnisse einer quantitativen Primärerhebung. Wirtschaftsuniversität Wien, Abteilung für Sozialpolitik.
Baur, J., & Braun, S. (Hrsg.). (2003). *Integrationsleistung von Sportvereinen als Freiwilligenorganisationen*. Aachen: Meyer & Meyer.
Becker, E., Speth R., & Strachwitz, R. G. (2016). Zivilgesellschaft als Lotsen in die Gesellschaft. OBSERVATORIUM. Analysen, Positionen und Diskurse zu Zivilgesellschaft. *Engagement und Philanthropie, 8*(4), 1–6.
BMASK. (2009). *Freiwilliges Engagement in Österreich* (1. Freiwilligenbericht). Wien.
BMASK. (2013). *Freiwilliges Engagement in Österreich. Bundesweite Bevölkerungsbefragung 2012*. Wien: Studienbericht.
BMASK. (2015). *Bericht zur Lage und zu den Perspektiven des Freiwilligen Engagements in Österreich* (2. Freiwilligenbericht). Wien.
Bourdieu, P. (1983). Ökonomisches Kapital, kulturelles Kapital, soziales Kapital. In R. Kreckel (Hrsg.), *Soziale Ungleichheiten*. Schwartz: Göttingen.
Carrera S., Blocksman S., Gros D., & Guild E. (2015). The EU's response to the refugee crisis: Taking stock and setting policy priorities. *CEPS Essay, 20*.
Cnaan, R. A., Handy, F., & Wadsworth, M. (1996). Defining who is a volunteer: Conceptual and empirical considerations. *Nonprofit and Voluntary Sector Quarterly, 25*(3), 364–383.
Dacin, M. T., Dacin, P. A., & Tracey, P. (2011). Social entrepreneurship. A critique and future directions. *Organization Science, 22*(5), 1203–1213.
Dekker, P. (2011). Freiwilliges Engagement und Engagmentforschung in den Niederlanden. In E. Priller, M. Alscher, D. Dathe, & R. Speth R. (Hrsg.), *Zivilengagement. Herausforderungen für Gesellschaft, Politik und Wissenschaft*. Münster: LIT.
Dimmel, N. (2016). Social Entrepreneurship als sozialpolitische Innovation? In K. Meichenitsch, M. Neumayr, & M. Schenk (Hrsg.), *Neu! Besser! Biliger! Soziale Innovation als leeres Versprechen?*. Wien: Mandelbaum.
Edwards, M. (2009). *Civil society* (2. Aufl.). Cambridge: Polity Press.
Eichmann H., & Saupe B. (2011). Praktika und Praktikanten/Praktikantinnen in Österreich FORBA-Forschungsbericht 4/2011. Wien.
Europäische Union. (2006). Amtsblatt der Europäischen Union (C 325/46): Stellungnahme des Europäischen Wirtschafts- und Sozialausschusses zum Thema „Freiwillige Aktivitäten, ihre Rolle in der europäischen Gesellschaft und ihre Auswirkungen".

Flecker, J., Schönauer, A., & Riesenecker-Caba, T. (2016). Digitalisierung der Arbeit: Welche Revolution? *WISO, 4,* 18–34.

Freitag, M., Manatschal, A., Ackermann, K., & Ackermann, M. (2016). *Freiwilligen-Monitor Schweiz 2016.* Zürich: Seismo.

Gears, D. A. P. (2012). Corporate wikis underground: An investigation of motivation and collaborative engagement. *Journal of Management and Marketing Research, 9,* 1–20.

Gensicke, T., & Geiss, S. (2010). Hauptbericht des Freiwilligensurveys 2009. Zivilgesellschaft, soziales Kapital und freiwilliges Engagement in Deutschland 1999 – 2004 – 2009.

Harris, M., Shaw, D., Scully, J., Smith, C. M., & Hieke, G. (2016). The involvement/exclusion paradox of spontaneous volunteering: New lessons and theory from winter flood episodes in England. *Nonprofit and Voluntary Sector Quarterly, 20,* 1–20.

Hartmann, K. (2012). *Wir müssen leider draussen bleiben. Die neue Armut in der Konsumgesellschafft.* München: Blessing.

Hartmann-Tews, I., & Combrink, C. (2006). Soziale Strukturen und Geschlechterordnung in den Führungspositionen von Sportverbänden. *Spectrum der Sportwissenschaften, 18*(2), 64–76.

Hustinx, L. (2010). I quit, therefore i am? Volunteer turnover and the politics of self-actualization. *Nonprofit and Voluntary Sector Quarterly, 39*(2), 236–255.

Hustinx, L., Cnaan, R. A., & Handy, F. (2010). Navigating theories of volunteering: A hybrid map for a complex phenomenon. *Journal for the Theory of Social Behaviour, 40*(4), 410–434.

ILO. (2008). Manual on the measurement of volunteer work, room document. ▶ http://www.ilo.org/global/publications/books/WCMS_167639/lang–en/index.htm. Zugegriffen: 26. Juli 2018.

Kelemen M., Mangan A., & Moffat S. (2017). More than a ‚little act of kindness'? Towards a typology of volunteering as unpaid work. Sociology, 0038038517692512.

Kulik, L., Arnon, L., & Dolev, A. (2016). Explaining satisfaction with volunteering in emergencies: Comparison between organized and spontaneous volunteers in operation protective edge. *VOLUNTAS: International Journal of Voluntary and Nonprofit Organizations, 27*(3), 1280–1303.

Lindenberg, M. (1999). Declining state capacity, voluntarism, and the globalization of the not-for-profit sector. *Nonprofit and Voluntary Sector Quarterly, 28*(1), 147–167.

Mackerle-Bixa, S., Meyer, M., & Strunk, G. (2009). Membership and participation: School of democracy or hideaway of biedermeier? *Journal of Civil Society, 5*(3), 243–263.

Meyer, M., & Simsa, R. (2013). Entwicklungsperspektiven des Nonprofit-Sektors. In R. Simsa, M. Meyer, & C. Badelt (Hrsg.), *Handbuch der Nonprofit-Organisation. Strukturen und Management* (5. Aufl.). Stuttgart: Schäffer-Poeschel.

Meyer, M., More-Hollerweger, E., Heimgartner, A. & Mackerle-Bixa, S. (2009). Gesellschaftliche Bedeutung von freiwilligem Engagement im internationalen Diskurs. In Bundesministerium für Arbeit Soziales und Konsumentenschutz (Hrsg.), *Freiwilliges Engagement in Österreich* (1. Freiwilligenbericht). Wien.

Mikl-Horke, G., (2007). *Industrie- und Arbeitssoziologie.* (6.Aufl.). Wien/München: Oldenbourg.

More-Hollerweger, E., & Heimgartner, A. (2009). Freiwilliges Engagement in Österreich. In S. u. K. Bundesministerium für Arbeit (Hrsg.), *Freiwilliges Engagement in Österreich* (1. Freiwilligenbericht). Wien.

More-Hollerweger, E., & Rameder P. (2013). Freiwilligenarbeit in Nonprofit Organisationen. In R. Simsa, M. Meyer, & C. Badelt (Hrsg.), *Handbuch der Nonprofit-Organisation. Strukturen und Management* (5. Aufl.). Stuttgart: Schäffer-Poeschel.

More-Hollerweger, E., Spajcer, S., & Eder, E. M. (2009). Einführung – Definitionen und Abgrenzung von Freiwlligenarbeit. In BMASK (Hrsg.), *Freiwilliges Engagement in Österreich* (1. Freiwilligenbericht). Wien.

O'Neil, M., & Fraysséé, O. (Hrsg.). (2015). *Digital labour and prosumer capitalism. The US matrix.* London: Palgrave Macmillan.

Olk, T. (1992). Zwischen Hausarbeit und Beruf. Ehrenamtliches Engagement in der aktuellen sozialpolitischen Diskussion. In S. Müller, & T. Rauschenbach (Hrsg.), *Das soziale Ehrenamt. Nützliche Arbeit zum Nulltarif* (2. Aufl.). Weinheim: Juventa.

Pollack, D. (2004). Zivilgesellschaft und Staat in der Demokratie. In A. Klein, K. Kern, B. Geißel, & B. Maria (Hrsg.), *Zivilgesellschaft und Sozialkapital. Herausforderungen politischer und sozialer Integration.* Wiesbaden: VS Verlag.

Priller, E., Alscher, M., Dathe, D., & Speth, R. (Hrsg.). (2011). *Zivilengagement. Herausforderungen für Gesellschaft, Politik und Wissenschaft.* Münster: LIT.

Rameder, P. (2015). *Die Reproduktion sozialer Ungleichheit in der Freiwilligenarbeit. Empirische Analysen zur sozialen Schließung und Hierarchisierung in de Freiwilligenarbeit.* Frankfurt a. M.: Lang.

Rameder P., & More-Hollerweger E. (2009). Beteiligung am freiwilligen Engagement in Österreich. In BMASK (Hrsg.), *Freiwilliges Engagement in Österreich* (1. Freiwilligenbericht). Wien.

Ross, A. (2013). In search of the lost paycheck. In T. Scholz (Hrsg.), *Digital labor: The internet as playground and factory.* New York: Routledge.

Rotolo, T., & Wilson, J. (2007). Sex segregation in voluntary work. *The Sociological Quarterly, 48,* 559–585.

Schenk, M. (2016). Soziale Innovation und Flüchtlingsarbeit? In K. Meichenitsch, M. Neumayr, & M. Schenk (Hrsg.), *Neu! Besser! Biliger! Soziale Innovation als leeres Versprechen?.* Wien: Mandelbaum.

Schlager, C., & Staritz, C. (2015). Privatisierungsentwicklungen in der Flüchtlingsbetreuung. *Kurswechsel, 4,* 68–70.

Selanec, N. B. (2015). A critique of EU refugee crisis management: On law, policy and decentralisation. *Croatian Yearbook of European Law and Policy, 11*(1), 73–114.

Simonson, J., Ziegelmann, J. P., Vogel, C., & Tesch-Römer, C. (2017). *Zentrale Ergebnisse des Deutschen Freiwilligensurveys 2014* (S. 15). Deutschland: Freiwilliges Engagement.

Simsa, R. (2013a). Gesellschaftliche Restgröße oder treibende Kraft? Soziologische Perspektiven auf NPOs. In R. Simsa, M. Meyer, & C. Badelt (Hrsg.), *Handbuch der Nonprofit Organisationen. Strukturen und Management.* Stuttgart: Schäffer-Poeschel.

Simsa, R. (2013b). Gesellschaftliche Restgröße oder treibende Kraft? Soziologische Perspektiven auf NPOs. In R. Simsa, M. Meyer, & C. Badelt (Hrsg.), *Handbuch der Nonprofit Organisationen. Strukturen und Management.* Stuttgart: Schäffer-Poeschel.

Simsa, R. (2015). Ökonomisierung und die Entwicklung öffentlicher Finanzierung im NPO-Sektor: Ausprägungen und Reaktionen der Organisationen. *WISO Wirtschafts- und Sozialpolitische Zeitschrift des ISW, 38*(4), 12.

Simsa, R., & More-Hollerweger, E. (2013). Die Entwicklung von Rahmenbedingungen für NPOs und ihre MitarbeiterInnen. *WISO Wirtschafts- und Sozialpolitische Zeitschrift des ISW, 36*(3), 164–168.

Simsa, R., & Schober, D. (2012). *NPOs in Österreich.* Wien.

Simsa, R., Auf, M., Bratke, S.-M., Hazzi, O., Herndler, M., Hoff, M., Rothbauer, J. (2016). *Beiträge der Zivilgesellschaft zur Bewältigung der Flüchtlingskrise – Leistungen und Lernchancen.* Wien: Wirtschaftsuniversität.

Stadelmann-Steffen, I., Traunmüller, R., Gundelach, B., & Freitag, M. (2010). *Freiwilligen-Monitor Schweiz 2010.* Zürich: Seismo.

Studer, S., & Schnurbein, G. von (2012). Organizational Factors Affecting Volunteers: A Literature Review on Volunteer Coordination. *VOLUNTAS: International Journal of Voluntary and Nonprofit Organizations, 2012,* 1–38.

United Nations. (2003). *Handbook on non-profit institutions in the system of national accounts.* New York: United Nations.

Valentinov, V., Hielscher, S., & Pies, I. (2015). Nonprofit organizations, institutional economics, and systems thinking. *Economic Systems, 39*(3), 491–501.

Vandor, P. (2016). *Impact 2015.* Wien: Wirtschaftsuniversität (Unpublished dataset).

Waele E. D., & Hustinx, L. (2014). Volunteering through governments or government through volunteering? A new theoretical framework for understanding volunteer work as an instrument to integrate excluded individuals. ARNOVA Conference, Denver, Colorado.

Wijkström, F., & Zimmer, A. (2011). *Nordic civil society at a cross-roads: transforming the popular movement tradition.* Baden-Baden: Nomos.

Zimmer, A. E., & Priller, E. (2007). *Gemeinnützige Organisationen im gesellschaftlichen Wandel. Ergebnisse der Dritte-Sektor-Forschung* (2. Aufl.). Wiesbaden: VS Verlag.

Zimmer, A. E., & Simsa, R. (Hrsg.). (2014). *Forschung zu Zivilgesellschaft, NPOs und Engagement. Quo vadis?.* Wiesbaden: Springer.

Ruth Simsa

ist Professorin am Institut für Soziologie und Empirische Sozialforschung sowie wissenschaftliche Leiterin des Kompetenzzentrums für Nonprofit-Organisationen und Social Entrepreneurship, beides an der Wirtschaftsuniversität Wien. Sie ist Herausgeberin des Journals Voluntas (International Journal of Voluntary and Nonprofit Organizations) und arbeitet als Managementtrainerin und Beraterin.

Paul Rameder

ist promovierter Sozial- und Wirtschaftswissenschafter und wissenschaftlicher Mitarbeiter am Kompetenzzentrum für Nonprofit-Organisationen und Social Entrepreneurship an der Wirtschaftsuniversität Wien. Darüber hinaus ist er als selbständiger Supervisor (ÖVS) und Trainer (Integrativen Outdoor-Aktivitäten®) tätig. Seine aktuellen Lehr- und Forschungsschwerpunkte umfassen Freiwilligenarbeit, Freiwilligenmanagement und Service Learning sowie Teamentwicklung und Führungskräfteentwicklung.

Social Open Innovation: Potenziale und Limits für Open Innovation zur Förderung sozialer Innovation

Doris Wilhelmer und Petra Wagner

11.1 Ausgangssituation und Begriffsbestimmung – 180
11.1.1 Open Innovation – 180
11.1.2 Social Open Innovation – 181

11.2 Zwei Fallbeispiele sozialer Innovationen – 182
11.2.1 SAIL Vienna – 183
11.2.2 Moosdorf macht mobil – 191

11.3 Open Innovation in sozialen Innovationen – 194
11.3.1 Differenzierte Open Innovation Strategien – 195
11.3.2 Gekoppelte OI Strategien des Vereins Moosdorf macht mobil – 196
11.3.3 Zirkuläre Top-Down und Bottom-Up Prozesse des Projektes SAIL Vienna – 196
11.3.4 Unterschiedlich strukturierte Kommunikation und Organisation der Fallbeispiele – 197
11.3.5 Das Social-Open-Innovation Modell zielt auf Systemwandel – 198
11.3.6 Die Einführung der Systemperspektive ist gefragt – 199

Literatur – 200

© Springer Fachmedien Wiesbaden GmbH, ein Teil von Springer Nature 2019
C. Neugebauer, S. Pawel, H. Biritz (Hrsg.), *Netzwerke und soziale Innovationen*, Schriften zur Gruppen- und Organisationsdynamik 12, https://doi.org/10.1007/978-3-658-21551-4_11

11.1 Ausgangssituation und Begriffsbestimmung

Nur wenige gesellschaftlich bedeutsame Fragestellungen können von einzelnen Nationen, Regionen oder gar von einzelnen Organisationen und Unternehmen alleine gelöst werden. Der Umgang mit knappen Ressourcen wie Wasser oder fossilen Brennstoffen, die Auswirkungen der Globalisierung und des Klimawandels, der Veränderungen der Gesundheitssysteme oder die Implikationen neuer Technologien stellen die EntscheiderInnen unterschiedlichster Systeme vor neue komplexe Fragestellungen.

Achtzehn europäische und amerikanische Unternehmen[1] wurden in einer europäischen Studie (Becker 2002) zu aktuellen Herausforderungen befragt. Alle sehen – mit Blick auf die rasch fortschreitende Globalisierung (Becker 2002) – ihr Umfeld als hoch dynamisch und wettbewerbsintensiv an. Sie erleben sich als von Innovation getrieben und geben an, dass Kostensenkungsprogramme für das Garantieren des eigenen Überlebens nicht mehr reichen. Alle Unternehmen versuchen daher gleichermaßen in ihrem hoch volatilen Umfeld einen intelligenten und proaktiven Umgang mit der prinzipiellen Unvorhersehbarkeit zu finden. Das aber erfordert, den Blick von Technologie- und Markttrends hin zu sozialen, gesellschaftlichen, regionalen und ökologischen Veränderungen der nächsten Jahrzehnte zu erweitern. Gleichzeitig ist das Gebot der Stunde, die Bedürfnisse und sich rasch wandelnden Lebensbedingungen und -stile der aktuellen und künftigen KundInnen in die eigenen Strategien miteinzubeziehen. Gesucht werden mittelfristige Erfolge durch den Start innovativer Produkte im Premium Marktsegment (Wilhelmer 2016).

Chesbrough (2003) und von Hippel (2005) charakterisieren diese neue Realität der Vernetzung von Wirtschaft, Politik, Wissenschaft, Non-Profit-Unternehmen etc. als „Open Innovation" und „User Innovation" in Innovationsökosystemen: In den Grauzonen der Schnittstellen von Disziplinen, Sektoren und Gesellschaftssystemen entstehen Innovationsmilieus für Unternehmen abseits traditioneller Paradigmen und Regulationen (Wilhelmer 2016).

11.1.1 Open Innovation

Der Begriff „Open Innovation" wurde vom bekannten Innovationsmanagement-Berater Henry Chesbrough (2003) geprägt. In den Anfängen lag der Fokus von Open Innovation primär auf Unternehmen, die mit PartnerInnen in neuen, strukturierten Wegen im Innovationsprozess kollaborierten. Diese neuen Kooperationsstrukturen wirkten auf den Innovationprozess im Sinne des Open Innovation und lassen sich heute in drei Kernprozesse gliedern:

Beim Outside-In-Prozess steht die Integration externen Wissens im Innovationsprozess (Internalisierung) im Fokus. Das Know-how der LieferantInnen, KundInnen und externen PartnerInnen (z. B. Universitäten oder Forschungseinrichtungen) wird genutzt, um die Qualität und Geschwindigkeit des Innovationsprozesses zu erhöhen. Der Outside-In-Prozess verdeutlicht, dass der Ort, an dem neues Wissen kreiert wird, nicht notwendig mit dem Ort übereinstimmen muss, an dem Innovationen entstehen.

---

1   Unternehmen aus der Automotive-, Energie-, Elektronik-, Telekommunikations-, IKT-, Chemie- und pharmazeutischen Industrie sowie den Sektoren Transport, Verbrauchsgüter, Banken und Versicherungen.

Beim Inside-Out-Prozess steht die Externalisierung von internem Wissen im Fokus. Unternehmen nutzen diesen Prozess etwa um Lizenzgebühren für Patente bzw. Innovationen einzunehmen, die sie nicht für die operative Geschäftstätigkeit nutzen. Der Inside-Out-Prozess verdeutlicht, dass der Ort, an dem Wissen bzw. die Innovation entsteht, nicht mit dem Ort übereinstimmen muss, an dem die Innovation genutzt und in neue Produkte umgesetzt wird.

Der Coupled-Prozess ist eine Mischform aus dem Outside-In-Prozess und dem Inside-Out-Prozess, das heißt die Internalisierung von externem Wissen in Verbindung mit der Externalisierung von internem Wissen. Das Schaffen von Standards und der Aufbau von Märkten stehen beim Coupled-Prozess im Fokus. Die Umwelt soll aktiv bei der Entwicklung von Innovationen integriert werden, und durch die gleichzeitige Externalisierung dieser Innovation soll sich ein Markt um die Innovation herum aufbauen.

11.1.2 Social Open Innovation

Open Innovation wurde bislang fast ausschließlich im privaten Sektor – in unterschiedlichsten Wirtschaftssektoren und Ländern weltweit untersucht. In Zukunft wird Open Innovation nach Chesbrough (2017) über die (betriebs)wirtschaftlichen Aspekte hinausreichen und wird wesentlich umfassender im Sinne der Innovationsökosysteme gehandhabt werden. So wird über Technologien hinaus in Geschäftsmodellen, Produkt- und Serviceinnovationen gedacht. Es verändert sich damit die Innovationspraxis wie auch die Art und Weise, wie über Innovationen gedacht wird – insbesondere die Wirkungen auf die Prozesse, die Innovationen hervorbringen: So ist es nicht – wie noch bei Schumpeter (1976) – der/die einzelne UnternehmerIn der/die Innovationen vorantreibt, sondern erfolgreiche Innovationen erfordern eine Vielzahl von AkteurInnen und entsprechende Rahmenbedingungen. Dabei werden auch potenzielle AnwenderInnen zunehmend in Innovationsprozesse einbezogen. Innovationen entstehen also nicht mehr vorwiegend in einem Unternehmen, sondern in Netzwerken zwischen Unternehmen und Forschungseinrichtungen bzw. zwischen Unternehmen und AnwenderInnen. Es verändern sich auch die Inhalte der Innovation. Es geht zunehmend nicht mehr nur um Technologien – also etwa um das neue Auto, den Hybridmotor oder den neuen Computer –, sondern um veränderte Handlungspraktiken – also um Arten des Zusammenlebens, des Zusammenarbeitens und des Zusammenwirkens von Menschen. Damit rücken soziale Aspekte stärker in den Vordergrund.

Innovationen, die auf den Markt gelangen, verursachen Änderungen in der Gesellschaft. Soziale Innovation hat entscheidenden Einfluss darauf, ob eine technische Invention (Erfindung) zur verbreiteten Innovation wird, auf welchen Wegen und Kanälen sie sich ausbreitet und welche Wirkung sie entfaltet. Soziale Innovationen spielen somit in der Wirtschaft eine große Rolle, können aber letztlich in allen gesellschaftlichen Teilbereichen einen gesellschaftlichen Wandel vorantreiben.

Das Open Innovation Konzept wurde in weiterer Folge von Chesbrough und Di Minin (2014) auf Organisationen des öffentlichen bzw. non-profit Sektors erweitert unter der Annahme, dass die Adaption und Nutzung geeigneter (betriebs)wirtschaftlicher Open-Innovation-Ansätze auch bei der Lösung gesellschaftlicher Herausforderungen durch Staat und Gesellschaft hilfreich sein können. Untersucht wurden dabei Organisationen, deren primäre Mission das Erreichen von positivem sozialen Wandel ist (im Vergleich zu Organisationen im privaten Sektor, die positiven sozialen

Wandel als Nebenprodukt betrachten). Diese werden als „soziale Unternehmen" bezeichnet. Das emergierende Konstrukt der Offenen Sozialen Innovation (OSI) umfasst in diesem Kontext die Anwendung von Inbound bzw. Outbound Strategien auf soziale Herausforderungen, inklusive Innovationen im Geschäftsmodell der Organisation (Chesbrough und Di Minin 2014, S. 170).

11.2 Zwei Fallbeispiele sozialer Innovationen

Dieser Abschnitt beschreibt zwei unterschiedliche Beispiele sozialer Innovationen. Anhand der beiden Beispiele soll der Open Innovation Ansatz und dessen Bedeutung für soziale Innovationen verdeutlicht werden. Ein wesentlicher Unterschied zwischen den beiden Fallbeispielen besteht in ihrer räumlichen Verortung in der Großstadt Wien bzw. einer Gemeinde im ländlichen Raum Oberösterreichs.

▪▪ Das Phasenmodell sozialer Innovation

In den Fallbeschreibungen wird, wie in der Definition „sozialer Innovation" empfohlen (Anderson et al. 2014), auf Intention und Auswirkungen der Ergebnisse in Richtung Gerechtigkeit, Gleichheit und Selbstermächtigung reflektiert (ethische Zieldimension) Bezug genommen.

Um systemischen Wandel zur Nachhaltigkeit – gesellschaftlich, ökonomisch und ökologisch – zu erreichen, müssen die angewandten Methoden und Praktiken in alle Richtungen nachweislich nachhaltig sein, auch wenn oder gerade weil Teile der Gesellschaft adressiert werden, die der Markt nicht zu adressieren imstande ist.

Um ergänzend dazu auch die Kooperationsqualität zwischen allen SchlüsselakteurInnen analysieren zu können, wird das Phasenmodell sozialer Innovation der NESTA/Young Foundation (Mulgan 2012) als Bezugsrahmen ergänzend aufgenommen.

Gelingende soziale Innovationen entwickeln sich meist in einem mehrstufigen Prozess. In der Literatur gibt es dazu verschiedene Modelle. Das oft zitierte NESTA/Young Foundation Modell (Murray et al. 2010) sozialer Innovation unterscheidet sieben Phasen (◘ Abb. 11.1).

Zu Beginn steht der Anlass einer sozialen Innovation ((1) Möglichkeiten und Herausforderungen), gefolgt von der Entwicklung von (2) Ideen und Vorschlägen. Es folgen erste Schritte in Richtung Umsetzung durch Entwickeln und Testen ((3) z. B. Prototypen) und Ermittlung bzw. Nachweis der Machbarkeit (4). Nach diesen Frühphasen stehen zunächst das Umsetzen (5) und danach das Verstetigen bzw. Wachsen und Skalieren (6) sozialer Innovationen im Vordergrund. Das Ziel ist letztlich (7) systemischer Wandel.

▪▪ Strategiedimensionen von Open Social Innovation

Ergänzend zu Intention und Zieldimensionen der Anderson Definition sozialer Innovation sowie den chronologischen Prozessschritten des NESTA Modells sollen auch die typischen OI-Prozessdynamiken von „Outside in" und „Inside Out" sowie des „Coupled Process" von Open-Social-Innovation als Analysekriterien zur Anwendung kommen. Chesbrough und Di Minin (2014) folgend, wird davon ausgegangen, dass sich Inbound- und Outbound Open Innovation Strategien identifizieren lassen, während Business Modelle, Projekte etc. einen notwendigen Rahmen zur Koordination im Sinne des „Coupled-Prozesses" bieten.

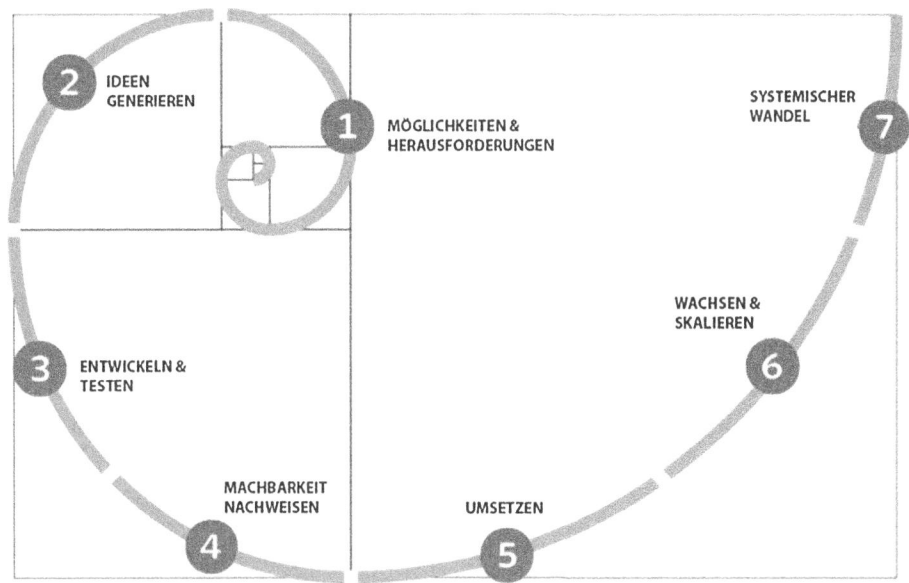

☐ Abb. 11.1   Soziale Innovationsprozesse. (Quelle: NESTA und Young Foundation)

In den Projekten und Geschäftsmodellen materialisiert sich laut Chesbrough und Di Minin (2014) der Aushandlungs- und Angleichungsprozess der unterschiedlichen Ziele der SchlüsselakteurInnen. Ein attraktiver Nutzen als Intention im Hintergrund kann als Anreiz dafür wirken, die eigenen, bisherigen Zielvorstellungen in Richtung einer gemeinsamen Ausrichtung zu adaptieren. Da soziale UnternehmerInnen versuchen, soziale Ziele zu erreichen, die nicht (nur) mit finanziellen Maßstäben messbar sind, wird das Angleichen unterschiedlicher Zielvorstellungen für alle beteiligten Organisationen essenziell.

Bei unseren Fallanalysen wollen wir u. a. auch untersuchen, ob sich die Hypothese von Chesbrough und Di Minin (2014), dass sich die OI Strategien eher für die Phasen (4) Prototyping und (5) Umsetzungsschritte sowie Verstetigen und Skalieren eignen, bestätigen lassen und die früheren Formen sozialen Innovierens einen anderen Fokus aufweisen.

Darüber hinaus gehen wir von der Hypothese aus, dass für soziale UnternehmerInnen (Social Entrepreneurs) die Nutzung der Ressourcen der PartnerInnen jenseits der eigenen Organisationsgrenzen unerlässlich für die Entwicklung und Implementierung des eigenen sozialen Unternehmens ist.

11.2.1 SAIL Vienna

Neben dem Bedürfnis möglichst lange in den eigenen vier Wänden leben zu können, wünschen sich ältere Menschen vor allem geräumige, gemütliche, barrierefreie und altersgerechte Wohnungen, die kostengünstig und ruhig sind. Die Wohnumgebung sollte gut ausgestattet sein mit Einkaufsmöglichkeiten, öffentlichen Verkehrsmitteln und Parks.

Die geografische Nähe zu Angehörigen, v. a. den Kindern und Enkeln hat ebenfalls hohe Wichtigkeit.

Das Bedürfnis nach sozialen Kontakten und gemeinsamen Aktivitäten mit NachbarInnen und anderen Menschen fördert zunehmend das Interesse an gemeinschaftlichen Wohnprojekten. Solche Wohnformen sind geprägt von generationenübergreifendem Zusammenleben, gegenseitiger Unterstützung und professioneller Hilfe für Betreuungs- und Pflegedienstleistungen.

Die Arena Analyse 2015 (Osztovics et al. 2015) – das Ergebnis einer Befragung von 81 ExpertInnen aus Österreich, Deutschland und der Schweiz zu Generationenfragen – prognostiziert für die Zukunft eine Renaissance der Großfamilie. Wo Familien nicht mehr als tragfähige Solidargemeinschaft zwischen Jung und Alt zusammenwohnen können, werden Wohnprojekte mit mehreren Generationen „außerhalb klassisch familiärer Strukturen" aus Gründen der ökonomischen Effizienz etabliert. Heutige Seniorenwohnheime genügen den Ansprüchen der dann 50- bis 60jährigen „Babyboomer" nicht mehr. Eine selbstständige Haushaltsführung im sozialen Umfeld wird als vorrangige Wohnform vorherrschen. Insgesamt wird die Nachfrage nach Alters-WGs, Mehrgenerationenhäusern, Pflegehotels und multikulturellen Wohnformen ansteigen. Technische Innovationen für Hochbetagte in Form von „Smart Homes" und AAL (Ambient Assisted Living)-Lösungen werden verstärkt zum Einsatz kommen (Wilhelmer et al. 2016a).

- **Herausforderungen – Anlass und Entstehungsgeschichte**

Das Wohnprojekt Sargfabrik feierte 2016 seinen zwanzigsten Geburtstag. Die GründerInnen, Babyboomer und (nach) 68-iger Generation, hatten sich jahrzehntelang umwelt- als auch demokratiepolitisch u. a. auch bei der Besetzung der Hainburger Au engagiert. Eine Gruppe von AktivistInnen hatte sich nach 1986 dafür entschieden, gemeinsam ein Wohnprojekt zu gründen, um damit eine neue Form solidarischen, intergenerationalen Co-Housings in Wien zu realisieren. Eine alte Sargfabrik wurde von typischen Mittelschichtangehörigen gekauft. Nach einem ca. 10 Jahre dauernden Umwidmungsverfahren wurde ein architektonisch anspruchsvolles Haus geplant und realisiert. Die dabei geplante, größtmögliche soziale Durchmischung der BewohnerInnen (jung, alt, Männer, Frauen, MigrantInnen, ÖsterreicherInnen etc.) gelang großteils. Eine Ausnahme bildeten Menschen über 70, denen das Konzept gemeinschaftlichen Wohnens zu fremd erschien. Bedürfnisse der BewohnerInnen bestimmten auch die Gewerbe- und Kleinunternehmen, die im Wohnprojekt aufgebaut wurden: So holten sich z. B. die Jungfamilien einen Montessori Kindergarten ins Haus, während kulturaffine Erwachsene und Jugendliche bis heute exzellente junge KünstlerInnengruppen in das eigene Veranstaltungszentrum ziehen. Neben den formalen Organisations- und Entscheidungsstrukturen (Vereinsvorstand, Generalversammlungen) findet ein niederschwelliger, täglicher Austausch in Gemeinschaftsräumen wie z. B. dem Sargfabrik Beisl, den gemeinsamen Küchen oder beim Saunieren oder Schwimmen im Wellnessbereich statt. Urban Gardening über den Dächern von Wien trägt darüber hinaus bei einigen Familien zur Selbstversorgung bei.

Ziel war, fremdbestimmende Einflüsse in die eigene Lebensgestaltung bestmöglich zu minimieren und den Rahmen an Selbstbestimmung und Solidarität durch das Agieren als Kollektiv größtmöglich auszubauen. Die Erweiterung von Freiräumen gegenüber üblichen gesellschaftlichen Zwängen (Mietgesetze, Selbstverwaltung als Wohnheim, Entscheidung über Zuzug) wurde durch freiwillige, solidarische Selbstverpflichtungen in Form eigener Organisationsspielregeln erreicht und gesellschaftliche Randgruppen in das soziale Miteinander integriert (Behindertenwohnungen, MigrantInnen etc.). Mit ihrem Anspruch, die Chancen aller gleichermaßen zu erweitern und über partizipative, konsensuelle Entscheidungsverfahren unterschiedlichste Zielgruppen wie z. B. alleinerziehende Mütter, verwitwete Männer bzw. Frauen etc. in Krisensituationen selbst zu ermächtigen, kann die Sargfabrik per se als soziale Innovation (Anderson et al. 2014) bezeichnet werden. Getrieben wurde die Gründung in einem selbst organisierten bottom up Prozess (Grassroot), in dem das Potenzial und Wissen aller Beteiligten für den Gründungsprozess bestmöglich genutzt wurde (ArchitektInnen, TechnikerInnen, MobilitätsexpertInnen etc.). Expertise der vormals Externen (Outside In) wurde zur Eigenkompetenz des gegründeten Vereins und Basis für diverse Informations- und Disseminationsveranstaltungen (Inside Out).

2016 waren die ehemaligen GründerInnen dann in die Jahre gekommen: Das Durchschnittsalter der BewohnerInnen der Sargfabrik liegt heute zwischen 45 und 70 Jahren mit Tendenz steigend. Die großzügig angelegte Architektur mit ihren Maisonettwohnungen, kleinen Stiegenabsätzen und eigenwillig verwinkelten, eher mäßig ausgeleuchteten Zu- und Übergängen wird für die älter werdenden BewohnerInnen zunehmend zu einer Belastung. Eine Auswirkung davon ist, dass der Zukauf eines weiteren Grundstückes zum Zweck der Errichtung barrierefreier Studierenden- und Alters-Wohngemeinschaften geplant wurde. In diesem Kontext reifte 2015 die Idee, als Verein für integrative Lebensgestaltung (Sargfabrik) gemeinsam mit dem Austrian Institute of Technology (AIT) und dem offenen Technologielabor (Otelo eGen) im Rahmen des benefit Forschungsprogrammes „IKT der Zukunft: benefit – demografischer Wandel als Chance" das Sondierungsprojekt „SAIL Vienna 2035: Smart Aging – Integrative Lifestyles in Vienna 2035" einzureichen.

- **Ideengenerierung – Ziele und Konzept**

Ziel von SAIL Vienna 2035 war, eine Vielfalt lebensfroher, intergenerationeller Kulturen im urbanen Umfeld von Wiener Wohnprojekten mit besonderem Fokus auf die Sargfabrik und das angrenzende Matznerviertel zu fördern und dabei ko-kreativ konkrete Maßnahmen zur Realisierung hoher Lebensqualität und Selbstbestimmung alternder Menschen in Wohnprojekten auszuarbeiten. Gemeinsam mit BewohnerInnen des Matznerviertels, mehreren Wiener Wohnprojekten (BROT Hernals, Kalksburg, Pomali, Wohnprojekt Wien) sowie der Sargfabrik und ExpertInnen aus Pflegeorganisationen und Forschung wurden in einem sechsstufigen Foresight Prozess Rahmenszenarien 2050, die SAIL Vienna 2050 Vision sowie eine Roadmap 2035 und der Aktionsplan 2020 entwickelt (◘ Abb. 11.2).

Um die schrittweise Re-Formulierung der Ziele der Sargfabrik BewohnerInnen entlang der vorhandenen Bedürfnisse sicherzustellen, erfolgte die Design-Entwicklung der einzelnen Foresightprozess „Foren" im Konzeptteam zwischen AIT und zwei Vertreterinnen der Sargfabrik. Als BewohnerInnen nahmen sie alle Wünsche und Feedbacks vor Ort auf und ließen diese in die Konzeptentwicklung einfließen. Ergänzend dazu wurden die Veranstaltungsdesigns von VertreterInnen des Sargfabrik Vorstandes (Steuergruppe) im Detail noch einmal diskutiert, ehe die Einladungsschreiben an alle 200 StakeholderInnen ausgesandt wurden. Trotz sorgfältig kontrovers geführter Diskussionen in der Konzeptgruppe (BewohnerInnen-Bedürfnisse versus Methodenset) kamen bei jeder Sitzung der Steuerungsgruppe ergänzende, hilfreiche Hinweise und Methodenideen dazu, die die einzelnen sechs Foren – an denen zwischen 33 und 74 Personen teilnahmen – zum Erfolg werden ließen. Diese zirkulären Prozesse

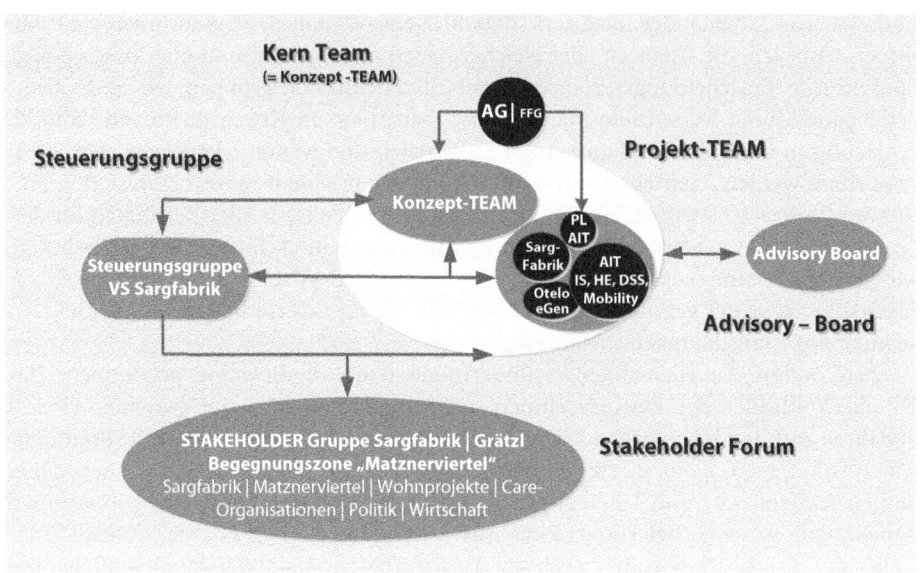

◘ Abb. 11.2 Soziale Architektur Sail Vienna 2035. (Quelle: Wilhelmer 2016)

koordinierten und verknüpften Outside-In (Forschungswissen in den Verein, Wohnprojektwissen in die Forschung) mit Inside-Out Prozessen (Methodenkonzept zur Steuerungsgruppe; Design zur StakeholderInnengruppe) (vgl. ◘ Abb. 11.3).

- **Entwickeln und Testen**

Im Prozess selber wurden auf Basis einer explorativen Umfeldanalyse Story Lines für ein Leben im urbanen Raum 2050 entwickelt, die als Basis für die Entwicklung von SAIL Vienna Rahmenszenarien dienten. Für diese wurden „PERSONAs" festgelegt, die es den TeilnehmerInnen ermöglichten, lebenswirkliche worst- und best-case Szenarien 2050 unter zur Hilfenahme altersgerechter, technischer Assistenzsysteme zu entwickeln und mit Hilfe von Improvisationstheater zu spielen. Die dabei entstehenden Sketches dienten neben den Rahmenszenarien als wichtiger Input für das Ausformulieren von drei narrativen Szenarien (siehe Wilhelmer et al. 2016b). Auf Basis von Recherchen und Szenarien auf der Handlungsebene wurden in der Folge bildhafte Vorstellungen einer wünschenswerten Zukunft zu dem Visionsbild SAIL Vienna Vision 2050 verdichtet und als Mission Statement ausformuliert. Die SAIL Vienna Vision erlaubte es in der Folge, strategische Leitthemen und Ziele als Rahmen für die Roadmap und den Aktionsplan abzuleiten. Die Leitthemen wurden ergänzend zum Stakeholder Board intensiv und kontrovers in der wissenschaftlich besetzten Advisory Gruppe diskutiert und nachgeschärft und dienten als Qualitätsstandards zur Auswertung der im Forum „Aktionsplan" (siehe Wilhelmer et al. 2016c) erarbeiteten Projektskizzen für die Einreichung eines AAL Folgeprojektes.

Im Prozess aufgegriffen wurde dabei die These von F. Kolland (2015), dass Menschen im dritten Lebensalter auf keine passenden Rollen-Vorbilder bei der Gestaltung ihres persönlichen Alternsprozesses zurückgreifen können. Aufgabe und Chance dieser Lebensphase wird in der Erweiterung der eigenen Kreativität und der persönlichen Entwicklung jenseits der Verleugnung des Älterwerdens gesehen. Entsprechend

11 · Social Open Innovation: Potenziale und Limits …

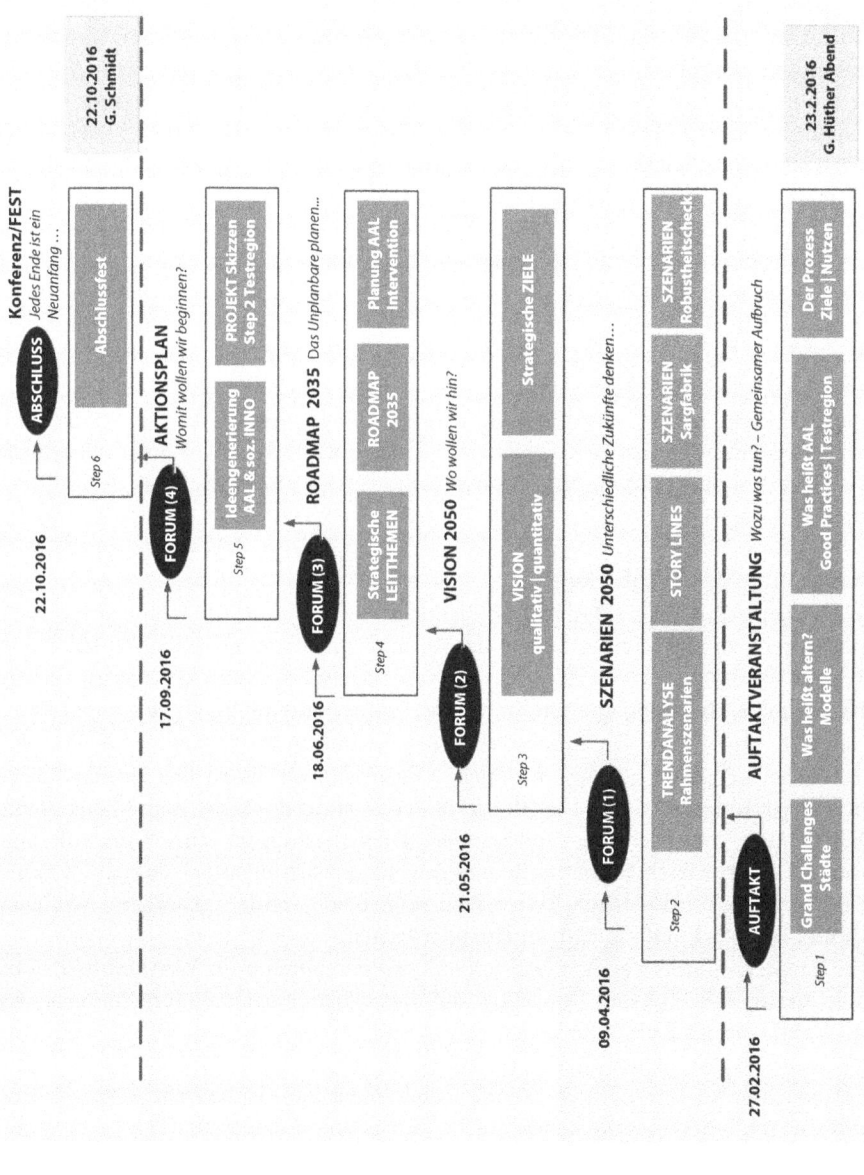

◘ **Abb. 11.3** Sail Vienna Foresight Prozess. (Quelle: Wilhelmer 2016)

zentral wurden Fragen der Sinnorientierung und der individuell passenden Ausgestaltung dieser Lebensphase inklusive der Verwendung altersgerechter Assistenzsysteme diskutiert: Kraftvolle Zukunftsvisionen entstanden in einem ko-kreativen Prozess, der nicht nur Mut und Kraft spendete, sondern auch konkrete Lebensentwürfe und entsprechend kurz- und mittelfristige, gemeinsame Zielvorstellungen entstehen ließ. Konkrete Projektskizzen, die auf diese Ziele aufbauten, wurden zu Lösungsvorstellungen attraktiver Lebensentwürfe und Alternskulturen. In diesen Projektskizzen bauten Anforderungen an technologische, altersgerechte Assistenzsysteme unmittelbar auf die gemeinsam entwickelten Wertvorstellungen von Alternskulturen auf und wiesen der Technologie die Rolle eines wichtigen Umsetzungsgehilfe der gemeinsamen Vision zu.

Die Testfunktion wurde im Prozess methodisch eingebettet: Die Stakeholder führten Interviews in ihrem Wohnumfeld (Wohnprojekte, Matznerviertel, Gemeindebauten) zu Bedürfnissen älterer WienerInnen in Bezug auf ein wünschenswertes Wohnumfeld im Alter durch. Die entsprechenden Interview-Ergebnisse wurden als Zielvorstellungen extrahiert und dienten als Basis zur Entwicklung der Roadmap sowie der einzelnen Projektskizzen. Ergänzend wurden die Zielvorstellungen mit den Advisory Board Mitgliedern diskutiert, die auf eine Reihe internationaler Studien zum Thema würdiges, aktives Altern und Sterben in hoher Lebensqualität zurückgreifen konnten. Darüber hinaus wurde die Machbarkeit von Anforderungen an technologische Assistenzsysteme durch ForscherInnen überprüft, die einen guten Überblick über entsprechende Test-Demonstrationsprojekte im deutschsprachigen Raum verfügten.

- **Überprüfung der Machbarkeit**

Die SAIL Vienna Roadmap (◘ Abb. 11.4) diente als Bezugsrahmen für die Überprüfung der Machbarkeit von Projektideen durch das Ausarbeiten von drei Grobkonzepten.

- **Neuartige Verknüpfung von Ehrenamt und Professionalität im Entrepreneurship**

Wer sind die AkteurInnen der innovativen Dienstleistungen im Wohnumfeld? Sind das ehrenamtliche Menschen oder professionelle Organisationen? Wird hier primär unternehmerisch gehandelt oder steht bei jeder gekauften Leistung der Mensch im Mittelpunkt?

Denkt man in Richtung innovativer Dienstleistungen zur Unterstützung gelingenden Alterns nach, dann erscheinen sowohl „Professionalität" als auch „Ehrenamt" unverzichtbare Säulen des Systems zu sein. Beide werden gebraucht, verfügen über hohes Potenzial und müssen voneinander lernen.

Die Haupterkenntnis der Arbeitsgruppe „Entrepreneurship im Wohnumfeld" war, dass das Ausformulieren eines Konzeptes, das die vorhandene Dualität nicht verstehen und produktiv nutzen kann, nutzlos ist.

Maßnahmen zum Ausbau intergenerationaler Kommunikationskompetenz & Sorgekultur

Gesundheit und Heilung entstehen durch Verstehen, Handhabbarkeit und Sinnerfahrung des eigenen Lebens. Der Kohärenzsinn gilt als Grundlage von Gesundheit und Lebensqualität und baut auf drei zentralen Aspekten auf: Die Menschen müssen ihre Welt verstehen, sie müssen ihre Welt handhaben können und müssen ihre Welt als sinnvoll erleben. Isolation, Einsamkeit und die Abnahme an Selbstbestimmung machen Ältere zunehmend vulnerabel. Empowerment und Ausbau ihrer Selbstbestimmung

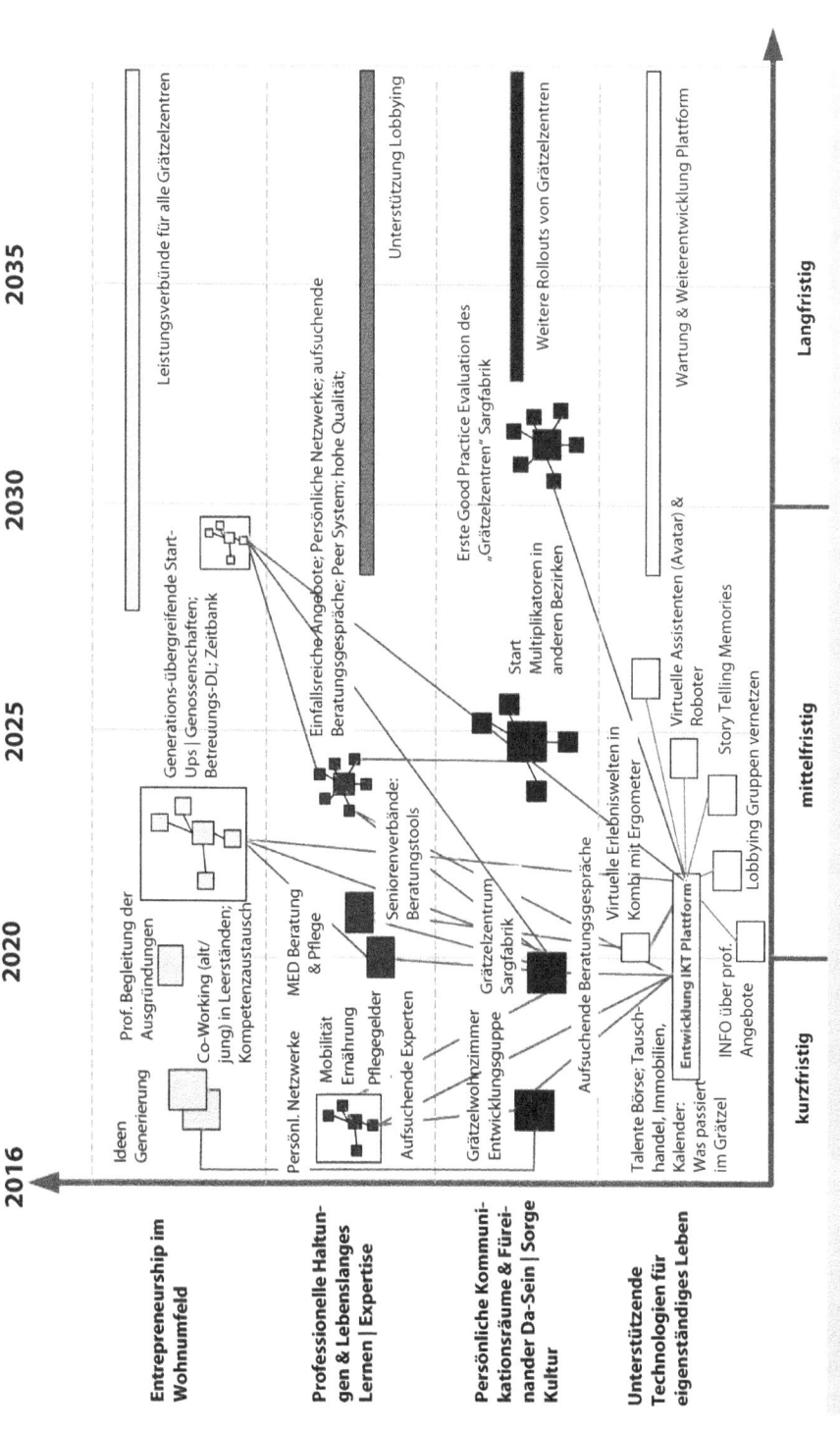

• Abb. 11.4 SAIL Vienna 2035 Roadmap. (Quelle: Wilhelmer 2016c)

werden zur zentralen Aufgabe professioneller Kommunikation in der Krankenversorgung und Pflege (Nowak 2011). Im Wohnumfeld geht es um Ausbau der Durchlässigkeit von Alterssilos und Einrichten niederschwelliger Kommunikationsräume, wo Kinder und Alte miteinander spielen, Kinder geboren werden und Hochaltrige in ihrem sozialen Umfeld sterben können. Das braucht ein gleichberechtigtes Ernstnehmen und Balancieren der vielfältigen Perspektiven von Kindern, Jungen und Alten und den Ausbau der Kommunikationskompetenz zwischen den Generationen in Richtung eines Mehr an Präsenz und Achtsamkeit im Umgang miteinander. Zugleich braucht es ehrenamtliche Unterstützungssysteme, die Angehörige entlasten können. Wohnprojekte mit einer neuen Organisation gemeinschaftlicher Betreuung können dazu einen großen Beitrag leisten.

- **Das SAIL Vienna Grätzelzentrum**

Das Grätzelzentrum will einen organisatorischen Rahmen dafür bieten, Wissen, Fähigkeit und Motivation für das Erheben gesundheitsrelevanter Informationen zu steigern und die individuelle Gesundheitskompetenz auszubauen – sowohl bei BewohnerInnen der Sargfabrik als auch des angrenzenden Matznerviertels. Niederschwellige Impulse zur Ermächtigung in Richtung eines Mehr an Selbstbestimmung und Lebensqualität sowie der Ausbau von Zusammenhalt und Kooperation im Grätzel werden als wichtige Schritte für eine gesellschaftliche Veränderung im Kleinen gesehen. Bestehende Initiativen sollen vernetzt und der Zugang der NutzerInnen zu den entsprechenden Dienstleistungen erleichtert werden. Eine professionelle Koordination soll dafür sorgen, dass Räume und Dienstleistungen kontinuierlich zur Verfügung stehen und ein lebendig spielerisches voneinander Lernen und einander Unterstützen ermöglichen. Die Koordination soll dabei u. a. auch Programme, die den Aufbau des Grätzelzentrums finanziell unterstützen könnten, identifizieren und organisieren (z. B. Agenda 21; Nachbarschaftszentren, Wohnpartner etc.).

- **Umsetzen – Skalieren – Systemischer Wandel**

Das im 1. November 2015 gestartete Projekt SAIL Vienna 2035 wurde am 30. November 2016 abgeschlossen. Vier Monate später, im April 2017 gelang der Sargfabrik der Ankauf eines angrenzenden Grundstücks, auf dem einerseits altersgerechte Wohngemeinschaften und andererseits das Grätzelzentrum umgesetzt werden sollen. Damit ist ein realer Schritt in Richtung Umsetzung gelungen. Ergänzend dazu hat die Sargfabrik die Einladung zur Teilnahme an einem ganz Wien umfassenden Demonstrationsprojekt zur Implementierung altersgerechter Infrastrukturen und Assistenzsysteme angenommen.

Von allen oben genannten Grobkonzepten weist das „Grätzelzentrum" das größte Skalierungspotenzial auf: Die Notwendigkeit der öffentlichen Hand, ihr Konzept großer Pflegeeinrichtungen aufgrund des nicht stillbaren Pflegebedarfs zu hinterfragen, geht Hand in Hand mit dem Anspruch der Babyboomer Generation, sich die Gestaltung ihres Alterns- und Sterbeprozesses nicht aus der Hand nehmen zu lassen und dafür auch eigenes Kapital zu investieren.

Geplant sind niederschwellige, klein gehaltene, inklusive Pflege- und Hospizangebote im direkten Wohnumfeld. Die veränderte Gesundheitskompetenz der Betroffenen macht sie zu InitiatorInnen kleiner Experimentierraum (Testbeds) mit großen Außenwirkungen: Da das Grobkonzept „Grätzelzentrum" von BewohnerInnen mehrerer Wohnprojekte sowie des Matznerviertels gemeinsam ausgearbeitet worden war, ist damit zu rechnen, dass die aktuellen Umsetzungsschritte in der Wiener Community genau beobachtet und Good Practices künftig übernommen werden. Aufgrund der BewohnerInnenstruktur, bestehend aus TherapeutInnen und einer Ärztin, kann von einer breiten Wissensbasis ausgegangen werden, welcher Kompetenzaufbau zwischen den Generationen notwendig sein wird und welche Unterstützung die UnterstützerInnen brauchen, um anstelle des „Verwaltens der Alten" eine selbstermächtigende Kommunikation setzen zu können.

Ob die kleinteilig entstehenden Initiativen tatsächlich einen Systemwandel im Gesundheitssystem Wiens anstoßen können, werden wir erst in ca. 18 Jahren sehen, wenn das Grätzelzentrum seinen Betrieb aufgenommen haben wird und die betreuten Alterswohngemeinschaften schon mehrere Jahre in Betrieb sein werden. Die GründerInnen der Sargfabrik werden dann ihr 73- bis 88-stes Lebensjahr erreicht haben und ihre Good Practices gerne anderen weitererzählen.

11.2.2 Moosdorf macht mobil

- **Kontext & Entstehungsgeschichte**

Die Friedensgemeinde Moosdorf im oberösterreichischen Innviertel besteht aus zahlreichen kleinen Ortschaften, zwischen denen es keine Verbindung durch öffentliche Verkehrsmittel gibt. Außerdem ist generell die Anbindung an Bahn und andere öffentliche Verkehrsmittel äußerst schlecht, sodass viele MoosdorferInnen auf das eigene Auto angewiesen sind.

Mit der Anschaffung eines Elektrofahrzeuges hat der Verein „Moosdorf macht mobil" erreicht, dass innerhalb der Gemeindegrenzen und im Nahverkehr zu wichtigen Orten (Lokalbahnhof Lamprechtshausen, Bezirksgericht Mattighofen, ÄrztInnen in den umliegenden Gemeinden) ein umweltfreundlicher Zubringerdienst besteht. Personen, die nicht mobil sind und somit in vielen Bereichen keinen Zugang zur Dorfgemeinschaft und damit Probleme an der gesellschaftlichen Teilhabe hatten, sind nun besser eingebunden und können wieder verstärkt am Dorfleben teilnehmen (Lebensqualität durch Inklusion; Ausweitung des gleichen Zugangs zu ÄrztInnen und Aktivitäten).

- **Ziele/Vision/Konzept**

Das von engagierten GemeindebürgerInnen getragene Projekt „Moosdorf macht mobil" schaffte es, den bis dahin fehlenden öffentlichen Nahverkehr in der Gemeinde in Schwung zu bringen. Besondere Aufmerksamkeit lag ursprünglich auf jenen Bevölkerungsgruppen, die der Gefahr der Exklusion durch soziale Isolierung ausgesetzt waren. So machten die unzureichenden Verkehrsverbindungen vor allem älteren Menschen und PendlerInnen zu schaffen und Bus und Lokalbahn waren aus den umliegenden Ortschaften nur mit einem Privatauto oder Moped erreichbar. Vor allem ältere Menschen hatten kaum Möglichkeiten, selbstständig zu FachärztInnen oder zur Apotheke zu kommen. Als auch noch das 2010 bei der Bürgermeisterkonferenz beschlossene regionale Verkehrskonzept von der Landesregierung vorerst nicht weiter verfolgt wurde und das letzte Taxiunternehmen den Dienst einstellte, entstand Anfang des Jahres 2011 die Idee zur Initiative „Moosdorf macht mobil". Von einem gemeindeeigenen „Dorfmobil" sollten vor allem Ältere und Pflegebedürftige profitieren. Die Gemeinde – vertreten durch engagierte BürgerInnen und unterstützt durch den Bürgermeister – beschloss die Anschaffung eines Dorfmobils bzw. Einrichtung von Fahrgemeinschaften als flexible Verkehrsanbindung an den überregionalen öffentlichen Verkehr bzw. an den lokalen Bedarfsverkehr.

Aufbauend auf ein ähnliches Model in der Gemeinde Klaus fand im Frühjahr 2011 eine erste Informationsveranstaltung statt, wobei sich spontan 40 Personen zur Mitarbeit bereit erklärten. Daraufhin wurde eine Arbeitsgruppe gegründet, die unterstützt vom Agenda 21 Netzwerk und vom Regionalmanagement Oberösterreich einen Prozess zur nachhaltigen Zukunftsgestaltung einleitete und eine Bedarfserhebung durchführte. Dabei wurde die gesamte Bevölkerung mittels Fragebogen (an jeden Haushalt) sowie durch einschlägige Informationsabende eingebunden.

Als die Ergebnisse vollständig vorlagen, wurde im Jänner 2012 damit begonnen, die Rahmenbedingungen für „Moosdorf macht mobil" auszuarbeiten. Eine Gruppe engagierter BürgerInnen – ideell unterstützt vom Bürgermeister als Promotor – formierte sich als Grassroot-Initiative, um die Bedürfnisse in konkrete Angebote zu übersetzen. Rasch entstand in der Arbeitsgruppe die Idee eines gemeindeeigenen Fahrtendienstes. Freiwillige sollten jeweils einen halben Tag pro Monat Sammel- und Gelegenheitsfahrten zu ÄrztInnen, Postbus oder Lokalbahn durchführen. Als Recherchen ergaben, dass sich in der Gemeinde Klaus (Land Oberösterreich) bereits ein ähnliches Projekt in Umsetzung befindet, wurde umgehend eine Vor-Ort-Besichtigung organisiert, um auf dem dort vorhandenen Wissen aufzubauen und für die eigenen Zwecke zu adaptieren.

- **Überprüfung der Machbarkeit**

Durch die Art der geplanten Anschaffung des Elektrofahrzeugs und der dafür notwendigen Infrastruktur (E-Tankstelle etc.) war eine längere Test- und Probierphase de facto nicht möglich. Die Arbeitsgruppe bzw. der zu gründende Verein (Jänner bis Juli 2012) verfolgten das Ziel eines „Echtzeit"-Betriebs mit Anfang 2013.

Für den nachhaltigen Erfolg war es dennoch wichtig, im Jahr 2012 die Machbarkeit nachzuweisen. Dies hing im Wesentlichen mit der Entwicklung eines Geschäftsmodells und dem dazugehörigen Business Plan zusammen. Die Grundidee war, dass das „Dorfmobil", idealerweise ein umweltfreundliches Fahrzeug, an fünf Tagen die Woche seine Passagiere zum gewünschten Ziel im Gemeindegebiet bringen sollte, für das es keine passende öffentliche Verbindung gab. Das Dorfmobil stellte somit auf Abruf Tür-zu-Tür-Mobilitätsdienstleistung – innerhalb bestimmter Betriebszeiten – bereit. Priorität wurden wenige fixierte Routen – an bestimmten Wochentagen zu definierten Anlässen – vorgesehen, zugleich wurden aber auch immer wieder Ziele bedarfsorientiert angefahren. Auch wenn die Attraktivität eines Tür-zu-Tür Services zu geringen Kosten hoch war, so konnten nicht alle individuellen Anliegen und Wünsche erfüllt werden. So wurden z. B. grundsätzlich nur Wege angeboten, für die es keine passenden öffentlichen Verkehrsverbindungen oder private Anbieter (z. B. Taxis) gab, um nicht mit vorhandenen Angeboten in Konkurrenz zu treten. Angestrebt wurde eine bedarfsorientierte Ergänzung des bestehenden Angebots. Darüber hinaus wurden nur Vorreservierungen akzeptiert, um die Fahrziele und -zeiten effizient und effektiv planen zu können.

Das Projekt „Dorfmobil" ist als gemeinnütziger Verein (selbst)organisiert, (mit)fahren dürfen nur Vereinsmitglieder. Mit der Gründung des gemeinnützigen Trägervereins „Moosdorf macht mobil" im Juli 2012 sollte die Erbringung von Dienstleistungen ohne Erfordernis einer Fahrtendienst-Gewerbelizenz möglich sein. Aus rechtlichen Gründen muss daher jeder Fahrer und jede Fahrerin sowie jeder Fahrgast bei der ersten Fahrt dem Verein beitreten. Im Businessplan sind für die ersten drei Jahre Verluste kalkuliert, wobei der Abgang von der Gemeinde Moosdorf übernommen wird (basierend auf einem Gemeinderatsbeschluss zur Unterstützung des Projekts).

Hauptzielgruppe sollten Frauen, SeniorInnen sowie Kinder und Jugendliche für die Wege zu ÄrztInnen, Behörden, zum Einkaufen oder zu Freizeitaktivitäten (Dorffest, Kaffeekränzchen, etc.) sein. Das Dorfmobil ermöglicht es Frauen heute, leichter eine (Teilzeit)Beschäftigung anzunehmen, weil sie den Weg von und zur Arbeitsstelle autonom (das heißt unabhängig vom PKW im Haushaltsverbund bzw. ohne Führerschein) absolvieren können. Junge Familien sparen sich damit das Zweitauto. Auch SeniorInnen profitieren, da diese so in weit höherem Ausmaß ein selbstbestimmtes Leben führen können und nicht auf andere (insbesondere ihre oft berufstätigen Kinder) angewiesen sind.

Wichtiger Meilenstein war die Implementierung der Infrastruktur: die Anschaffung eines Elektrofahrzeugs als umweltfreundliches Transportmittel (Leasing, Gemeinderatsbeschluss) sowie einer E-Ladestation (Photovoltaikanlage bei Volksschule). Das gewählte Elektrofahrzeug verfügt über fünf Sitze, komfortable Ein- und Ausstiegsmöglichkeiten und bietet auch ausreichend Platz für Rollstuhl oder Kinderbuggy.

Zeitgleich erfolgte ein gezielter Kompetenzaufbau in der Gemeinde: dieser umfasste zum einen die Rekrutierung und Schulung ehrenamtlicher FahrerInnen, die eine mindestens drei Jahre unfallfreie Fahrpraxis nachweisen mussten. Für alle FahrerInnen gab es im Vorfeld einen Fahrtechnik- und einen Erste-Hilfe-Kurs. Alle FahrerInnen wie Mitfahrenden wurden dazu angehalten, Mitglieder im Verein zu werden. Bestellen kann man heute das „Dorfmobil" per Rufzentrale – einem Handy, das zwischen den Zuständigen weitergegeben wird. Die Rufzentrale wird von Montag bis Mittwoch-Mittag von der Gemeinde betreut und ist Mittwoch-Mittag bis Freitag von einem Vereinsmitglied ehrenamtlich besetzt.

Wesentliche externe Ressourcen für die Entwicklung waren öffentliche Landes- und Bundesförderungen – diese wurden in der Planungsphase (etwa Agenda 21 für die Bedarfserhebung) sowie in der Vorbereitung der Umsetzung (etwa Klimabündnis zur Erstellung des Business Plans) in Anspruch genommen. Sponsorings von lokalen Betrieben unterstützen den laufenden Betrieb ebenso wie geringfügige Jahresbeiträge der Mitglieder.

- **Verstetigung der Umsetzung**

Der Verein „Moosdorf macht mobil" konnte mit dem Dorfmobil zwischen 2013 und 2015 vielen Menschen in der Gemeinde helfen, physisch und sozial mobil zu bleiben. Insgesamt wurden mehr als 80.000 km (Stand August 2016) gefahren. Ermöglicht wurde das zum einen durch die rund 30 FahrerInnen, die bis heute ausschließlich ehrenamtlich arbeiten, und zum anderen durch die Professionalisierung des Trägervereins, der die Organisation und Administration kontinuierlich verbesserte. Das soziale Miteinander ist nach Angaben des Vereinsvorstands ein wesentlicher Erfolgsfaktor von „Moosdorf macht mobil" – sowohl innerhalb des Vorstands als auch unter den Mitgliedern.

Die ersten Betriebsmonate waren dennoch durch massive Akzeptanzprobleme gekennzeichnet. „Gefahren werden" wurde in weiten Teilen der Bevölkerung als „Schwäche" bzw. Mangel an Kompetenz verbunden. Aktuelle Anlässe (Kirtag, Wahlen) wurden proaktiv genutzt, um den Verein und die Initiative einer breiten Öffentlichkeit sowie potenziellen Sponsoren zu präsentieren und über Aktionen an und mit Schulen um Unterstützung bzw. Mitglieder zu werben.

Mit der Zeit kam es zur Ausweitung der NutzerInnengruppen (etwa Kinder und Jugendliche) sowie zur Ausdehnung der Betriebszeiten (auf Sonntag für Kirchgänge und soziale Treffen bzw. Veranstaltungen). Möglich wurde dies nicht zuletzt durch die proaktive Einbindung des Projekts und seiner ProponentInnen in das Gemeinwesen (lokale Veranstaltungen, Vereinsaktivitäten etc.) sowie durch flankierende Pressearbeit.

- **Wachsen und Skalieren**

Mit 2016 sieht der Trägerverein das Potenzial hinsichtlich Nachfrage in der Gemeinde erschöpft. Derzeit nutzen immerhin rund 20 % der GemeindebürgerInnen das Dorfmobil. Viele GemeindebürgerInnen verzichten speziell bei Kurzstrecken auf das eigene Fahrzeug und nutzen das emissionsfreie Dorfmobil, wodurch eine deutliche Reduktion des Schadstoffausstoßes erreicht werden konnte.

Mit der Anschaffung eines „klimaneutralen" Fahrzeugs mit Elektroantrieb und Solarstromversorgung wurde komplementär zur sozialen Innovation der technologischen Innovation der Vorzug gegeben. Die FahrerInnen haben sich den Herausforderungen in der Benutzung dieser neuen Technologien und den damit verbundenen neuen Praktiken erfolgreich gestellt. Unter einigen Fahrenden herrscht sogar ein freundschaftlicher Wettbewerb, wer die energieeffizienteste Fahrweise an den Tag legt.

Auch wenn das Projekt „Dorfmobil" als Grassroot-Initiative engagierter GemeindebürgerInnen hochgradig selbstorganisiert entstanden ist, so war die Genese und vor allem die Etablierung durch wesentliche institutionelle Innovationen geprägt. Die Gründung eines gemeinnützigen Vereins war erforderlich, da rechtlich gesehen nur Mitglieder „(mit)fahren" dürfen.

Skalieren ist für „Moosdorf macht mobil" nicht von Bedeutung: Anfragen bezüglich Wissenstransfer und Erfahrungsaustausch interessierter Gemeinden wird nachgekommen, jedoch nicht proaktiv vorangetrieben (d. h. als Teil des Geschäftsmodells als Dienstleistung angeboten). Im Vordergrund der sozialen Innovation steht sichtlich die lokale Wirksamkeit im Sinne des übergeordneten Ziels einer möglichst umfassenden Inklusion aller BürgerInnen an sozialen Aktivitäten und damit einer bestmöglichen Lebensqualität und großen Gemeinwohls.

- **Systemischer Wandel**

Systemischer Wandel im Sinne sozialer Transformation ist in diesem Fallbeispiel kein explizit formuliertes Ziel. Auch wenn im Selbstverständnis der ProponentInnen „Moosdorf macht mobil" ein Vorreiterprojekt ist, liegt der Fokus vielmehr auf schrittweisen und stetigen Veränderungen (inkrementelle Innovation) in Richtung gewünschter Zielsetzung. So wurde bei der Entwicklung und Umsetzung auf die Kohärenz und die Kompatibilität aller gesetzten Maßnahmen im Sinne der nachhaltigen Gemeindeentwicklung Wert gelegt. Das Dorfmobil soll nicht nur einen sozialen Impuls, sondern auch ein ökologisches Signal („CO_2-neutral unterwegs") darstellen.

11.3 Open Innovation in sozialen Innovationen

Was macht die beschriebenen Projekte – *SAIL Vienna* und *Moosdorf macht mobil* – zu sozialen Innovationen? Sind es die nachhaltig angelegten Konzepte und ihre angehende bzw. gelungene Umsetzung? Ist es die Intention, Lebensqualität in unterschiedlichen Lebenssituationen für unterschiedliche Gruppen (etwa nicht nur für BewohnerInnen der Sargfabrik, sondern auch für Menschen des umliegenden Matznerviertels sowie MigrantInnen u. a. Randgruppen; Frauen, SeniorInnen und Kindern bzw. Jugendliche) zu erhöhen und damit für einen Ausgleich von Chancen für ein selbstbestimmtes Leben zu sorgen? Ist es die Achtsamkeit bei der Integration bedürftiger Menschen in die geplanten Pflegedienstleistungen bzw. realisierten Mobilitätsdienstleistungen – quasi komplementär zu immer restriktiver werdenden Sektorpolitiken und öffentlichen Budgets? Ist es ihr Reagieren auf das Systemdefizit des Gesundheitssektors bzw. Verkehrssektors sowie privater Dienstleistungsanbieter? Oder ist es gelebtes Empowerment in dem Sinne, dass die Betroffenen bzw. Beteiligten die Konzeption und den Aufbau pflegerischer bzw. verkehrlicher Strukturen und Dienstleistungen im eigenen Lebensumfeld selber konzipieren, planen und finanzieren und dabei – der begleitenden Beobachtung folgend – die Phasen 1 bis 5 sozialer Innovation erfolgreich ko-kreativ gestaltet haben?

11.3.1 Differenzierte Open Innovation Strategien

Die Hypothese von Chesbrough und Di Minin (2014), dass sich die Open Innovation Strategien eher für die Phasen (4) Prototyping und (5) erste Umsetzungsschritte sowie Verstetigen und Skalieren eignen, lassen sich bei den Fallbeispielen *Moosdorf macht mobil* und *SAIL Vienna* nur bedingt bestätigen. Auch die früheren Phasen sozialen Innovierens wiesen wenige, aber wichtige Outside-in bzw. Inside-out Elemente auf. So waren etwa im Schritt 2 („Ideen generieren") die Orientierung am Good Practice Beispiel Gemeinde Klaus bzw. die Suche nach PromotorInnen bzw. PartnerInnen (Gemeinderat) wichtige Elemente davon.

Ergänzend zu den Open Innovation Strategien und Phasen sozialer Innovation konnten in beiden Fallbeispielen auch neue Dynamiken beobachtet werden: An die Stelle des im Wirtschaftssystem gängigen, einseitigen Organisierens von Ressourcen (Wissen/Geld) von außen (d. h. Outside-in) oder Verbreitens und Verkaufens von Konzepten und Dienstleistungen ins Umfeld (d. h. Inside-Out) ist – analog zu Governance Prozessen – eine gezielte Koppelung beider Dynamiken getreten.

Beide Fallbeispiele zeigen, dass soziale Innovationen nicht nur Open Social Innovation im Sinne der Verknüpfung füreinander externer, sozialer EntrepreneurInnen brauchen, sondern auch Social Open Innovation im Sinne des Aufbaus und Gestaltens einer Open-Innovation-Plattform als eigenes, soziales (Hybrid) System. Es braucht die Motivation und das Interesse aus mindestens einem System als Startpunkt, zu dem sich Gleichgesinnte im Netz gesellen können, und ergänzend dazu die Koordinationsfunktion eines Dritten sowie inhaltliche und methodische Anregungen von außen, um nicht in den eigenen Denk- und Handlungsmustern eingeschlossen zu bleiben.

Darüber hinaus können wir aus den Analysen die Hypothese, dass für soziale UnternehmerInnen (social entrepreneurs) das Anzapfen der Ressourcen der PartnerInnen jenseits der eigenen Organisationsgrenzen unerlässlich für das Implementieren des eigenen sozialen Unternehmens ist, nur bestätigen. Dazu zählen sowohl ideelle als auch monetäre Unterstützungen – etwa Wissenstransfer oder Förderungen.

11.3.2 Gekoppelte OI Strategien des Vereins Moosdorf macht mobil

Der Verein Moosdorf macht mobil fungiert als Open Innovation Plattform und bediente sich sowohl Outside-in als auch Inside-out Open Innovation Strategien. Zu den wesentlichen Outside-in Strategien zählten etwa der Aufbau eines Netzwerks an UnterstützerInnen, das Einbinden externer Ideen und Ressourcen (Good Practice Beispiel Klaus, Business Plan Förderung etc.). Schlüsselstrategien im Sinne von Inside-out umfassten etwa den Ausbau der lokalen bzw. regionalen Netze und einschlägige Disseminationsaktivitäten (Vorträge bei regionalen Fachveranstaltungen, Beratung interessierter Gemeinden).

Auch der regelmäßige Erfahrungsaustausch, insbesondere unter den FahrerInnen mit dem Ziel der Problemlösung, kann als Outside-in Strategie gesehen werden. Durch das stetige und schrittweise Feedback ergaben sich verbesserte Angebote für Mitglieder und Beratungsanfragen interessierter Gemeinden wurden stimuliert (Inside out). Der Verein „organisierte" somit Ressourcen und Kommunikation im Sinne des „Coupled" Prozesses. Diese materialisierten sich in der kontinuierlichen Anpassung des Geschäftsmodells am Bedarf der NutzerInnen sowie der Entwicklungen im Umfeld.

11.3.3 Zirkuläre Top-Down und Bottom-Up Prozesse des Projektes SAIL Vienna

Im Fall von SAIL Vienna erfolgten die Outside-In Strategien aufgrund des Projektcharakters vor allem in den Abstimmung Set-Ups zwischen der Projektleitung und der Kerngruppe bzw. der Steuerungsgruppe der Sargfabrik manchmal analog zu Top-Down Prozessen.

Die Projekt- und Einreichungsidee des Foresight Prozesses entstand außerhalb des Vereines Sargfabrik, deren schrittweise Umsetzung erfolgte in engmaschigen, zirkulären Feedbackschleifen zwischen Projektleitung und -team einerseits sowie dem Vorstand und engagierten VertreterInnen des Wohnprojektes andererseits. Dabei trieb der Verein, unabhängig von den offiziellen Projektzielen, die Umsetzung ihrer originären Wünsche und Bedürfnisse konsequent voran. Aus dem Top-Down (Outside In) Prozess war also ein Bottom-Up Prozess geworden.

Und trotzdem konnte nicht nur Selbsterfahrungs- und Experimentierwünschen gefolgt werden. Es mussten auch Projektergebnisse zur Abrechnung mit der österreichischen Forschungsförderungsgesellschaft (FFG) erarbeitet und verschriftlicht werden (Top-Down). Das führte dazu, dass im Hintergrund von den ForscherInnen quasi unsichtbar die Ergebnisse aus kreativen Workshops extrahiert und Berichte für den institutionellen Auftraggeber FFG verfasst wurden, während der ko-kreative Lern- und Entwicklungsprozess im Vordergrund die Hauptbühne mit experimentellem Lernen und Entwickeln der Beteiligten füllte.

Die konsequente Koppelung von Outside-In (Wissen der ForscherInnen) und Inside-Out (Bedürfnisse und Wissen der StakeholderInnen) wurde erst durch das Implementieren einer neutralen Kommunikationsarchitektur möglich, die alle AkteurInnen miteinander im Dialog hielt und dabei das Heben und Nutzbarmachen des Wissens aller AkteurInnen erst ermöglichte. Die Kommunikationsarchitektur als Ergänzung zur Struktur des Vereins Sargfabrik machte die Koppelung zwischen internen und externen AkteurInnen sowie zwischen Outside-In und Inside-Out Prozessen möglich.

11.3.4 Unterschiedlich strukturierte Kommunikation und Organisation der Fallbeispiele

- **SAIL Vienna**

SAIL Vienna setzte – im Unterschied zum Verein *Moosdorf macht mobil* – bereits auf bestehende Organisationen, nämlich der Sargfabrik, Otelo eGen sowie AIT als Projektpartner auf, ergänzt durch die Organisationen der StakeholderInnen des Foresight Prozesses.

Um transorganisationale Entwicklungs- und Lernprozesse zu ermöglichen, wurden eine zeitlich limitierte Projektorganisation und in dieser wiederum ein zeitlich limitierter, neutraler Transformationsraum (Foresight Prozess) aufgebaut, in dem sowohl die Dominanz der Sargfabrik als auch die Hierarchie der Projektorganisation während der Projektdauer ausgesetzt wurden.

Dieser Transformationsraum erlaubte die Koppelung aller Teilsysteme („Sargfabrik", „Matznerviertel", „Wohnprojekte", „Pflegeeinrichtungen", „Initiativen" und Forschung) entlang ihres gemeinsamen Interesses, sich präventiv mit eigenständigen Gestaltungsmöglichkeiten intergenerationalen Zusammenlebens von Betroffenen für Betroffene auseinandersetzen zu wollen.

Die Fokussierung auf einen Ausgleich zwischen allen StakeholderInnen-Interessen verdeutlichte die klare Grenze für einseitiges Verfolgen von Einzelinteressen. Entsprechend wurden im Rahmen von Abstimmungs- und Entscheidungsprozessen Widersprüche und Unterschiede herausgearbeitet und Kompromisse für den Umgang damit ausverhandelt. Dies bildete die Basis, um die gemeinsamen Lern- und Entwicklungsprozesse zwischen allen StakeholderInnen zu ermöglichen (◘ Abb. 11.5).

Outside-In Informationen des Forschungsteams wurden im Prozess einerseits als Störung und andererseits als Lernchance wahrgenommen. Die zirkulär moderierten Top-Down und Bottom-Up Prozesse ermöglichten die Auseinandersetzung mit

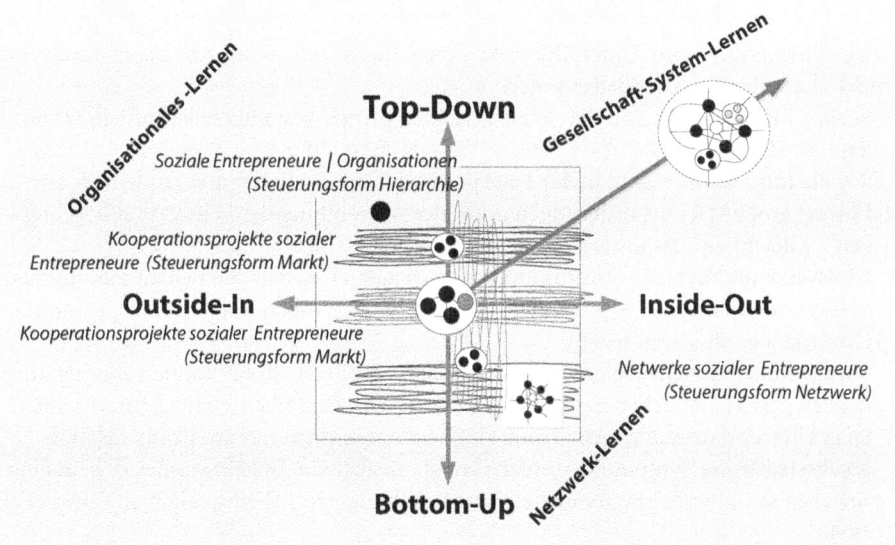

◘ Abb. 11.5 Open Social Innovation. Fokus auf Kompensation von gesellschaftlichen „Defiziten"

inhaltlicher „Fremdheit". Sie ermöglichten dadurch Lernsprünge, die primär von innen heraus und bottom-up getriebene Entwicklungen waren, wie z. B. im Fall des Vereins *Moosdorf macht mobil*. Ohne diese Form wäre das nicht möglich gewesen.

- **Moosdorf macht mobil**

Demgegenüber ermöglichte der Verein „*Moosdorf macht mobil*" eine Struktur auf Basis der gemeinsamen Interessen, wodurch älteren Menschen, Kindern, Jugendlichen und Frauen die Teilhabe an Arbeits- und gesellschaftlichen Prozessen ermöglich wurde, wie bspw. die Erledigung dringlicher Arzt- und Amtswege. Privatpersonen gelang es, unterstützt durch die Politik (Agenda 21), Mittel für ihre Konzeptentwicklung im Sinne einer nachhaltigen Gemeindeentwicklung zu nutzen. Die gemeinsamen Werte bildeten letztendlich den Referenzrahmen dafür, externe Good Practice Modelle auszuwerten und an den eigenen Kontext anzupassen. Dabei übten soziale und ökologische Grundwerte einen hohen Einfluss aus. Motor der erfolgreichen Strukturbildung und Dienstleistungsentwicklung waren der gemeinsam identifizierte Bedarf und die daraus resultierende gemeinsame Motivation einer großen Anzahl von AkteurInnen der Bevölkerung sowie eine hohe Ähnlichkeit in der Gruppe. Strukturell ging es hier um die Herausforderung, soziale Komplexität in eine Struktur überzuführen, die den Betrieb einer sozial innovativen Dienstleistung auf Dauer stellt und damit neue Rollen für Frauen und ältere Menschen im sozialen Geschehen eröffnet.

Abschließend sei angemerkt, dass dauerhafte und zeitlich limitierte Kommunikationszusammenhänge weder der Steuerungslogik von Hierarchien noch von Märkten folgen. Der zeitlich limitierte, neutrale Transformationsraum von SAIL Vienna ermöglicht Lernen im Umgang mit der Gesellschaft und Transformation im Sinne der Entwicklung und Implementierung neuer, replizierbarer Strukturen (Grätzelzentrum).

11.3.5 Das Social-Open-Innovation Modell zielt auf Systemwandel

Soziale Innovation – im Unterschied zu Open Innovation – ist vorrangig durch den Aspekt des Systemwandels determiniert:
- Soziale Innovationen sind darauf ausgerichtet, primär gesamtgesellschaftliche Probleme zu lösen.
- Soziale Innovationen sind in der Lage politisch Einfluss zu nehmen, indem sie zur Lösung großer Herausforderungen unter der Anwendung der Leitwerte „Gerechtigkeit", „Gleichheit", „Selbstermächtigung" beiträgt.
- Netzwerke und hybride Organisationsformen agieren neben den beiden Paradigmen Markt und Hierarchie (Rhodes 1996), was sie zu wertvollen Kooperationspartnern in Governance Initiativen macht.
- Soziale Innovationen spielen in der Wirtschaft eine große Rolle, können aber letztlich in allen gesellschaftlichen Teilbereichen den gesellschaftlichen Wandel vorantreiben.
- Social Entrepreneurship zielt analog zu Governance nicht nur auf Kompensation gesellschaftlicher Symptome, sondern vor allem auch auf Systemwandel, d. h. auf ein Beheben struktureller Systemdefizite zur Erhöhung von Lebensqualität ab (Dees et al. 1998).
- Partizipative Ko-Kreations-Prozesse steigern die Fähigkeit der AkteurInnen zum Wandel sozialer Beziehungen (Martinelli 2012).

- WissenschaftlerInnen und PraktikerInnen (VertreterInnen aller Sektoren unter besonderer Berücksichtigung der Zivilgesellschaft und Government Bereiche) werden als Change-Maker adressiert.
- Soziale Innovationen (im Prozess und Ergebnis) werden als Komponenten und Treiber von gesellschaftlichem Wandel gesehen (Howaldt und Schwarz 2010).
- Das Ziel jeder sozialen Innovation ist letztlich der Systemwandel (Modell NESTA und Young Foundation)

11.3.6 Die Einführung der Systemperspektive ist gefragt

Open Social Innovation hat soziale „Lösungen" für soziale Probleme im Sinne der Defizitkompensation im Fokus. Im Vergleich dazu führt Social-Open-Innovation erstmals die Achse „zirkulärer Transformationsprozess" ein (vgl. Abb. 11.6).

Der erwartete soziale Nutzen im jeweiligen Kontext – also Defizitkompensation oder Systemwandel – treibt die Entwicklung sozialer Innovationen als Kompensation zum Mangelerleben voran – wie in kontextspezifischen Definitionen sozialer Innovation beschrieben. Die Veränderung alter Routinen und Strukturen, die mit einer mittelfristig wirkenden Umsetzung einhergehen, verändert die Fähigkeiten der Beziehungsgestaltung der AkteurInnen und greift damit in Routinen, Rollen und Prozesse und damit in Systemdynamiken ein. Ist die Wirkung hier Defizit-kompensatorisch oder System-transformativ oder beides?

Welche Wirkung pro Initiative vorrangig zur Geltung kommt, kann immer erst ex post beobachtet und ausgewertet werden. Daher braucht es in Hinblick auf die Adressierung gesellschaftlicher Transformation beides: Open Social Innovation und Social Open Innovation.

Zur Entwicklung von sozialen Innovationen braucht es daher nicht nur eine extern vorgenommene Klassifikation der Innovation als „sozial" und eine genaue Analyse der erzielten, sozialen Effekte (etwa entlang des NESTA Modells), sondern auch eine Perspektive auf den Systemwandel.

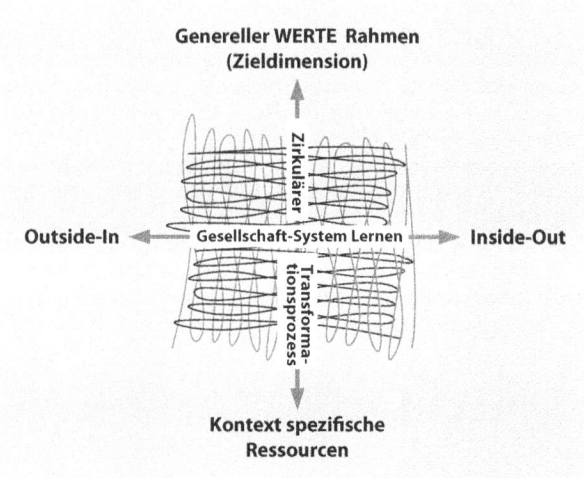

Abb. 11.6 Social Open Innovation. Fokus auf Transformation von Prozess und Ergebnis gesellschaftlicher Leistungen

Literatur

Anderson, T., Curtis, A., & Wittig, C. (2014). *Definition and theory in social innovation*. Unpublished master of arts in social innovation, Donauuniversität Krems.

Becker, P. (2002). *Corporate foresight in Europe: A first overview*. Working Paper. RTD K-2.

Chesbrough, H. (2003). *Open innovation. The new imperative for creating and profiting from technology*. Boston: Harvard Business School Press.

Chesbrough, H. (2017). The future of open innovation. *Journal Research-Technology Management, 60*(2017), 35–38.

Chesbrough, H., & Di Minin, A. (2014). Open social innovation. New frontiers in open innovation. In H. Chesbrough, W. Vanhaverbeke, & J. West (Hrsg.), *New frontiers in open innovation*. Oxford: Oxford University Press.

Dees, G., Haas, P., & Haas, M. (1998). The meaning of "Social Entrepreneurship". Retrieved November 1st, 2013. ▶ http://www.redalmarza.cl/ing/pdf/TheMeaningofsocialEntrepreneurship.pdf. Zugegriffen: 26. Juni 2018.

Hippel, E. (2005). Democratizing innovation: The evolving phenomenon of user innovation. MIT Press. ▶ http://mit.edu/evhippel/www/democ.htm. Zugegriffen: 26. Juni 2018.

Howaldt, J., & Schwarz, M. (2010). Social innovation: Concepts, research fields, and international trends. ▶ http://www.asprea.org/imagenes/IMO%20Trendstudie_Howaldt_englisch_Final%20ds.pdf. Zugegriffen: 26. Juni 2018.

Kolland, F. (2015). Neue Kultur des Alterns. Forschungsergebnisse, Konzepte, und kritischer Ausblick. ▶ https://www.sozialministerium.at/cms/site/attachments/9/0/2/CH3434/CMS1451941555001/soziale-themen_seniorinnenpolitik_neue-kultur-des-alterns-forschungsergebnisse.pdf. Zugegriffen: 26. Juni 2018.

Martinelli, F. (2012). Social innovation or social exclusion? Innovating social services in the context of a retrenching welfare state. In H.-W. Franz, J. Hochgerner, & J. Howaldt (Hrsg.), *Challenge social innovation*. Berlin: Springer.

Mulgan, G. (2012). Social innovation theories: Can theory catch up with practice? In H.-W. Franz, J. Hochgerner, & J. Howaldt (Hrsg.), *Challenge social innovation*. Berlin: Springer.

Murray, R., Caulier-Grice, J., & Mulgan, G. (2010). The open book of social innovation. ▶ https://youngfoundation.org/wp-content/uploads/2012/10/The-Open-Book-of-Social-Innovationg.pdf. Zugegriffen: 26. Juni 2018.

Nowak, P. (2011). 20 Thesen zu Gesundheit, Partizipation und Empowerment im Gespräch zwischen Arzt und Patient. *Balint Journal, 12*(1), 8–14.

Osztovics, W., Kovar, A., & Fernsebner-Kokert, B. (2015). *Generationen-Fairness – Arena analyse 2015*. Wien: Kovar & Partners.

Rhodes, R. A. W. (1996). The new governance: Governing without government. *Political Studies, 44*(4), 652–667.

Schumpeter, J. (1976). *Capitalism, socialism and democracy*. New York: Harper & Row.

Wilhelmer, D. (2016). Corporate Foresight – Zukunft gemeinsam gestalten. In H. Asselmeyer & H. Roehl (Hrsg.), *Organisationen klug gestalten. Das Handbuch für Organisationsentwicklung und Change Management*. Stuttgart: Schäffer-Poeschel.

Wilhelmer, D., et al. (2016a). Sail Vienna 2035. Auftaktveranstaltung. Wo Ko-Kreation Wunder bewirkt und Potentiale entfaltet. Projekt SAIL Vienna 2035 | FFG - benefit Programm. AIT-IS Report Oktober 2016. Bd. 130, ISSN 2075-5694.

Wilhelmer, D., et al. (2016b). Sail Vienna 2035. Vision 2050. Zukünfte gemeinsam gestalten. Projekt SAIL Vienna 2035 | FFG – benefit Programm. AIT-IS Report Oktober 2016. Bd. 126, ISSN 2075-5694.

Wilhelmer, D., et al. (2016c). Sail Vienna 2035. Aktionsplan 2020. Zukünfte gemeinsam gestalten. Projekt SAIL Vienna 2035 | FFG – benefit Programm. AIT-IS Report Oktober 2016. Bd. 120, ISSN 2075-5694.

Doris Wilhelmer, Mag.ⁱⁿ Dr.ⁱⁿ

ist systemische Innovationsforscherin am AIT-Austrian Institute of Technology GmbH. Implementierung und Aktionsforschung neuartiger Kommunikationssettings (Living Lab, City LAB, Netzwerke) zur Vernetzung von Wirtschaft, Forschung Politik und Zivilgesellschaft und Foresightprozesse stellen Schwerpunkte von ihr dar. 2008 hat Doris Wilhelmer im Rahmen zahlreicher Publikationen (z. B. Foresight Managementhandbuch) einen neuartigen Ansatz entwickelt, der Methoden des Foresight mit Experten-Know-how und systemischer Organisationsentwicklung verknüpft.

Petra Wagner, Mag.ᵃ M.A.

ist Innovationsforscherin und Politikberaterin am Center for Innovation Systems and Policy des AIT Austrian Institute of Technology. Inspiriert von Systems Thinking und Design Thinking nutzt sie prospektive und partizipative Methoden zur Gestaltung von Innovationsprozessen in und zwischen gesellschaftlichen Sektoren (Mobilität – Bildung – Stadt). Sie ist Mitglied von SoL Society of Organizational Learning, Society of Effectual Action und Presencing Institute.

Resümee

Inhaltsverzeichnis

Kapitel 12   Resümee und Ausblick – 205
Helena Biritz, Christian Neugebauer und Sebastian Pawel

Resümee und Ausblick

Helena Biritz, Christian Neugebauer und Sebastian Pawel

12.1 Soziale Innovationen – 206

12.2 Netzwerke – 207

12.3 Gesellschaftliche An- und Widersprüche – 207

12.4 Zukunft – 208

© Springer Fachmedien Wiesbaden GmbH, ein Teil von Springer Nature 2019
C. Neugebauer, S. Pawel, H. Biritz (Hrsg.), *Netzwerke und soziale Innovationen*, Schriften zur Gruppen-
und Organisationsdynamik 12, https://doi.org/10.1007/978-3-658-21551-4_12

Die praxisnahe Auseinandersetzung mit der Thematik *soziale Innovationen* hat eines verdeutlicht: die komplexen gesellschaftlichen Problemstellungen von heute benötigen nicht nur innovative Lösungsansätze, sondern auch neue und zeitgemäße Formen der Organisation und Koordination.

Darüber hinaus konnte im Rahmen des Forschungsprozesses, der verschiedenen Veranstaltungen der Veranstaltungsreihe aber auch durch den Entstehungsprozess des vorliegenden Sammelbandes beobachtet werden: in der Gesellschaft besteht eine große Bereitschaft an Bürgerbeteiligungs- und Partizipationsprozessen mitzuwirken und in unterschiedlichen Organisationszusammensetzungen und -zusammenhängen produktiv und zukunftsorientiert an innovativen Lösungen zu arbeiten. Organisationen der Zivilgesellschaft, das individuelle Engagement Einzelner, aber auch Wirtschaftsunternehmen sind bereit Ressourcen einzubringen und sich an einer produktiven Lösung der gesellschaftlichen Problemstellungen zu beteiligen.

12.1 Soziale Innovationen

Bei sozialen Innovationen geht es um die Einführung neuer sozialer Praktiken in der Gesellschaft, wobei soziale Innovationen primär durch das Erkennen und Neukonfigurieren gesellschaftlicher Verbesserungspotenziale entstehen. Viele Ideen entwickeln sich dabei aus dem Umfeld der Zivilgesellschaft – durch NGOs, engagierten Einzelnen oder BürgerInnenbewegungen Soziale Innovationen finden dabei in nahezu jedem Bereich der Gesellschaft statt, beispielsweise in der Regionalentwicklung, im Hospizbereich oder in der Armutsbekämpfung – wie die Beiträge in diesem Buch verdeutlichen.

Soziale Innovationen breiten sich primär Bottom-up aus und entstehen aus informellen Prozessen. Die erfolgreiche Umsetzung hängt dabei häufig vom Engagement einzelner AkteurInnen ab. Die Implementierung von sozialen Innovationen in der Gesellschaft ist dann erfolgreich, wenn verschiedene GeschäftspartnerInnen für eine Idee gewonnen und die Grenzen der eigenen Handlungsfähigkeit über Netzwerke erweitert werden können. Dabei sind die Interaktionen zwischen den jeweils relevanten StakeholderInnen ein zentrales Element.

Um soziale Innovationen in die Gesellschaft einzuführen und sie auch nachhaltig zu etablieren sind flexibel einsetzbare Koordinationsformen notwendig. Besonders geeignet dafür sind Netzwerke, da es sich dabei um eine effektive Organisationsform handelt, die es ermöglicht über den Kooperationsverbund eine größere Zielgruppe zu erreichen. Das befördert auch den Selbstempowerment-Ansatz. Dieser führt durch die Entwicklung eines sozial innovativen Projektes über die Lösung individueller Probleme zur Unterstützung anderer Betroffener und im Idealfall zur gesellschaftlichen Problemlösung im betreffenden Feld.

Netzwerke folgen im Kontext von sozialen Innovationen sehr häufig einer ganz klaren strategischen Ausrichtungen mit dem Ziel, Netzwerke als Organisationsform zu nutzen, um sowohl den „Trend" zu partizipationsorientierten Organisationsformen zu unterstützen, aber insbesondere auch um „Neues" in Innovationsprozessen entwickeln zu können.

12.2 Netzwerke

Dieser charakterisierende Organisationaspekt der *Partizipation* führte wie ein roter Faden durch die untersuchten und beschriebenen sozial innovativen Unternehmungen. In nahezu allen Projekten und Vorhaben dominierte in der Organisationsstruktur ein Zugang, der sowohl für interne MitarbeiterInnen als auch für externe AkteurInnen und PartnerInnen eine Partizipation und Mitgestaltung aber auch Mitverantwortung ermöglichen soll. Das gilt sowohl für Kommunikations- und Entscheidungsstrukturen als auch Prozesse. Andererseits ist mit der Bereitschaft die eigene Idee, das eigene sozial innovative Projekt auf Basis eines Netzwerkes zu entwickeln auch immer die Herausforderung verbunden, sich ein Stück weit von der klassischen Vorstellung der alleinigen Projekt-Ownership zu entfernen. Gleichzeitig entsteht das Potenzial des Innovationsmoments durch die Integration im Netzwerk. Da gilt es den Mehrwert – trotz der Herausforderung – zu erkennen und schlussendlich auch zu nutzen.

Die häufig beschriebene Leichtigkeit der Zusammenarbeit als auch die hohe Zielorientierung sind vor allem auch dem Organisationsaspekt geschuldet, dass sich Netzwerke jederzeit – insbesondere wenn ein Thema erledigt bzw. überholt ist – wieder auflösen lassen – ohne an weiterführende Verpflichtungen gebunden zu sein.

Die Organisationsform *Netzwerk* ist eine kommunikationsfördernde Koordinationsform und ein funktional nutzbarer Organisationstyp für soziale Innovationen: Netzwerke unterstützen insbesondere die Einbindung unterschiedlicher AkteurInnen und Organisationen – StakeholderInnen aber auch Betroffene. Eine effizient gestaltete Kommunikation in Netzwerken ist aktiv und zielorientiert zu organisieren. Eine produktive und konstruktive Zusammenarbeit im Netzwerk wiederum basiert auf der Möglichkeit eines vielfältigen Austausches zwischen den Organisationen bzw. NetzwerkpartnerInnen, der Aufteilung von Ressourcen wie Know-how, soziales Kapital, Finanzkapital oder Zeit aber auch auf der Nutzung von Synergieeffekten.

Insgesamt hat sich verdeutlicht, dass Netzwerke die Entwicklung von sozialen Innovationen begünstigen, wobei grundsätzlich die Charakteristik der beobachteten Netzwerke im Bereich sozialer Innovationen jenen „herkömmlicher" Netzwerke in anderen Bereichen sehr ähnlich ist. Ein gutes Verständnis, sowohl für die Arbeits- und Funktionsweise von Netzwerken, aber auch für die Logik und Kultur der beteiligten PartnerInnen, erleichtert die Zusammenarbeit innerhalb eines Vorhabens oder Projekts.

12.3 Gesellschaftliche An- und Widersprüche

Die Motivation zur Entwicklung und Umsetzung sozial innovativer Projekte ist vielfältig, entspringt aber häufig der Intention, zu einer Lösung für eine gesellschaftliche Herausforderung bzw. Problemstellung beizutragen. Obwohl soziale Innovationen meist positiv bewertet werden, müssen soziale Innovationen nicht immer „gut" sein, sondern können durchaus auch negative Begleiterscheinung haben.

In der Gesellschaft dominiert derzeit die Perzeption, dass Veränderungen oder Transformationen in der Gesellschaft durch technologiegetriebene Innovationen ausgelöst werden. Der Stellenwert sozialer Innovationen wird dabei gegenwärtig noch unterschätzt, falsch eingeordnet oder gänzlich übersehen. Insgesamt vernachlässigt die vorherrschende technologiefokussierte Sichtweise auf Innovationen die soziale Dimension von Innovationen. Technische Innovationen jedoch alleine reichen nicht aus, um die gesellschaftlichen Probleme zu lösen. Die soziale Dimension von Innovationen birgt ein gesellschaftliches Potenzial, das es zukünftig noch verstärkt zu nutzen gilt.

12.4 Zukunft

Der Umgang mit den gesellschaftlichen Herausforderungen und Problemstellungen erfordert einen anderen, den heutigen Ansprüchen gerechteren Umgang mit der Tatsache, dass soziale Innovationen und deren AkteurInnen die Arbeit der Politik und des Staates übernehmen. Das bedeutet für die Zukunft aber auch, dass für eine der zentralen Herausforderungen in der Entwicklung und Umsetzung sozialer Innovationen – der Finanzierung – neue Wege und Formen zu finden sind. Diese sind entsprechend durch die Politik und den Staat anzupassen. Speziell die Rahmenbedingungen für Förderungen sind den derzeitigen Gegebenheiten anzupassen. Nicht zuletzt ist die Politik auch gefordert durch geeignete Maßnahmen und Strategien die Entstehung von sozialen Innovationen zu begünstigen und gezielt zu fördern. Das Potenzial dafür ist vorhanden – der dadurch entstehende Mehrwert auch.

Schlussendlich liegt das Veränderungspotenzial von und durch soziale Innovationen nicht nur in der Entwicklung klassischer Problemlösungsansätze für gesellschaftliche Herausforderungen, sondern darüber hinaus auch in weiteren gesellschaftlich relevanten Bereichen. Auch auf regionaler Ebene wächst die Bedeutung von Netzwerken. Für kleine Unternehmen erschließen sich durch regionale Netzwerke neue Wachstumsmöglichkeiten; die Wettbewerbsfähigkeit von Regionen kann sich dadurch erhöhen. So können beispielsweise durch soziale Innovationen Regionalentwicklungen gesteuert und propagiert werden oder über sozial innovativ genutzte Netzwerke Knowledge Sharing gestärkt werden. Beide Zugänge leisten einen Beitrag zur gesellschaftlichen Entwicklung.

Netzwerke um soziale Innovationen haben das Potenzial zu einer nachhaltigen Veränderung der Gesellschaft beizutragen. Die Arbeit in Netzwerken ist im Bereich der sozialen Innovation ein wichtiges Thema und der verantwortungsvolle Umgang damit kann über die Zukunft künftiger Generationen entscheiden.

Die in diesem Buch vorgestellten Fallbeispiele sollen einen beispielhaften Einblick in die vielfältigen Bereiche geben, in denen es gelungen ist, neue, innovative Konzepte zu erproben und umzusetzen. Es wurden Organisationen vorgestellt und Herangehensweisen beschrieben, die aufzeigen sollten, wie eine erfolgreiche Entwicklung und Umsetzung von sozialen Innovationen gelingen kann. Durch die Fallbeispiele soll aber auch eine positive Tendenz zum Ausdruck kommen: Eine kontinuierliche und zunehmend intensivere Auseinandersetzung mit sozialen Innovationen und deren Management sowie eine engere Zusammenarbeit zwischen den unterschiedlichen AkteurInnen aus und Zivilgesellschaft, Politik, Wirtschaft und Wissenschaft wird zu einer erleichterten Bewältigung der zukünftigen gesellschaftlichen Herausforderungen beitragen.

Helena Biritz

Projektmitarbeiterin im Forschungsprojekt Netzwerke und soziale Innovationen am Institut für Organisationsentwicklung und Gruppendynamik an der Alpen-Adria Universität Klagenfurt. Langjährige theoretische und praktische Tätigkeit zum Thema Netzwerke.

Christian Neugebauer, Dr.

ist promovierter Organisationsentwickler und war langjähriger Mitarbeiter und stellvertretender Leiter des Instituts für Organisationsentwicklung, Gruppendynamik und Interventionsforschung der Fakultät für interdisziplinäre Forschung und Fortbildung der AAU Klagenfurt. Er arbeitete einige Zeit als Product Owner bei einem agilen Software-Unternehmen in Wien und interessierte sich als Organisationsentwickler und Unternehmensberater für neue Formen der Zusammenarbeit und Organisationsgestaltung. Seit 2018 leitet er die Stabstelle Organisationsentwicklung bei der Volkshilfe Österreich.

Sebastian Pawel, MSc

hat Humanökologie und technisches Umweltmanagement studiert. Er war von 2013 bis 2017 als freier Mitarbeiter in diversen Forschungs- und Veranstaltungsprojekten zu den Themen soziale Innovation und Corporate Sustainability am Institut für Organisationsentwicklung und Gruppendynamik an der IFF tätig. Seit 2017 Berater für Umwelt- und Qualitätsmanagement bei der denkstatt GmbH.

Serviceteil

Anhang A Links zu den in diesem
Buch vorgestellten Projekten – 212

© Springer Fachmedien Wiesbaden GmbH, ein Teil von Springer Nature 2019
C. Neugebauer, S. Pawel, H. Biritz (Hrsg.), *Netzwerke und soziale Innovationen*, Schriften zur Gruppen-
und Organisationsdynamik 12, https://doi.org/10.1007/978-3-658-21551-4

Anhang A Links zu den in diesem Buch vorgestellten Projekten

- Projekt „Gesund fürs Leben"
▶ https://www.hilfswerk.at/wien/ehrenamt/freiwilliges-engagement/gesund-fuers-leben/

- Projekt „Green Care – Wo Menschen aufblühen"
▶ www.greencare-oe.at

- Projekt „HPC Mobil"
▶ http://hpc-mobil.hospiz.at/

- Projekt „Zukunft für alle"
▶ http://www.kapfenberg.gv.at/system/web/sonderseite.aspx?menuonr=220447074&detailonr=220447074&noseo=1

- Projekt „Freiwilliges Engagement zur Stärkung des sozialen Zusammenhalts"
▶ http://www.ulf-ooe.at/node1,8,ulf.html

The manufacturer's authorised representative in the EU is Springer Nature Customer Service Centre GmbH, Europaplatz 3, 69115 Heidelberg, Germany. If you have any concerns regarding our products, please contact ProductSafety@springernature.com

Printed and bound by CPI Group (UK) Ltd, Croydon, CR0 4YY

24/03/2026

02077370-0005